Ld.⁴ 2909

APOLOGIE
DES ANECDOTES
ECCLÉSIASTIQUES,
JÉSUITIQUES

Du Diocèse de Rouen.

Avec l'histoire des cruelles persécutions suscitées à deux bons & sçavans Pasteurs.

Suivies d'une narration de la conduite de Grands Vicaires, Chanoines, Curés, Prêtres, Clercs & autres du même Diocèse,

Qui n'ont point été données au Public.

Scito iniquitatem tuam, quia in Dominum tuum prævaricatus es. Jerem. cap.

Aux dépens de la Compagnie.

M. DCC. LXI.

AVERTISSEMENT.

Nouveau Phénix, nous renaissons de nos cendres pour dire des vérités. Nous allons mettre sous les yeux du Lecteur notre APOLOGIE. Nous espérons faire voir par l'Ecriture, la Tradition, les Saints Peres, &c, le peu de fondement qu'on a eu de nous condamner au feu. Nous faisons suivre notre justification de l'histoire des persécutions cruelles suscitées en 1634 & 1661, à deux saints Prêtres du Diocèse de Rouen. Ce récit sera nouveau pour bien des personnes. On ne peut deviner ce qui a déterminé M. Racine, & autres célèbres Ecrivains, à n'en rien dire dans leurs Ouvrages, du moins ils ne sont point parvenus à notre connoissance. Cependant ces deux Pasteurs, victimes innocentes de la fureur des Archidiacres & des Grands-Vicaires, méritoient bien qu'on transmît leur nom à la postérité. Nous entendons parler ici de M. Morestel, Curé de S. Nicolas-de-la-Taille, au pays de Caux; & de M. Richard, Curé de Triel dans le Grand-Vicariat de Pontoise. L'Histoire du premier fait voir le dessein formé par les Evêques d'établir le despotisme sur leur Clergé & leurs entreprises contre les

AVERTISSEMENT.

Parlemens, renouvellées de nos jours. On voit dans l'Histoire du second jusqu'à quel point les Archidiacres poussent la vengeance.

Nous rapportons après ces deux Histoires, une multitude d'Anecdotes sur la conduite de plusieurs Grands-Vicaires, Chanoines, Curés, Prêtres, Clercs, &c, &c, &c, bien plus intéressantes, beaucoup plus détaillées que celles que nous donnâmes l'an passé. Nous y prouvons évidemment que ces Ecclésiastiques forment un corps dont on peut dire avec Jérémie: *C'est une troupe de violateurs de la Loi* ; & à qui on peut adresser ces paroles du Grand-Prêtre Héli à ses Enfans : *Pourquoi faites-vous toutes ces choses que j'apprens, ces crimes détestables dont parle le peuple? Ne faites plus cela, ... car il est bien fâcheux que l'on publie de vous que vous portez le peuple du Seigneur à violer ses Commandemens.*

Malheur à l'impie, dit Isaïe, *qui ne pense qu'au mal, parce qu'il sera puni selon la mesure de ses crimes !* Dieu dit : *Le Prêtre sera comme le peuple ; je me vengerai sur lui du déréglement de ses mœurs. Les sentinelles d'Israël..... sont dans l'ignorance : ce sont des chiens.... qui ont perdu toute honte & qui ne se rassasient jamais : les Pasteurs mêmes n'ont aucune intelligence.... Chacun suit ses intérêts..... Venez,* disent-ils, *prenons du vin, remplissons-nous jusqu'à nous enivrer : & nous boirons demain comme aujourd'hui, & encore beaucoup davantage.*

Les Pasteurs mercenaires sont figurés par ces

animaux. Combien s'en trouve-t-il dans le Diocèse de Rouen, où depuis la mort de M. Colbert, des Prélats, des Grands-Vicaires, les Jésuites, &c, ont fait la guerre aux Ecclésiastiques de mérite, & ont rempli les Bénéfices de Pasteurs qui imitent la conduite de ceux dont Dieu se plaint & auxquels il dit : *Vous mangiez le lait de mon troupeau, .. vous preniez les brebis les plus grasses, ... vous n'avez point travaillé.... à guérir celles qui étoient malades; ... mais vous vous contentiez de les dominer avec une rigueur sévère & pleine d'empire.*

Les sieurs Terrisse, Rose, Ruellon, Fossard, & tant d'autres, ne différent guères de ceux dont parle ainsi le Prophète : *Ils se sont corrompus, ils se sont rendus abominables par leurs actions & leurs inclinations.*

« Ils sont aveugles, *dit le célèbre M. Du-*
« *guet*, sur leurs maux & sur leurs remédes : ...
« ils marchent les yeux fermés vers un abîme
« sans fond, où l'on ne peut tomber qu'une
« fois, parce que le retour en est impossi-
« ble ».

Voilà une triste image de la plûpart des Pasteurs, de la conduite desquels nous donnons quelques traits. *O Pasteurs ! ô Idoles qui abandonnez le troupeau !* Hélas ! si ce n'étoient que des Idoles, notre douleur seroit moins amère; mais les ravages qu'ils font dans le Diocèse de Rouen n'en prouvent que trop l'existence. Ignorance, libertinage, profanation des choses saintes, mépris des loix de Dieu & de l'Eglise, *sont les affreux objets contre lesquels nous nous élevons. Qui les a suscités ? Les Jésuites. Ils se sont fortifiés sur la terre (les Jésuites) parce qu'ils ne font que passer d'un crime à un autre, & qu'ils ne me connoissent point, dit le Seigneur, par la bouche des Prophêtes, Jérémie, Osée, &c. Ils ont multiplié leurs péchés à proportion qu'ils se sont multipliés eux-mêmes..... Que leur nom soit désormais enseveli dans un oubli éternel.*

De tous les Ecclésiastiques cités dans cet Ouvrage, qui est celui qui ne se fasse pas gloire d'être servilement attaché aux Jésuites ou à leur morale ? Il n'y en a pas un seul.

Au premier aspect de ces Anecdotes, quelqu'un dira : On ne nous apprend rien de nouveau. On en convient ; cependant il faut avouer qu'il n'y a point de Diocèse qui fournisse tant de faits si singuliers & si frapans en tout genre. Quelle horreur ! diront certains Lecteurs scrupuleux. Quel scandale ! De tels Écrits sont-ils l'ouvrage de la charité ? Nous pourrions objecter à ces reproches si peu réfléchis, que les Juges permettent aux Plaideurs & aux Avocats de débiter des vérités non-seulement publiques, mais secretes, qui ternissent la réputation des Parties ; mais ce n'est point ce qui nous a déterminé à publier ces Anecdotes ; nous nous y croyons autorisés par la conduite que les SS. Peres & autres ont tenue envers les Ecclésiastiques vicieux. Ils en ont usé de la sorte sans craindre de blesser la charité due au prochain.

A Dieu ne plaise que nous voulions inspirer

AVERTISSEMENT.

du mépris pour les Ministres de Jesus-Christ! Ce n'est point dans les Ambroises seuls qu'on honore le saint caractère; les moins dignes de le porter ne le rendront jamais vil à nos yeux.

On peut nous reprocher que nous sommes des plagiaires dans nos réflexions; nous en passons l'aveu, nous étant fait un devoir & un honneur de copier des Auteurs aussi recommandables par leur piété que par leur science. Nous les aurions cités avec plaisir, mais la crainte de rendre cet Ouvrage trop long, nous les a fait supprimer, ainsi que les citations d'où sont tirés les passages de l'Ecriture des SS. Peres, &c, que nous avons insérés dans les Anecdotes. Nous avons cru devoir en user autrement dans l'Apologie, afin que l'on ne nous accusât pas d'en imposer. On dira peut-être qu'elle est trop surchargée de citations; nous n'avons cependant point employé la vingtième partie des matériaux que nous avons sur ce sujet.

D'où vient, dira quelqu'autre, citer tant de fois la sauce-Robert? Cette question ne sera point faite par ceux qui en sçavent l'histoire.

Enfin on pourra ajoûter que nous parlons ironiquement. Cela est vrai. Mais la première ironie n'est-elle pas sortie de la bouche de Dieu même? La charité incarnée a-t-elle épargné les Hérodes? Que de traits lancés par le plus doux des hommes contre les Princes des Prêtres! Les Augustins, les Jérômes, les Grégoires, les Hilaires, eh! combien d'autres

AVERTISSEMENT.

n'avoient-ils pas une conscience délicate ? Quelle vivacité néanmoins dans les apostrophes ironiques répandues dans leurs ouvrages! Il est des plaies qui ne demandent pour être guéries que de l'huile & du baume ; il en est d'autres où il faut employer le fer & le feu.

On passe quelquefois à un Ecrivain le défaut d'érudition, d'éloquence, de justesse, de solidité même ; en cela nous donnons acte de notre ignorance. Mais jamais on ne lui doit passer le défaut de sincérité & de bonne-foi. Nous donnons le cartel de défi aux héros dont est question, que nous nous en soyons écartés.

Nous avons à ce sujet un problême à proposer. M. Terrisse est le seul qui puisse le résoudre. *Quand il est venu gouverner le Diocèse de Rouen, avoit-il ces belles qualités, où les a-t-il déposées ?*

Puisque ce Grand-Vicaire est devenu sourd à notre voix, nous serons obligés de prendre une trompette parlante pour lui crier, avec le Public, qu'il doit, mais n'ose nous réfuter. Si cela est, qu'il nous donne la justification de son silence. Ceux qui connoissent son tempérament, & les effets merveilleux de la sauce-Robert, disent avec nous, que la dose que nous lui avons donnée n'est pas suffisante pour le faire sortir de sa profonde léthargie. Ainsi nous la redoublons, parce que le mal a fait en lui de funestes progrès depuis nombre d'années. On nous prendroit pour des Charlatans, si nous disions que nous avons un remède spécifique pour le guérir parfaitement. Quoiqu'un Malade soit désespéré, on essaie encore de lui faire prendre quelques remèdes. Nous en agissons de la sorte avec M. Terrisse. Celui que nous lui donnons n'est pas composé de ses *simples*, mais de ses *drogues*. S'il ne lui procure pas le sommeil, il pourra lui occasionner de forts mouvemens convulsifs. L'agréable est que, lorsque lui & ses amis prendront ce remède, les Villes & les Campagnes en retentiront d'acclamations de joie. Si ces Messieurs se réveillent de leur profond assoupissement, que l'effet du remède qui leur est naturel, ne leur fasse pas vomir des calomnies contre nous : car alors nous leur donnerions la dose complette de la sauce-Robert.

M. Terrisse, malgré sa maladie, a encore la manie d'écrire. Il vient de donner, en 157 pag. in-4°, une *Défense des Droits de l'Eglise... &. de Rouen..... pour servir de réponse au Mémoire des sieurs Curés de la même Ville.....* Cette affaire est pendante au Parlement. L'Auguste Compagnie qui le compose, sçaura bien discerner ceux qui ont bon droit. On disoit, quand ce Mémoire parut : M. Terrisse auroit dû donner la préférence à sa justification personnelle. Cette affaire ne l'intéresse que comme membre du Chapitre, qui ne cherche qu'à empiéter sur les droits des Curés.

Les Apologies surannées ont toujours été mal reçues, cependant quand il plaira à M. Terrisse & à ses amis de donner la leur, nous nous engageons solemnellement d'y répondre

AVERTISSEMENT.

& de l'apprêter à la sauce-Robert. Si après cela on peut nous convaincre de calomnies, (plût à Dieu que cela arrivât) le jour de l'amende honorable sera pour nous un jour de fête.

Nous avertissons que nous n'aurons nul égard à une réfutation anonyme, parce que quelqu'un pourroit feindre de prendre le parti de ceux que nous attaquons, pour leur attirer encore des Anecdotes. Mais s'il nous vient une réponse portant le sceau de M. Terrisse & Adjoints, pour lors grand Gala. Nous leur servirons la sauce-Robert ; elle sera forte, âcre, salée, aigre & piquante. C'est le propre de cette sauce, qui cependant ne sera composée que d'ingrédiens dont un certain Public a déja bonne connoissance.

Il est notoire que ces Messieurs ne se contentent pas d'un seul mets, il leur en faut de différentes espèces pour aiguiser leur appétit. Rien ne l'excite davantage que le gras & le maigre, c'est pourquoi nous les en régalerons, & la sauce que nous avons en réserve suffira pour le tout.

Les Lacédémoniens disoient d'après Socrate, que le travail, la sueur, la faim, étoient la meilleure sauce pour assaisonner les viandes. Les Prêtres dont nous parlons, la plûpart engraissés des biens de l'Eglise, ne peuvent pas dire qu'ils en goûtent, de cette sauce, seulement du bout du doigt.

On se plaint aujourd'hui que, dans les grands repas, les viandes sont tellement déguisées par

AVERTISSEMENT.

les nouvelles sauces, qu'elles n'ont nulle saveur de leur bonne qualité. Il n'en est pas de même de la sauce des Grands-Vicaires ; quoique nous l'ayons beaucoup dégraissée & bien adoucie, elle n'a rien perdu, disent ceux qui les connoissent, de son naturel. Il est vrai que pour premier ingrédient, nous nous sommes servis de la sauce-Robert composée le 12 Juin 1676.

Quand notre première portion parut, une personne de nom dit : Les Grands-Vicaires & le
» Pénitencier sont si mauvais que je n'aurois
» jamais pensé qu'on en pût faire une bonne
» sauce. On en a essayé de toutes façons dans
» le tems de l'affaire qu'ils ont suscitée au Curé
» de S. Godard, mais la sauce-Robert est
» l'unique qui leur convienne ». Un autre en a ainsi écrit à un de ses amis : « On ne peut dis-
» convenir que lorsqu'elle parut, tout le mon-
» de en voulut goûter, & qu'ayant été trouvée
» douce, agréable, bienfaisante, enfin natu-
» relle, on se l'arrachoit d'entre les mains.
» Ceux qui en avoient la servoient à tous re-
» pas, elle accompagnoit tous les services ;
» les personnes de rang en faisoient tout l'agré-
» ment de leur table ; les mets les plus exquis
» étoient fades & insipides sans elle ; on la
» représentoit au dessert sur les demandes réi-
» térées des convives ; on la mêloit avec les
» vins de liqueur, café, &c. En un mot,
» elle rendoit tout meilleur & plus exquis.
» Loin de l'abandonner après le repas aux
» Domestiques, on s'empressoit de la pocher,
» on l'emportoit dans l'appartement, où on la

AVERTISSEMENT.

» servoit tout de nouveau, tant on en étoit
» affamé. Il n'en étoit pas ainsi des Terrisse,
» Rose, Fossard, Ruellon, &c ; elle avoit pour
» eux l'amertume du fiel & de la coloquinte.
» Comme ils voyoient que le Public la sa-
» vouroit avec tant de délectation, ils font
» jouer leurs ressorts pour en arrêter le débit,
» & le seul expédient qu'ils ayent trouvé, a
» été de la faire passer par le feu, dans l'es-
» pérance, sans doute, de l'anéantir ; mais
» ils se sont lourdement trompés, car le Pu-
» blic l'a recherchée avec un nouvel empres-
» sement, & elle n'en est devenue pour eux
» que plus amère ».

Quelqu'accueil qu'on eût pû lui faire, nous ne nous serions point avisés de donner cette seconde portion de sauce-Robert, si l'on avoit remarqué quelqu'amendement dans la vie des Grands-Vicaires, &c ; & si la condamnation qu'ils ont fait porter contre nous, ne nous avoit mis dans la dure nécessité de nous jus-tifier.

APOLOGIE

APOLOGIE
DES ANECDOTES
Ecclésiastiques, Jésuitiques du Diocèse de Rouen.

ON a donné au Public en mil sept cent soixante, des *Anecdotes Ecclésiastiques, Jésuitiques... avec la Critique d'un Mandement... suivie d'un simple exposé sur la conduite du Clergé & des Grands-Vicaires du Diocèse de Rouen.* A peine eurent-elles paru, que M. le Sens de Folleville, Procureur-Général, donna son Requisitoire, conçu en ces termes : « Le
» Procureur - Général du Roi remontre à la
» Cour que la loi du silence imposée par la
» Déclaration du Roi, du quatorze Novembre
» mil sept cent cinquante-quatre, n'a pas en-
» tièrement arrêté le cours des Ecrits & Bro-
» chures dont elle devoit tarir la source : l'es-
» prit de parti laisse encore éclater de tems en
» tems des étincelles d'autant plus dangereuses,
» que le feu qui les produit est retenu avec
» plus de contrainte, & que ceux à qui elles
» échappent ayant eu la hardiesse de franchir
» cette Loi, méprisent également la plûpart
» des autres, & se livrent quelquefois aux ex-
» cès les plus condamnables d'une imagination
» échauffée. Telle est la nature de la Brochure
» intitulée : *Anecdotes Ecclésiastiques, Jésuiti-*

» *ques*, imprimée à Rouen en mil sept cent
» cinquante-neuf, sans aucune permission, &
» divisée en trois Parties. Quelque méprisable
» que ce Recueil de calomnies & d'horreurs
» ait paru aux gens sensés, il n'est pas moins
» nécessaire de garantir les peuples de l'impres-
» sion par laquelle il pourroit altérer le respect
» qu'ils doivent à la mémoire des Prélats qui
» les ont conduits, à la vertu des Corps &
» Communautés qui les édifient, & des Curés
» qui les dirigent. Nous rendons assez de jus-
» tice à la prudence de feu M. Sonnes, Prêtre,
» ci-devant habitué à Saint Vincent de Rouen,
» sous le nom duquel ces prétendues Anecdotes
» sont publiées, quoique remplies de faits qui
» ne peuvent être arrivés qu'après sa mort,
» pour croire qu'il seroit le premier à condam-
» ner un Ouvrage si mauvais, où la vérité &
» la pudeur sont également méprisées, & où
» l'Auteur, comme un fou furieux, déchire
» sans sujet, comme sans preuve & contre la
» notoriété publique, la religion & les vertus
» de feu M. le Cardinal de Tavanes, du Corps
» entier des Evêques de France, qui vivoient
» en mil six cent cinquante-un, des Archevê-
» ques de Rouen qui les ont suivis, la répu-
» tation de presque tous les Grands-Vicaires ou
» Pénitenciers qu'ils ont établis, des Commu-
» nautés Religieuses les plus régulières & les
» plus austères, & de presque tous les Cha-
» noines de l'Eglise Cathédrale de Rouen. Les
» peines prononcées par la Déclaration du qua-
» torze Novembre mil sept cent cinquante-
» quatre, & par celles qui concernent la Li-
» brairie, sont trop légères pour réprimer une
» licence aussi odieuse; ce Libelle diffamatoire

» doit faire rejaillir sur son auteur une partie
» de l'infamie dont il a voulu calomnieusement
» noircir toutes les personnes qui se sont pré-
» sentées à son imagination pendant la durée
» de ses accès. Pourquoi requiert être ordonné
» que la Brochure intitulée : *Anecdotes Ecclé-
» siastiques, Jésuitiques*, sera lacérée & brûlée
» par la main de l'Exécuteur des Jugemens
» criminels, comme Libelle dangereux, ca-
» lomnieux & diffamatoire ; & ordonné à tous
» Possesseurs des Exemplaires de les rapporter
» au Greffe de la Cour ; défenses être faites
» à tous Libraires, Imprimeurs ou Colporteurs
» d'en garder aucun, à peine de cinq cens livres
» d'amende ; & cependant qu'il sera informé à
» ma requête contre les Auteurs, Imprimeurs
» & Distributeurs de ladite Brochure ; être or-
» donné que l'Arrêt qui interviendra sera lû,
» publié & affiché par-tout où il appartiendra ».

Un murmure s'éleva aussi-tôt de toutes parts contre ce Requisitoire. A le voir, il semble que M. le Sens donne des conclusions au procès d'un scélérat de la Conciergerie du Palais. Ainsi nous nous trouvons dans l'indispensable nécessité de nous justifier des calomnies odieuses dont nous sommes chargés. Nous le faisons avec beaucoup de répugnance, puisqu'ayant évité de parler de lui dans les Anecdotes, il nous oblige, par la conduite qu'il tient à notre égard, de dire quelque chose de la sienne, en relevant les motifs qui ont donné lieu à son Requisitoire pour faire condamner cet écrit, qui lui a paru d'autant plus mériter son attention, que ceux qu'il se fait un devoir de protéger, y sont un peu démasqués.

M. de Folleville expose que *la loi du silence*

imposée...., n'a pas entièrement arrêté le cours des Ecrits & Brochures dont elle devoit tarir la source..... Telle est, dit-il, *la nature de la Brochure intitulée : Anecdotes, &c.*

Que ce Magistrat nous permette de lui demander (puisqu'il n'a pas jugé à propos de désigner en quoi nous avons enfreint cette loi) qui sont ceux qui y prévariquent ? Nous avons toujours pensé, & nous le pensons encore, qu'on ne pouvoit regarder comme prévaricateurs que ceux qui disputent ou écrivent sur les matières qui, depuis près de cent ans, troublent & ravagent la France. N'y ayant dans cet Ouvrage aucun point de Morale ou de Doctrine qui ait rapport aux matières contestées, la prévarication à cette Loi n'est qu'un prétexte dont M. le Sens s'est servi pour le faire condamner.

Ne pourrions-nous pas, avec plus de raison, nous plaindre de M. de Folleville, qui poursuit en nous une chimère, tandis qu'il laisse tranquille un Jésuite & un Curé de Rouen, lesquels dans une Thèse soutenue aux Cordeliers de ladite Ville, le 17 Juin dernier (1760) ont scandalisé les Auditeurs, en défendant la Morale de la Société à l'appui des Propositions condamnées par la Bulle *Unigenitus* ? Ne serions-nous pas bien fondés à lui représenter qu'il n'a porté aucune plainte au Parlement contre la Mission faite en 1757, par des Jésuites qui y ont enseigné qu'il est permis de voler jusqu'à cinquante-neuf sols ? Les Administrateurs en furent allarmés; le Premier Président manda les Missionnaires pour les réprimander, & le P. G. Administrateur né de l'Hôpital, ne donna pas le moindre signe de vie. N'est-il point blâmable de ne jamais veiller sur les Livres pernicieux que les Conférenciers & les Eudistes mettent entre les mains des Ordinans, auxquels non-seulement ils en recommandent la lecture, mais qu'ils engagent d'apprendre par cœur, afin de mieux inculquer dans l'esprit de leurs Elèves, les dangereuses maximes renfermées dans ces livres; & de ne pas faire la moindre attention aux Thèses soutenues au Collège des Jésuites, aux Cahiers que ces Peres y dictent, condamnés plusieurs fois, même depuis quelques années, à être brûlés par l'Exécuteur des Sentences criminelles; ni aux Ballets qu'ils font repréfenter sur leur Théâtre? On a encore sous les yeux celui de 1750, intitulé: *BALLET MORAL*, rempli d'impiétés, & critiqué par le célèbre & pieux M. Gaultier, où les Régens firent danser la Religion.

Quoique ces choses dépendent des devoirs de son ministère, il ne s'en acquitte nullement, parce que, sans doute, il est trop occupé au Palais. Mais la *lettre à un Duc & Pair* paroît-elle pour opposer une digue au despotisme du Clergé? Met-on au jour des *Additions aux Remontrances du Parlement de Normandie*, tirées des Auteurs qui ont écrit sur les anciens privilèges de cette Province? Donne-t-on au Public des *Anecdotes*, qui n'ont d'autre but que de démontrer la source de maux qui inondent le Diocèse de Rouen, sur lesquels maux gémissent tous les gens de bien, & auxquels ils desirent ardemment que le Prélat qui gouverne ce Diocèse, apporte un prompt & efficace remède? On voit M. le Sens se réveiller de son assoupissement, ou plutôt sortir de sa léthargie, pour venir dénoncer au Parlement ces Ouvrages aussi utiles qu'instructifs, comme des Libelles diffamatoires, capables, selon lui, de bouleverser & la Religion & l'Etat. Mais ce que l'on ne peut comprendre, c'est que des Magistrats éclairés ayent condamné des Livres si bons & si pleins d'érudition.

Quelque méprisable, dit le Magistrat, *que ce Recueil de calomnies & d'horreurs* (il n'en cite aucunes) *ait paru aux gens sensés, il n'est pas moins nécessaire de garantir les Peuples de l'impression......*

Si M. le Procureur-Général, qui doit avoir en horreur la Morale plus que Payenne des Docteurs du mensonge, qui disent qu'*on peut déposer le personnage de Chrétien & celui de Magistrat*, vouloit nous dire, dans la sincérité qui lui est naturelle, & dont il a donné tant de fois des preuves non équivoques au Parlement, qui sont ces *gens sensés*, il nous diroit que ce sont des Gr. Vic. & des Jésuites.

M. de Folleville, en dénonçant *in globo* cet ouvrage, comme un *Recueil de calomnies & d'horreurs*, n'a pas réfléchi que, sous le prétexte de *garantir les Peuples de l'impression par laquelle il pourroit altérer le respect qu'ils doivent à la mémoire des Prélats qui les ont conduits à la vertu, &c.* il ternit la mémoire de MM. Colbert & de Bezons; des Curés & autres Ecclésiastiques, dont il est parlé avantageusement, pour conserver celle de MM. de Harlai, de Medavi, d'Aubigné, de leurs Gr. Vic. &c, livrés aux Jésuites.

Ainsi la dénonciation faite en mil six cent cinquante-six, par vingt-huit Curés de Rouen, des monstrueux excès de la Morale de ces Peres, doit être regardée comme un fait avancé pour les calomnier. Les perfécutions fufcitées à M. Coulon, & les manœuvres employées pour perdre M. le Noir, font inventées pour décrier de gaieté de cœur, la conduite de MM. de Harlai & de Medavi. La fageffe & la prudence de M. Colbert ; le bon ordre établi dans le Diocèfe de Rouen par les foins de ce Prélat, étoient les fruits de fa vengeance contre les Jéfuites, pour lefquels il avoit conçu une haine implacable. Les Curés & les Ecclésiastiques oppofés aux fentimens de M. d'Aubigné, ont été juftement chaffés de leurs Cures & interdits par le Prélat. Le fchifme fouffié par les Jéfuites & arrêté par M. de Bezons, eft imaginé par les ennemis de la Société. Les tracafferies faites au Curé de Préaux, fous M. de Treffan, font honneur à fes auteurs, & le Curé auroit mérité d'être chaffé de fa Cure, pour ne s'être pas rendu aux ordres de M. Bridelle. La conduite de M. de Tavanes à Châlons & à Rouen ; l'éxil des Dames de Pierval & du Foffé, Religieufes de St Amand ; la deftruction de plufieurs Communautés ; les procédures exercées envers les Curés d'Auberville, de Raffetot, de St Nicaife, &c. font des actes qui prouvent l'attention du Prélat, à ne fouffrir dans les deux Diocèfes qu'il a fucceffivement gouvernés, que des Ecclésiastiques & des Perfonnes d'une faine Morale & d'une piété exemplaire, ainfi qu'à fupprimer les Communautés inutiles.

Si un Auteur de la trempe de celui de la fable de Bourg-Fontaine, ou du fupplément Jéfuitique, eût travaillé à ces Anecdotes, il n'auroit pas manqué de les traiter dans le goût que nous venons d'expofer. C'auroit été pour lors un *Recueil* édifiant, rempli de vérités tendantes à maintenir les *Peuples* dans *le respect qu'ils doivent* aux Prélats, ou aux Gr. Vic. chargés de leur autorité. Mais dans le nôtre, *la vérité & la pudeur sont également méprisées, l'Auteur, comme un foux furieux, déchire sans sujet comme sans preuve & contre la notoriété publique...... la réputation de presque tous les Gr. Vic.* &c.

M. de Folleville n'auroit point hazardé de pareils reproches, s'il avoit lû ce *Recueil* avec attention; il y auroit vû, page 138, que nous défions M. Terrisse & tous autres, d'oser *avancer que nous sommes des fourbes, des imposteurs....*; que nous les engageons même à faire leur apologie. Nous n'avons donc pas agi *sans sujet, sans preuve, ni contre la notoriété publique*. Nous sommes persuadés que ce Magistrat l'a parcouru, & qu'ayant trouvé au commencement de la 3ᵉ Partie, ces mots: *Nous rapporterons seulement quelques Anecdotes publiques de la conduite de ces grands hommes:* (les G. V.) *nous omettons, par prudence, les secrettes; elles pourront servir un jour à former leur histoire;* le zèle de M. le Sens s'est enflammé, & il s'est imaginé nous réduire au silence par les termes injurieux dont il s'est servi, & par l'Arrêt qu'il a surpris. Mais rien ne peut arrêter le but que nous nous sommes proposé, qui, suivant l'axiome du P. le Tellier, Jésuite, est de faire connoître *les méchans*, afin qu'on s'en défie. Ce Magistrat, animé d'une charité mal entendue, s'épuise pour nous donner des épithètes odieuses qui ne conviennent qu'à des *méchans*; mais sommes-nous plus *méchans* que ceux qui livrés sans discernement à la Société, soutiennent, avec M. Pain des Essarts, Curé

& Doyen de N. D. de la Ronde, contre l'évidence & *la notoriété*, que l'affaire de Portugal est fausse, controuvée; ou, avec M. Terrisse, qu'elle est au moins problématique.

Cependant, pour dissiper les nuages que l'on tenteroit d'élever, à la faveur de ce Requisitoire & de l'Arrêt qui l'a suivi, afin d'obscurcir la vérité des faits avancés dans cet Ouvrage, nous allons rendre compte au Public de ce qui y a donné lieu. C'est ce Juge, qui ne fait aucune acception de personnes, qui décidera si ces Anecdotes partent de la plume d'*un fou furieux sur lequel doit rejaillir une partie de l'infâmie dont il a voulu calomnieusement noircir toutes les personnes qui se sont présentées à son imagination pendant la durée de ses accès*.

Le Mandement publié par le Chapitre de Rouen, qui ordonne des prières pour le repos de l'ame de M. Saulx de Tavanes, ne vit pas plutôt le jour, qu'il s'éleva un cri dans toute la Ville contre ce qu'il contient. Des Curés, auxquels on ne peut attribuer des sentimens opposés à ceux des Jésuites, & qui, par conséquent, ne peuvent être suspects, honteux néanmoins de débiter dans la Chaire de Vérité, des mensonges aussi grossiers, se contenterent de recommander l'ame du Prélat aux prières de leurs Paroissiens. De tous côtés on crioit au mensonge, à l'effronterie. Plusieurs instruits par M. Terrisse; quelques-uns par eux-mêmes; d'autres par des personnes incapables de trahir la vérité; enfin, tous convaincus que la conduite du Prélat avoit été bien éloignée de celle que l'on vouloit faire croire qu'il avoit tenue, se sont communiqués les faits dont ils avoient connoissance. Des personnes, sensibles aux maux du Diocèse, frappées du scandale que cause la plûpart des Ecclésiastiques & des Religieux, nous ont fourni, avec le manuscrit de M. Sonnes, les matériaux qui ont servi à composer ce Recueil, dont le motif est de détromper ceux qui se laissent séduire par des histoires fabuleuses; de préserver les autres des piéges que l'on tend à leur simplicité, à l'ombre de quelques exercices extérieurs de piété; enfin, de mettre sous les yeux du nouveau Prélat, un tableau abrégé, mais exact, de l'état de son Diocèse. Voilà les raisons qui, après en avoir conféré avec des personnes de mérite, nous ont déterminé à faire paroître ces Anecdotes, qualifiées par M. le Procureur-Général, de *Libelle diffamatoire*.

Quelqu'injurieuse que soit cette qualification, elle ne nous surprend pas de la part de M. de Folleville; elle est une suite des invectives employées dans son Requisitoire. Mais que dire de l'Auteur des Nouvelles Ecclésiastiques?

Après avoir annoncé les *Anecdotes*, &c, dans sa Feuille du 16 Juillet 1760, & donné son approbation à la première Partie, il dit des deux autres: *Ces seconde & troisiéme Parties sont sans doute d'une autre main.* Il n'en auroit point douté, s'il avoit lû l'Avertissement. *Elles sont beaucoup trop vives & trop mordantes, & quelque exactes qu'elles puissent être d'ailleurs, nous ne pouvons dissimuler qu'elles sentent un peu trop le Libelle diffamatoire.* A la fin de sa Feuille du 10 Septembre suivant, il ajoûte, après une note qui paroît avoir été faite à dessein: *Au reste, en annonçant les Anecdotes de M. Sonnes, nous nous sommes expliqués d'une* manière à ne laisser ignorer à personne que nous ne prenons de part à la seconde & troisième Parties de cette Brochure, que pour les improuver comme des productions téméraires, qui ont été ajoutées mal-à-propos aux Anecdotes de M. Sonnes par une main étrangère.

L'estime particulière que nous avons pour cet Ecrivain, fait que nous ne releverons pas ses réflexions. Nous lui demanderons seulement : 1°. Pourquoi il a exempté de sa critique la première Partie, où il y a des faits pour le moins aussi graves que dans les deux autres ? Est-ce par respect pour M. Sonnes, ou parce qu'il y a un trait sur M. de Tavanes, tiré de ces Feuilles ?

2°. Pourquoi dit-il de la seconde Partie, dans sa Feuille du 16 Juillet, citée ci-dessus : *Cette critique malheureusement trop fondée, ne fait nullement honneur, pour ne rien dire de plus, à l'Auteur de ce Mandement, ni à celui qui en est l'objet ?* N'est-ce pas en quelque sorte, l'approuver que de la dire *malheureusement trop fondée* ? Si nous avons rencontré juste, il n'y a plus que la troisième Partie qui, selon sa décision, *sente un peu trop le Libelle diffamatoire.* Mais combien de faits de même nature sur la conduite d'Evêques, de Grands-Vicaires & autres, faits souvent accompagnés de réflexions & de traits qui caractérisent les uns & les autres, se trouvent dans les NN. EC. lûes partout où les Anecdotes ne paroîtront peut-être jamais ? Et comme si l'Auteur vouloit nous épargner la peine d'en chercher dans ses Mémoires, il nous en fournit un dans la Feuille du 10 Septembre 1760, où il improuve la seconde & troisiéme Parties, *comme des productions téméraires.*

M. de Bourzac, Evêque de Noyon, a, dit-il, *bien d'autres Vicaires-Généraux que M. Perin, Curé de S. Leu de Paris, que l'on a éxilé pour le souſtraire aux juſtes pourſuites du Châtelet ; mais ce ſont de jeunes gens plus occupés à conduire des Cabriolets qu'à conduire le Diocèſe ; en ſorte que Madame la Comteſſe de Bourzac & M. Perin, conduiſent abſolument & le Diocèſe & l'Evêque. Cette jeune Veuve,* continue-t-il, *ne quitte point le Prélat ni dans ſes viſites Epiſcopales, ni dans les miſſions ; & elle vient tout récemment de l'accompagner encore dans la viſite du Doyenné de Neſle. Il faut bien au reſte,* conclut-il, *qu'étant chargée, comme elle l'eſt, de la Feuille des Bénéfices, elle connoiſſe les Sujets.*

Voilà un brillant & beau portrait. Convient-il bien à un Evêque ? L'Auteur voudroit-il que quelqu'un de ſes amis fût reconnu aux mêmes traits ?.... Mais n'allons pas croire qu'il varie ſes couleurs, quand il a les mêmes ſujets à peindre. Voyons ce qu'il dit de M. de Tavanes en 1728 & 1731. Nous nous ſommes bien gardés de rien dire qui pût répandre le moindre ſouffle flétriſſant ſur les mœurs du Prélat. L'Auteur des NN. EC. dont la réputation eſt faite, pourroit-il bonnement ſe flatter d'avoir uſé d'une auſſi grande modération ? Voici ſes termes : *M. de Maucourant, Promoteur Rural.... homme de confiance de M. de Tavanes, dans ſes VISITES & AILLEURS, après avoir prêché le jour de S. Bernard à Clairvaux, enleva la ſous-Prieure de l'Abbaïe de S. Jacques.... où il* faisoit, depuis long-tems, de fréquens séjours, sous prétexte de direction, & souvent de la part du Prélat.... Ce Curé avoit vendu son bien & emprunté de l'argent, sous différens prétextes, pour les frais du voyage.

Il n'y a personne qui, à ce détail ainsi circonstancié, ne dise, sur le récit du Nouvelliste, que le Curé étoit un impudique & un libertin des plus caractérisés. Il est cependant l'ami intime de M. de Tavanes, son *homme de confiance* dans ses *VISITES & AILLEURS*. Or, dans ces circonstances, que veut dire le mot *AILLEURS*? Tous ceux qui connoissent le style de l'Auteur, & qui s'entendent en galanterie, ou qui en ont la moindre notion, comprennent, sans avoir besoin d'explication, que le Prélat n'étoit pas moins galant que le Promoteur Rural. Nos mœurs ordinairement sont semblables à celles de nos amis intimes & de confiance. L'Ecriture est notre garant: *Cum electo electus eris; cum perverso perverteris.* Voilà ce que l'Auteur donne à entendre, s'il ne donne au plutôt l'explication de ce mot énigmatique *AILLEURS*. Pour nous, nous attendrons avec patience qu'il explique ce mot, parce que deux personnes, d'une probité connue, dont un Prêtre, témoins de cette histoire, nous ont mis au fait de toutes les circonstances, depuis que les Anecdotes ont paru.

Dans sa Feuille du 17 Septembre 1760, parlant de M. Joli, il dit: *Cet Ecclésiastique craignant ensuite pour sa foiblesse dans un Diocèse qui changeoit si étrangement de face sous M. de Tavanes......*

Nous ne rendrions pas la justice qui est dûe

à une Auteur si célébre & plein de sagacité, si nous disions qu'il n'a pas senti par sa critique des 16 Juillet & 10 Septembre 1760, qu'il est homme, que l'homme s'oublie quelquefois lui-même. Mais nous dirons : Il y a là sûrement quelque mystère que nous ne comprenons pas. Ce que nous venons de rapporter de ses Mémoires suffit pour nous justifier du reproche de Libelle diffamatoire, & de celui de *productions téméraires*. Aussi espérons-nous qu'animés du même zèle, conduits par les mêmes principes, agissant dans les mêmes vûes & marchant sur ses traces, il nous développera un jour ce mystère.

Répondons à M. de Folleville, & disons-lui avec S. Bernard : *Que quand on reprend les vices & qu'il en arrive du scandale, c'est à celui qui les commet & qui donne par-là occasion de les reprendre, à s'imputer la cause du scandale, & non à celui qui les reprend*. La décision de ce Saint Docteur pourroit suffire pour nous laver de tout reproche. Entrons néanmoins, pour plus ample justification, dans le détail des faits que nous avons rapportés.

La première Partie est très-constamment de M. Sonnes, qui nous donna son Manuscrit quelque-tems avant sa mort, comme nous l'avons dit. Il n'a pas plû à M. le Sens d'y faire attention ; peut-être dans la crainte que le nom de ce vertueux & sincère Ecclésiastique, généralement estimé, & en outre aimé de nombre de Magistrats très-respectables, ne donnât trop de poids aux faits avancés contre les Jésuites & autres ; & ne fût un obstacle à la condamnation qu'il vouloit obtenir. Nous garderions le silence sur cette partie, si M. de Folleville n'en avoit pas déchargé le véritable Auteur, & même avancé dans son Requisitoire : *Nous rendons assez de justice à la prudence de feu M. Sonnes.... pour croire qu'il seroit le premier à condamner un Ouvrage si mauvais.* Nous souhaiterions que ce Prêtre, si plein d'érudition, vécût encore, il pulvériseroit ce Requisitoire, & s'en acquitteroit infiniment mieux que nous. A son défaut, nous osons soutenir que cette première Partie contient un abrégé si exact de ce qui s'est passé dans le Diocèse de Rouen, depuis que les Jésuites y ont introduit leur pernicieuse Morale, qu'il ne peut être démenti. Entrons en matière.

A-t-on plus noirci la mémoire de M. de Harlai, en rapportant la persécution exercée envers le Sieur Coulon, que M. Racine qui, dans le Tome X de son Hist. Eccl. p. 416 & suiv. dit, en parlant de ce Prélat, que *la réputation qu'il s'étoit acquise sur le premier Siége, le suivit sur le second.... que le Roi n'ignoroit pas ce que toute la France sçavoit de sa vie licentieuse.... qu'il étoit livré aux Jésuites.... que chacun sçavoit que lui & les Jésuites, ses bons amis, étoient la seule cause de tout ce qui se faisoit de dur & d'injuste sous le nom du Roi dans les affaires de l'Eglise......* On peut encore voir les Tomes suivans, où cet Historien parle du Prélat.

Qu'a-t-on dit de M. de Medavi en mettant sous les yeux la conduite inouie tenue envers M. le Noir, qui ne se trouve dans différens ouvrages qu'une infinité de personnes ont entre les mains ?

A-t-on diffamé les Jésuites, compris sans doute par M. le Sens dans les *Corps & Commu-*

nautés *qui édifient*, en disant que, sous le gouvernement de M. Colbert, ces Peres trouverent mauvais que leurs Casuistes fussent négligés; qu'ils s'en plaignirent dans un Libelle condamné par un Mandement, dans lequel le Prélat relève leurs erreurs; que le P. Buffier, Jésuite, auteur ou distributeur de ce Libelle, fut éxilé à Quimper-Corentin, parce qu'on ne put le faire rétracter; que M. Colbert s'étant apperçu de la mauvaise doctrine qu'ils enseignoient à leurs Ecoliers de Théologie, avoit élevé une autre Ecole; que pour détruire cette Ecole, ils présenterent leur Requête au Roi, & que, malgré leurs intrigues, elle subsista tant que le Prélat vécut.

Est-ce *altérer le respect* dû *à la mémoire des Prélats*, que de dire de M. d'Aubigné qu'il avoit de la piété & de bonnes mœurs; mais que les préjugés de S. Sulpice & son attachement aveugle pour les Jésuites, qu'il regardoit comme des Oracles, lui avoient renversé l'esprit? Tout autre que M. de Folleville attribuera aux impressions des Jésuites, les différens événemens que nous avons rapportés; plaindra le Prélat de s'être prêté aux vûes de ces Peres, en interdisant ou chassant de son Diocèse & de leurs places des Ecclésiastiques qui par leurs lumières, leur exemple & leur piété, y répandoient la bonne odeur; & gémira de ce que M. d'Aubigné, doué de qualités propres à faire un bon Evêque, ait préféré le trouble & la confusion à la tranquillité & au bon ordre établi par son Prédécesseur.

Ce qu'on a avancé du gouvernement de M. de Bezons, prouve que l'on n'a cherché qu'à exposer le vrai. M. Sonnes auroit pû se contenter de dire que le Prélat admit aux Ordres sacrés les Ecclésiastiques qui en avoient été écartés par M. d'Aubigné ; & louer son attention à arrêter les actes du schisme, soufflé par les Jésuites, sans parler de la suppression des Conférences, ce qui doit faire connoître à M. le Procureur-Général, que *l'esprit de parti n'éclate point dans ce Recueil*, comme on veut le persuader dans le Requisitoire.

La forme du gouvernement de M. de Tressan, fait voir que le Prélat abandonnoit le soin de son Diocèse à des Grands-Vicaires, qui, abusant de son autorité, s'en servoient pour véxer ceux qui étoient en butte aux Jésuites, auxquels ces Grands-Vicaires étoient totalement dévoués. Le Prélat délaissé après sa mort, prouve que ses Grands-Vicaires, son Chapitre & ceux qu'il avoit à son service, ne lui étoient attachés que par intérêt.

A l'égard de M. de Tavanes, nous ne pensons pas qu'on puisse faire le moindre reproche à M. Sonnes, puisqu'il a marché sur les traces de M. d'Orsannes & de l'Auteur des NN. EC. Ces Historiens, recherchés & applaudis partout, ont fait connoître la conduite du Prélat sur le Siége de Châlons. Seroit-il défendu à tout autre de parler de celle qu'il a tenue à Rouen ? Il a paru en 1755 un Récit historique, au sujet de l'affaire suscitée au sieur Outin, Curé de S. Godard, où le reproche que l'Auteur fait à M. de Tavanes d'avoir préféré *par un faux point d'honneur, de soutenir les Coupables de son crédit, plutôt que de désavouer les fausses démarches qu'on lui a fait faire*, ternit plus la mémoire du Prélat, que tout ce qui est rapporté dans la première Partie. Car.... mais laisssons à M. de Folleville les réflexions qui naissent de ce reproche qui ne l'a point allarmé, & passons à la seconde Partie.

Elle renferme des observations sur un Mandement qui, comme nous l'avons dit, révolta tout le Diocèse. M. Terrisse y exalte *la charité & la tendre complaisance du Prélat aux besoins des Pauvres ; l'abandon de son Palais pour les y loger ; les aumônes qu'il a faites pour aider à la construction du nouvel Hôtel-Dieu ; ses soins & ses attentions pour avancer ce grand ouvrage ; sa sagesse pour connoître la vertu & la capacité des Prêtres ; ses largesses pour l'établissement & l'augmentation de trois Séminaires ; sa rigidité inaccessible aux sollicitations ; sa haute prudence dans les affaires épineuses, &c.*

Nous avons fait voir, par des témoignages publics, que ces belles qualités n'existoient que dans l'éloquence de l'Orateur, qui, en composant ce Mandement, a recherché à s'attirer les louanges des Auteurs avec lesquels il sympatise, & à leur prouver qu'il possède aussi-bien qu'eux, le talent de trouver des vertus sublimes dans ceux qui n'en ont pas même de médiocres : on pourroit ajoûter, & celui de justifier les personnes dignes du dernier supplice ; car tout le monde sçait qu'il est l'Auteur des Mémoires qui ont paru pour la défense de la Perchey & de la du Chêne, calomniatrices du Curé de S. Godard.

Si nous en avons imposé, c'est à M. Terrisse à nous confondre. Il est de son honneur de soutenir son ouvrage. Qu'il parle ! mais convaincu par lui-même que les faits cités sont constans & connus d'une infinité de personnes, il garde le silence. Or, si ces observations ont causé &

causent encore du scandale, M. le Sens ne doit l'attribuer qu'à l'Auteur du Mandement qui y a donné lieu par des louanges que ne méritoit point son héros. Nous ne nous étendrons donc pas davantage sur cette partie, & nous nous contenterons de citer le dernier chapitre de l'écrit intitulé: *Réfutation de la fausse Relation du P. Ferrier, Jésuite,* imprimée en 1664, dont le titre porte: *Que l'on peut parler avec liberté des désordres connus & publics, sans blesser le respect qu'on doit aux Evêques.*

Un abrégé simple & naïf des abus & déréglemens qui regnent parmi la plus grande partie du Clergé & des Communautés Religieuses auxquelles on confie l'éducation de la jeunesse; une dénonciation de livres pernicieux que l'on met entre les mains des jeunes gens destinés aux Ordres sacrés, qui devroit intéresser M. le Procureur-Général, chargé par devoir d'y veiller, font le sujet de la troisiéme Partie.

Si ce Magistrat, avant que de donner son Requisitoire, avoit prêté l'oreille à ce qui se disoit dans le Public, il auroit entendu un cri général sur la briéveté de cette Partie; sur le ménagement gardé envers ceux dont il y est parlé, & sur la multiplicité des faits que l'on a omis. Les personnes les plus scrupuleuses sur la charité dûe au prochain, sont convenues que l'on ne pouvoit taxer de calomnie ceux qui ont rédigé ce Recueil, & qu'on ne pouvoit les accuser que de dire du mal. Dire du mal n'est pas toujours un crime. Les oreilles les plus chastes n'ont point été scandalisées du peu que nous avons dit des mœurs de MM. Terrisse, Ruellon & autres. *La vérité & la pudeur n'y sont donc pas également méprisées,* comme le prétend M. de Folleville; & les faits rapportés ne sont donc pas *sans preuve*, ni *contre la notoriété publique*. Ainsi l'on n'a pû qu'avec la plus grande de toutes les injustices, nous appliquer les épithètes injurieuses du Requisitoire, & il est visible qu'on n'a cherché dans la condamnation des Anecdotes, qu'à justifier les Jésuites du reproche qui leur est fait d'être seuls la cause du triste état où se trouve aujourd'hui le Diocèse de Rouen, & de fournir à ces Peres & à leurs Partisans, des armes contre ceux qui, dans des tems plus reculés, se serviroient des faits tirés de cet Ecrit.

Nous passons légérement dans cette troisième Partie, sur les mœurs de quelques Grands-Vicaires, du Sr Ruellon, & de quelques Curés trop connus, tels que nous les avons dépeints.

Nous y reprochons, en général, aux Chanoines de la Cathédrale *de ne s'attacher qu'à augmenter le revenu de leurs Prébendes*; leurs Fermiers ou Locataires, & les Loueuses de chaises de cette Cathédrale, ne nous démentiront pas. Nous leur reprochons, mais en particulier, aux uns, *le relâchement & l'oubli presque total des Règles saintes de l'Office Divin*; les Poncteurs en conviendront : aux autres, *la manière scandaleuse avec laquelle ils assistent aux Offices*; que de Témoins l'attesteroient, s'il étoit nécessaire !

A l'égard de la plûpart des Curés, nous nous plaignons : 1°. *De leur ignorance*. Tout le monde en convient. N'en ont-ils pas donné eux-mêmes des preuves ? 2° *De leur dégoût pour annoncer l'Évangile*. Est-ce y être porté que de ne le jamais prêcher, ou très-rarement ? 3°. *De leur indifférence pour le salut des ames.*

Est-ce s'y intéresser que d'abandonner l'instruction de la jeunesse à des Cathéchistes ignorans, & de faire faire la première Communion à des Enfans qui ne sont point instruits ? 4° *De l'indécence & du dérangement de l'Office Divin.* Le fait est si constant, par rapport à l'indécence, dans plusieurs Paroisses de la Ville, & pour l'un & pour l'autre dans celles de la Campagne, qu'il vaudroit autant dire qu'il fait nuit en plein jour, que de le contester. 5°. De leur cupidité pour les richesses. Quoi de plus commun que d'entendre dire à la Ville & à la Campagne : *Pourvû que notre Curé gagne de l'argent, il se moque du reste.* Ces plaintes ne sont malheureusement que trop fondées ; mais voici un fait sur lequel M. le Procureur-Général a gardé un profond silence, qui va les confirmer : il est hors de tout soupçon. Les Curés de Rouen ont un procès avec le Chapitre de la Cathédrale qui, pour soutenir son droit, a donné, quelques semaines avant que les Anecdotes parussent, un Mémoire répandu dans le Parlement, dont se plaignent les Curés, suivant une Lettre manuscrite que nous avons entre les mains, datée du 8 Août 1760, & adressée à leur Archevêque, dans laquelle ils disent au Prélat : *Mrs du Chapitre,... ont rendu public un Mémoire déshonorant pour notre état..*, Nous n'avons point ce Mémoire. *On nous y traite d'IGNORANS, de CHICANEURS, de SUPERBES & d'INGRATS.* Mrs du Chapitre enchérissent sur nous en traitant ces Curés de chicaneurs & d'ingrats. Pourquoi M. le Sens nous fait-il un crime de ce qu'il approuve sans doute dans les Chanoines ? Le Lecteur le devinera aisément.

Ce que nous y avons dit du Clergé du Diocèse, n'est-il pas connu d'un chacun ? Combien de gens versent secrettement des torrens de larmes sur les événemens arrivés & causés par des Ecclésiastiques oisifs & désœuvrés, qui peu remplis de la régularité qu'éxige leur état, ne s'attachent qu'à satisfaire leurs passions ? Et telle que soit la dépravation des mœurs, il n'y a personne qui ne gémisse sur le scandale que donnent ces Prêtres, soit dans la célébration des Saints Mystères & de l'Office Divin, soit par la part qu'ils prennent aux tables les plus délicates, aux nôces, aux assemblées mondaines, au jeu & autres divertissemens condamnés par les Saints Canons.

Nous ne pensons pas que M. de Folleville fasse consister la vertu des Corps & Communautés qui édifient, dans la facilité incontestable avec laquelle la plûpart des Moines accordent aux pécheurs le bienfait de la réconciliation ; ni dans les nouvelles pratiques de dévotion qu'ils ont introduites. Ce Magistrat est instruit des règles salutaires & indispensables de la pénitence ; il sçait que les Églises des Moines devroient être fermées pendant les Offices des Paroisses ; il plaint donc le sort de ceux qui se laissent conduire par ces aveugles, dont il ne peut qu'improuver la conduite, & le faux zèle de ceux qui, au préjudice du devoir Paroissial, suivent leurs dévotions de nouvelle fabrique, dont le Parlement de Paris, par un Arrêt du 9 Mai 1760, a enjoint au Procureur-Général du Roi de s'en faire représenter & examiner les titres, &c, pour, sur ses conclusions, ordonner ce qu'il appartiendra.

On ne peut nous faire aucun reproche sur

ce qui eſt dit du P. de la Riviere, Prieur de l'Abbaie de Saint Ouen, puiſque ce ne ſont que des réflexions ſur des faits qui ſe trouvent dans un Mémoire imprimé & préſenté en 1757 au Chapitre Général de la Congrégation de Saint Maur, au ſujet de l'inconduite & du gouvernement de ce Prieur, qui n'a été renvoyé dans ſon poſte que pour ſe purger des faits graves dont il eſt accuſé. Cette juſtification étant encore à venir, nous avons pû déplorer le changement arrivé dans cette Maiſon, tant pour le ſpirituel que pour le temporel, depuis que le Pere de la Riviere y eſt entré.

Nous ne craignons pas qu'on puiſſe nous imputer d'en avoir impoſé ſur les abus qui regnent dans les deux Hôpitaux de Rouen. Ceux de l'Hôtel-Dieu ſont atteſtés des malades mêmes. Les tracaſſeries que les Grands-Vicaires ont faites à des Religieux, portés à s'acquitter de leur devoir, & à obſerver les règles de cet Hôpital, ſont connues; & l'infraction de ces règles par de jeunes Religieux qui abuſent du caractère pacifique du P. Marie, eſt auſſi notoire que celle de quelques Religieux qui s'y laiſſent entraîner par le mauvais exemple. Qui oſeroit dire que le ſieur Lot, Chapelain de l'Hôpital Général, n'eſt pas tel qu'on l'a dépeint, & nier ce qui a été avancé dans la Miſſion de 1757, dont ce Chapelain a été le ſeul mobile?

Ce n'eſt point par un effet de l'imagination que nous donnons un abregé de ce qui ſe paſſe dans les Communautés où l'on inſtruit les jeunes perſonnes du ſexe; & de la conduite des Directeurs. Outre les preuves certaines que nous en avons, il eſt connu de tous, que ces jeunes personnes y sont plus versées dans l'usage du monde que dans le monde même, & que les Religieuses s'en font gloire.

Les désordres affreux dont nous accusons les Freres de Saint Yon, se sont manifestés à Dieppe, port de mer de Normandie, où ils ont été constatés par des actes judiciaires. On se souvient encore de la révolte des Pensionnaires de Rouen, à laquelle l'avarice & l'inhumanité de ces Freres donna lieu : & les circonstances de la mort tragique du jeune homme dont il est parlé, ne sont que trop certaines.

Il est constant que les Conférenciers & les Eudistes mettent entre les mains des Etudians en Théologie de très-mauvais livres; que ces livres ne sont propres qu'à entretenir les jeunes gens dans des principes dangereux, & à les mettre en état de clabauder & de troubler la paix établie par le Souverain. Il est facile à M. le Procureur-Général de s'en convaincre, c'est le devoir de sa Charge.

Comme l'autorité de ce Magistrat s'étend également sur les autres Diocèses de la Normandie, il peut avec la même facilité s'informer de la conduite des Sieurs Dailli, Curé de Saint Julien; Druelle, Curé de Trouville au Diocèse de Lisieux, & du Sieur Mery, Grand-Vicaire du même Diocèse, trois Ecclésiastiques sortis de la Ville & du Diocèse de Rouen; il sera convaincu de notre exactitude & de notre modération.

Information faite, qui, selon nous, auroit dû précéder le Requisitoire; & les faits qui composent ces Anecdotes reconnus exacts; on ne manquera pas de dire qu'il n'est pas permis de toucher aux Oints du Seigneur. Faisons donc

voir

voir par la Tradition, les Ecrits des SS. Peres & des Ecrivains Ecclésiastiques, que bien d'autres avant nous ont couru dans la même carrière, & se sont élèvés avec force contre les désordres & les crimes du Clergé : ils n'ont point cru devoir garder le silence, rien ne les a intimidés, & l'injustice n'a jamais gagné jusqu'à les faire passer pour des *fous* & des *furieux* que l'on dût réprimer ou punir.

S. GRÉGOIRE DE NAZIANZE, dans un discours sur les Evêques de son tems, divise les Prélats en trois classes. « La première est des
» Prélats ignorans, qui se disent semblables
» aux Apôtres, gens sans science & sans étude.
» Mais, leur dirai-je, avez-vous leur foi, leur
» désintéressement, leur simplicité.... ? Si de ce
» grand nombre d'Evêques.... vous pouvez
» m'en montrer un seul de ce caractère, il
» n'y a rien que je ne vous accorde..... Après
» tout, *poursuit le Saint Docteur*, les Evêques
» ignorans sont peut-être le moindre mal de
» l'Eglise. Il en est de plus malheureux en-
» core. Ceux-ci n'ont ni religion ni conscien-
» ce.... La faveur est leur idole, & la foi des
» tems est leur règle.... La flatterie est leur
» caractère. VRAIS LIONS POUR CEUX QUI
» LEUR SONT SOUMIS, ils sont plus rampans
» que des chiens devant ceux qui sont maîtres
» des affaires.... En voici, *continue-t-il*, d'une
» troisiéme espèce. Ceux-ci nous feroient vo-
» lontiers prendre du cuivre pour de l'or. Vrais
» Caméléons qui prennent telle couleur qu'il
» leur plaît ; pour eux toute la piété consiste
» en grimaces : ils prétendent nous imposer
» par leurs cheveux négligés.... une gravité
» feinte.... un sérieux composé.... *Enfin il con-*

H

« *clut ainsi* : Trop heureux d'avoir gagné mon
» repos & ma solitude. Je vous dis adieu,
» mes chers Collégues ; SOYEZ SI FIERS QU'IL
» VOUS PLAIRA, partagez entre vous les pla-
» ces les plus éminentes.,... passez d'une Eglise
» à l'autre sans raison, comme sans scru-
» pule.... je vous cède la place.... Que ceci
» vous soit dit de la part des gens de bien.
» Si quelqu'un en est choqué, voilà justement
» celui dont je parle.... ».

S. JÉROSME, simple Prêtre, qui vivoit dans le même tems (IVe siécle) dont la réputation de la doctrine & sa liberté à reprendre les vices de plusieurs du Clergé lui attira la haine, (voyez la vie de ce Saint) dit dans son Commentaire sur le Chap. III. du Prophéte Sophonie : « Lorsque nous voyons les Princes....
» (les Evêques...,) S'ÉLEVER AVEC TANT DE
» HAUTEUR.,.. PARLER A LEUR PEUPLE D'UNE
» VOIX DE TYRAN, & vomir des injures
» atroces, ensorte que l'on les prendroit bien
» moins pour des pasteurs au milieu de leur
» troupeau, QUE POUR DES LIONS DANS UNE
» BERGERIE.,.. Les Prêtres qui servent à l'Au-
» tel & qui distribuent l'Eucharistie..., trai-
» tent la Loi de Jesus-Christ avec impiété... ».

LE CARDINAL BARONIUS, partisan de la Cour Romaine, & qu'on ne peut soupçonner de n'avoir pas ménagé ses intérêts, dit, en parlant du désordre affreux qui regnoit au Xe siécle dans l'Eglise de Rome : « Le Saint Siége
» étoit tombé sous la domination de deux
» femmes déréglées qui y mettoient des Evê-
» ques & les changeoient comme il leur plai-
» soit.... Elles faisoient seoir sur la Chaire de
» Saint Pierre leurs Amans, qui ne méritoient

» pas le nom de Pontifes Romains.... Le Saint
» Siége étoit devenu la proie de la cupidité
» & de l'ambition ».

S. BERNARD (XII siécle) s'exprime ainsi dans le Chap. 2 du devoir des Evêques, page 463.
» Nosseigneurs les Prélats trouvent mauvais
» qu'on se donne la liberté de réfléchir sur
» leur conduite ; qu'ils me ferment donc les
» yeux, & qu'ils m'empêchent de voir ce que
» je ne sçaurois approuver.... Quand je me
» tairois, les cris de l'Eglise ne se font-ils pas
» entendre de toutes parts ? Elle voudroit
» qu'un Evêque rougit de se trouver plus effé-
» miné que le sexe foible & fragile.... *En par-*
» *lant de la Cour de Rome*, chap. 7. p. 473.
» Le génie & le caractère de cette Cour, dit-il,
» est de s'embarrasser fort peu des suites d'une
» affaire ; elle n'est attentive qu'aux avantages
» qui lui en reviennent, parce qu'elle aime
» les présens..... ».

PIERRE DE BLOIS, qui vivoit dans le XIII siécle, dit dans une Lettre à l'Evêque de Londres, pag. 461 d'un Recueil intitulé : *SEPTEM TUBÆ SACERDOTALES*, imprimé à Lyon en 1680, & dédié au Clergé de France : « Je
» vois un nombre infini d'ignorans.... qui
» vivent d'une manière charnelle, usurper la
» fonction du Sacerdoce, de sorte que la ma-
» jesté du Sacrement tombe dans l'avillisse-
» ment.... à cause du grand nombre de Mi-
» nistres indignes.... Car ceux qui devoient
» être les Vicaires des Apôtres & les Enfans
» de Pierre, sont devenus les Compagnons de
» Judas, & les avant-coureurs de l'Ante-
» christ ». *Le même dans ses Sermons au même Recueil* : « La peste du luxe deshonore igno-

» minieufement le Sacerdoce.... il n'arrive que
» trop fouvent que le Prêtre eft plus méchant
» que tout fon peuple.... La fréquentation des
» Prêtres eft la ruine des peuples.... Il n'y a
» perfonne qui avertiffe, qui enfeigne, qui
» exhorte au bien : tous les Prêtres font des
» chiens muets qui ne fçauroient, bien plus,
» qui ne veulent pas aboyer.... ». *Dans fon
Traité intitulé* : CANON EPISCOPAL: « Quel-
» ques Evêques, par un abus nouveau, don-
» nent, dit-il, le titre de Baronies.,.. à des
» terres qui leur ont été données..,. & qui font
» les aumônes de nos Peres; ils fe plaifent à
» prendre le titre de Barons, ce qui n'eft bon
» qu'à rabaiffer honteufement leur dignité &
» à les rendre efclaves..,. ». Dans fa lettre à
Renaud, fils d'un grand Seigneur, & élu Evê-
» que de Chartres, laquelle fe trouve dans le
» Recueil cité ci-deffus, il lui dit : « REGAR-
» DEZ AVEC EXÉCRATION LA VIE DE CES PRÉ-
» LATS qui ont une démarche hautaine & al-
» tière, un vifage colère, des yeux étincelans,
» un un air menaçant & terrible.... qui font
» leur Dieu de leur ventre... qui font menteurs,
» pleins de vanité & de fuperbe, les compa-
» gnons des voleurs, les collégues non de
» Pierre mais de Simon, les difciples non de
» J. C. mais de Néron. Ces Prélats.... dépouil-
» lent les pauvres.... ruinent les monaftères...,
» extorquent tout ce qu'ils peuvent de leur
» Clergé..,. tournent tout à leur profit & à leur
» gain.,.. ils rendent la juftice de Dieu vénale...
» ils exercent le métier de Giezi.... ».

On trouve dans le fecond Tome du Recueil
intitulé : *Fafciculus rerum expectendarum & fu-
giendarum*, imprimé à Londres en 1690, un

Difcours de Robert de Lincolne (XIII fiécle) eù, après avoir fait voir que l'Eglife s'étoit augmentée & conservée pure & fans tache par les foins des bons Pafteurs, il dit: « Ce qui
» refte.... eft comme incorporé avec le Démon
» & féparé de J. C. par les fept péchés capi-
» taux.... les Pafteurs font des Antechrifts, des
» larrons, des voleurs, des affaffins des ames,
» des traîtres qui font de la maifon de prieres
» une caverne de voleurs.... ils font tous livrés
» à la luxure.... fornicateurs, adultères; in-
» ceftueux, adonnés à toutes fortes d'excès de
» bouche.... ils fe fouillent de toute efpèce
» de crimes, d'impiétés, d'abominations; ils
» en inventent même qui avoient été incon-
» nues jufques ici.... ».

GUILLAUME DE PARIS, contemporain de Pierre de Blois & de Robert Lincolne, dit en parlant des Prêtres: « Il paroît en eux tant
» de difformité & tant de vices monftrueux
» qu'on ne peut les appeller fimplement des
» pécheurs, mais qu'il faut les appeller des
» fcélérats....; de forte que l'Eglife ne paroît
» point en de tels Miniftres de l'Eglife de
» Dieu; mais plutôt une Babylone, une Egypte
» & une Sodôme.... Qui eft-ce qui ne voit tous
» les jours dans l'Eglife un nombre infini de
» Clercs, tant féculiers que réguliers..... au
» chœur fans dire mot.... dormir.... traiter de
» chofes féculières... profaner le lieu faint par
» des entretiens honteux.... & en parlant des
» Evêques: « Il y en a plufieurs.... qui fem-
» blent, *dit-il*, vouloir plutôt imiter le diable,
» que J. C. car le diable a voulu être fembla-
» ble au Très-Haut (Ifaïe III.) & eux ils veu-
» lent être au deffus du Très-Haut, puifqu'ils

» veulent qu'on fasse leur volonté.... à l'égard
» de choses qui déplaisent à Dieu.... » Parlant
dans son Traité des Mœurs, contre ceux qui
traitent leurs sujets d'une manière cruelle....,
il rapporte, pag. 225, Tome I. une Historiette
touchant quelques Prélats qui avoient été ravager les jardins de deux Abbaies ; & il leur
donne quelques épithètes un peu vives, dont la
délicatesse de notre langue ne s'accommoderoit
pas : ainsi nous ne la rapporterons qu'en Latin : « *Meminimus enim*, dit-il, *nos vidisse quos-*
» *dam FURIBUNDOS PRÆLATOS hortos*
» *abbatiarum duarum nobilium sic solvisse, hoc*
» *est sarculo insaniæ suæ sic purgasse ab arbori-*
» *bus fructiferis, ut nec ibi unam relinquerent,*
» *solas ibi spinas & tribulos dimittentes. Incre-*
» *dibilis modus insaniendi, sed cum diabolicis*
» *hortulanis* ».

Dans le XIVe siécle, suivant le rapport de
M. Fleury, liv. 91. n. 51. de son Hist. Ecclés.
» Un Evêque se plaint de ce qu'on admet aux
» Ordres sacrés, & même à la Prêtrise, une
» multitude de personnes viles & méprisables,
» & entiérement indignes, soit pour la science,
» soit pour les mœurs.... de la vie déréglée des
» Clercs, principalement des Bénéficiers ; de
» l'immodestie des habits ; de la superfluité des
» tables ; des Chanoines qui se promenent dans
» l'Eglise, reviennent au chœur à la conclu-
» sion de chaque heure, recevoir leur rétri-
» bution, ou s'ils y demeurent, ils causent
» deux ou trois ensemble à grand bruit, &
» s'éclatent de rire.... ».

GUILLAUME DURAND, Evêque de Mende,
dit, suivant le même Auteur : « On pourroit
» espérer la réforme de l'Eglise Universelle,

» fii... les Prélats, & les autres de fuite, ba-
» nifſoient les mauvais exemples qu'ils don-
» nent, qui font un fujet de fcandale & de cor-
» ruption à tout le peuple Chrétien.... Rien ne
» fait plus de honte à l'Eglife, felon S. Auguf-
» tin, & rien ne lui fait plus de tort que d'en-
» tendre dire que le Clergé eſt plus méchant
» que le peuple.... »

ALVARE PÉLAGE, de l'Ordre des Freres Mineurs...., a donné dans ce même tems un excellent Traité, ayant pour titre, *De planctu Ecclefiæ*, qu'il adreſſa à Pierre Gomor fon Général, où il s'explique ainſi au fujet de la multitude des Meſſes qui fe célébroient dans les Eglifes des Monaftères de fon Ordre. « Notre
» Eglife eſt pleine & furabonde d'Autels, de
» Meſſes & de Sacrifices; mais elle eſt en même-
» tems pleine juſqu'au comble d'homicides, de
» facrilèges, d'impuretés, & d'autres crimes...
» IL SE DIT AUJOURD'HUI UN SI GRAND NOM-
» BRE DE MESSES par intérêt, par coutume &
» par complaifance, ou pour couvrir les crimes,
» ou enfin pour en impofer aux fidèles, que le
» Corps Sacré du Seigneur n'eſt plus reſpecté
» ni par le peuple ni par le Clergé.... »

JEAN DE RUSBROCK, Chanoine Régulier de S. Auguſtin, l'un des plus célébres fpirituels de ce ſiécle, furnommé à cauſe de cela, le Docteur divin & l'excellent Contemplatif, après avoir déclamé contre la cupidité & l'avarice des gens du monde, ajoûte : « Mais cela n'eſt
» pas furprenant qu'ils foient ainſi aveuglés
» par leurs paſſions.... Ils voient.... les Evê-
» ques.... fléchir le genou devant les biens
» temporels..... les Princes de l'Eglife..... les
» cours de leurs Palais retentiſſent du bruit de

» la foule de leurs domestiques. C'est là que
» vous voyez réunis puissance, richesse, di-
» gnité, courtoisie.... excès dans le boire &
» dans le manger....; enfin, tout ce que le
» monde peut fournir d'agrément & de beau-
» té.... Si un Evêque ou un Abbé.... veut faire
» la visite & corriger son peuple ou ses Reli-
» gieux, il emmene avec lui.... grand nom-
» bre de domestiques ; ce qui cause une grande
» dépense.... Tout cela ne se fait pas à leurs
» dépens, mais aux dépens des autres. La ré-
» forme & l'amendement ne s'étendent que sur
» la bourse & ne regardent point les ames... Les
» Abbés ou Moines.... quittent leur solitude....
» & s'adonnent à tous les excès de bouche &
» à tous les plaisirs du corps.... ». Dans son
Traité de la véritable contemplation, intitulé:
*Collatio Prælatorum istorum temporum cum illis
qui primitivæ Ecclesiæ præfuerunt*, il dit, chap.
56. pag. 360: « Il est à remarquer qu'entre
» douze Apôtres, il ne se trouva qu'un réprou-
» vé & un hypocrite.... Mais maintenant en-
» tre cent Prélats ou Prêtres... à peine en trou-
» veriez-vous un qui imite & suive J. C.
» comme les Apôtres.... *LA PLUS GRANDE*
» *PARTIE.... SEMBLENT PLUTOST ÊTRE*
» *DES DISCIPLES DE JUDAS.... CEUX*
» *QUI ONT LES CHARGES DE L'EGLISE*
» *SONT DES SECTATEURS DE JUDAS:*
» ils sont avares comme lui, envieux & tena-
» ces.... Ils vendroient aux pécheurs pour de
» l'argent.... Jesus-Christ, sa grace & la vie
» éternelle... ».

S. LAURENT JUSTINIEN, qui mourut
vers le milieu du xve siécle, a composé un
Traité qui a pour titre : *De complanctu Chris-*

tianæ perfectionis, où il dit : « Parmi les mem-
» bres spirituels de son corps mystique (de
» l'Eglise) il y en a qui.... sont amateurs d'eux-
» mêmes, ambitieux, scélérats, adultères,
» misérables.... mais, ce qui est plus déplora-
» ble, c'est que le Clergé n'édifie point.... vous
» en trouvez très-peu parmi eux qui vivent
» honnêtement, & encore moins qui soient
» capables de nourrir leurs peuples de bons
» pâturages. La plus grande partie des Prêtres
» est livrée à la volupté comme des bêtes....
» Ils courent tout le jour par les places pu-
» bliques.... ils se mêlent dans les cercles.... ils
» secouent toute pudeur.... ils s'occupent à des
» bagatelles ou à des bouffonneries.... ils n'ont
» ni bonnes mœurs ni science.... ils sont tous
» des ignorans & des idiots, excepté un très-
» petit nombre.... Ils regardent comme un
» tems perdu tout le tems qu'on emploie à ap-
» prendre quelque chose ; ils aiment mieux
» l'employer aux plaisirs, à roder tout le jour,
» & à causer, qu'à étudier l'Ecriture-Sainte...
» Les Prélats sont devenus la risée de tout le
» peuple, la fable de l'univers.... Si l'Eglise a
» quelque chose de bon, quoique ce soit bien
» peu de chose.... ce bien est caché & ne pa-
» roît pas.... ».

Denis le Chartreux, célèbre par la sainteté
de sa vie & par le grand nombre des Ouvrages qu'il a composés, a fait plusieurs Traités
dont un est intitulé : *De vitâ & regimine Præ-
sulum*, dans lequel il fait de terribles peintures
du Clergé de son tems (XVe siécle) sur-tout des
Evêques. Il en parle ainsi : « Ils deviennent
» presqu'entièrement semblables aux Sécu-
» liers....; ils aiment & cherchent les conso-

» lations extérieures dans les paroles & les
» actions, dans le boire & dans le manger,
» dans les jeux.... ainsi ils tombent peu à peu
» dans l'abime de toutes sortes de vices. Nous
» n'osons traduire la suite : *in omnem carnalita-*
» *tem, in omnem luxuriæ speciem, in vagam*
» *& irrefrenatam libidinem ; in tantùm ut nec*
» *Deo consecratis virginibus, nec feminis ma-*
» *ritatis parcant aut deferant.* Hélas ! *ajoûte*
» *cet Auteur,* c'est en de pareils usages & avec
» de telles personnes qu'ils consument les biens
» Ecclésiastiques.... ; tout leur commerce &
» tous leurs entretiens se passent avec des
» hommes charnels & séculiers, avec de jeu-
» nes étourdis.... voluptueux & lascifs.... ».
Il rapporte une vision de Sainte Catherine de
Sienne, dans laquelle Dieu parla ainsi à cette
Sainte contre les méchans Pasteurs : « Ma chere
» fille, *lui dit Dieu,* les Prêtres de ce tems
» m'offensent par tant de crimes.... Ces misé-
» rables se livrent à toute sorte de débauches
» & d'excès... Ils n'ont dans la bouche que
» des paroles infâmes & lascives, & ne rou-
» gissent point de pécher publiquement.... Ce
» sont des joueurs & des dissipateurs.... Les
» ornemens qu'ils devroient employer pour
» l'Eglise, ils les emploient à des usages in-
» fâmes : *Et quod pejus est, sicut sponsus or-*
» *nat sponsam suam, sic isti dæmones incarnati*
» *de bonis Ecclesiæ ornant diabolam suam,*
» *cum quâ vitiosè ac turpiter manent, & abs-*
» *que verecundiâ faciunt eam ire & redire* ».
Nous n'oserions rapporter la suite même dans
le texte Latin, ni traduire ce que nous venons
de mettre sous les yeux.

JACQUES DE PARADIS, célébre Chartreux, qui mourut en 1465, dit dans son Traité: *De erroribus & moribus Christianorum*: « QUELQUES PRÉLATS S'ÉLEVENT PAR UNE USURPATION TYRANNIQUE, » méprisant les règles & les mœurs que J. C. » nous a enseignées.... Que voit-on aujour- » d'hui ? Ne s'élevent-ils pas, à l'exemple de » Satan, au-dessus de tout ce qui est appellé » Dieu ? Car quelle tyrannie peut-on imaginer » qu'ils n'exercent pas autant qu'ils peuvent » ? Le même se sert de tems en tems, dans le cours de ses Traités, d'expressions si vives contre les Prélats & le Clergé, que nous n'osons les traduire. « *Hi sunt*, dit-il, *capones diaboli, ad* » *coquinam inferni deputati : hîc incrassantur* » *ut ibi infernali igne in perpetuum assentur...* » *Quæso quibus ii comparandi sunt, & cujus* » *typum gerunt ? Utique non aliis quam dæ-* » *monibus inferni, & diaboli patri eorum, cu-* » *jus opera faciunt.... Non enim.... Ecclesiæ* » *viris legem Dei scientibus & operantibus de-* » *corantur; sed causidicis, tribulatoribus, do-* » *losis, cautelosis, novorum inventoribus,* » *raptoribus, bibulis....* ». Et dans son Traité: *Planctus super errores quorumdam Religiosorum*, il dit des Monastères de son tems: « *Monasteria* » *ad laudem Dei instituta & pauperum sustenta-* » *tionem fiunt latronum contubernia & histrio-* » *num refugia* »: la suite fait horreur.

Simon Vigor, Curé de S. Paul de Paris, Docteur en Théologie, qui avoit été Recteur de l'Université de cette Ville, qui fut ensuite élevé à l'Archevêché de Narbonne, qui vivoit au XVIe siécle, & qui fit nombre de Discours dans cette Capitale de la France, qui ont été imprimés, dit, dans son Sermon pour le jour

des Cendres, en parlant contre l'hypocrifie :
» Quant à l'état Eccléfiaftique, qui eft plus
» grand hypocrite que les Evêques de ce tems ?
» Un Evêque aura une mître, une crolle...
» vous diriez, voilà un Evêque. Vrai eft qu'il
» en a l'extérieur.... mais à la vérité, il n'eft
» pas Evêque. Qu'eft-il donc ? Un Pafteur qui
» délaiffe fon troupeau.... une idole.... qui a
» mains & ne touche point : yeux, & ne voit
» aucunement : pieds, & ne peut marcher :
» langue, & ne fçauroit parler.... Quand Dieu
» permet tels hypocrites regner, c'eft figne de
» mutations d'Etats & de Royaumes.... ». Dans
un Sermon pour la Fête de S. Martin. « Et
» (qui eft le plus à déplorer) s'ils valent peu,
» ils mettent encore gens pire qu'eux à être Cu-
» rés ou Chanoines ».

S. Lambert, Prêtre.... dont on a plufieurs
ouvrages très-eftimés, a fait plufieurs difcours
fur la vie Eccléfiaftique, que l'on a donnés au
Public en 1702, où il dit : « Comme il feroit
» très-criminel d'épargner le vice, & qu'il doit
» être pourfuivi par-tout où il fe gliffe, on n'a
» pû s'empêcher de parler contre les mœurs des
» Eccléfiaftiques déréglés. On a cru être indif-
» penfablement obligé de condamner fortement
» les abus qui fe rencontrent dans l'état Ecclé-
» fiaftique ». Il fait, dans fon XIVe Difcours,
une peinture horrible d'un Prêtre impudique, &
dit : « C'eft un monftre, un démon fur terre ».

On a imprimé en 1710 la vie des Clercs,
Evêques, &c. par M... de Ville-Thierry. Ce
vertueux Prêtre dit, en citant S. Bernard : « Il
» y a des Eccléfiaftiques... qui ont la témérité...
» de tremper leurs mains dans le fang précieux
» du Sauveur, après les avoir fouillées un

« moment auparavant, par l'attouchement du
» corps d'une prostituée ». Nous frémissons en
rapportant ces horreurs extraites de livres munis d'approbations & du privilège du Roi.

On nous objectera sans doute, que ces Auteurs ont parlé contre le Clergé en général, & que nous parlons du particulier; citons-en donc quelques-uns qui l'ont attaqué dans ses membres.

S. Grégoire de Nazianze, au Panégyrique du grand Athanase, s'exprime ainsi à l'égard de Georges, que les Ariens avoient élevé sur le siége d'Alexandrie, à la place de ce S. Archevêque, qui avoit été forcé de se cacher. « Un
» monstre, dit-il, sorti de la Capadoce.... na-
» turellement méchant.... à demi-libre & à de-
» mi-esclave, & d'un genre amphibie comme
» un mulet.... toujours prêt de se sacrifier pour
» un bon repas, fut, pour notre malheur,
» pourvu d'une commission qui lui donnoit
» quelque part au gouvernement de la Répu-
» blique.... Il s'acquitta avec beaucoup d'infi-
» délité de cet emploi, qu'il tournoit entière-
» ment à son profit; ayant pris la résolution
» de s'enfuir, il erra de ville en ville.... com-
» me font les fugitifs; enfin il se jetta dans
» Alexandrie, pour la désolation de l'Eglise,
» comme une plaie d'Egypte. C'étoit un hom-
» me de nul mérite... qui ne prenoit pas mê-
» me la peine de se masquer sous des dehors
» de piété..., fort entreprenant, & très-capa-
» ble de jetter le trouble & le désordre par-
» tout... Georges, à qui rien ne résistoit, dé-
» sola l'Egypte & exerça ses brigandages dans
» la Syrie, laissant par-tout des marques de
» son impiété; il fit dans l'Orient tout le mal

» qu'il put.... Ce miniſtre du démon, ce pré-
» curſeur de l'Antechriſt, ce ſemeur de zi-
» zanie fit tout ce qu'il voulut... ».

Où nous conduiroit un extrait des termes employés par S. Jérôme, contre Jean de Jéruſalem, ſon Evêque, & contre Rufin, Prêtre de l'Egliſe d'Aquilée, & l'un des plus ſçavans de ſon ſiécle ; par S. Cyrille, contre S. Jean Chriſoſtôme ; par S. Bernard, dans ſa belle Apologie contre la Congrégation de Cluny, &c? Jean de Sarisbery, Evêque de Chartres, au rapport de Baronius, n'a-t-il pas traité d'*archidiable* un Archevêque d'Yorc, qui avoit été Archidiacre ? Combien de traits dans M. Fleury & dans tous les Hiſtoriens pourrions-nous rapporter ? Mais bornons-nous à quelques faits tirés de l'Hiſtoire des Archevêques de Rouen, par le P. Pommeraye. L'Auteur n'eſt pas ſuſpect. Voici comme il s'explique en parlant du Cardinal de Bourbon, Charles X. le Roi de la Ligue.

» Or, j'eſtime que les miſères du tems avoient
» contraint la plupart des bonnes Abbaies de ſe
» mettre ſous la protection de ce bon Prélat,
» afin de tâcher de vivre paiſiblement, & de
» maintenir leur bien ſous ſon autorité, &
» que ce fut plutôt par le deſir de les conſer-
» ver que par avarice & par amour des richeſſes
» qu'il en poſſéda un ſi grand nombre enſem-
» ble, puiſqu'il fut Abbé commendataire, ou
» Adminiſtrateur perpétuel de S. Germain-des-
» Prés, de Jumiége, de S. Vandrille, Corbie,
» Vendôme, S. Lucien de Beauvais, S. Michel
» en Lerme, S. Pierre de la Couture, S. Germer de Floy, de Notre-Dame de Châteliers,
» celle de Froidmont, S. Etienne de Dijon,

» Montebourg, Vallemont, Signy, Ourcamp, » Perseigne & autres ». *Pommer. Hist. des Archev. de Rouen*, page 620. Peut-on en termes plus ménagés & plus poliment excuser la pluralité des Bénéfices, condamnée par les SS. Peres & les Conciles ? Cet Auteur si modéré ne parle pas dans le même goût de quelques Archevêques de Rouen.

La Chronique de S. Evroult, nous dit-il, porte que Hugues eut l'habit de Religieux, mais qu'il n'en eut pas les mœurs. L'Auteur anonyme du livre d'Yvoire, nous explique encore plus distinctement quelles furent ses vûes & sa mauvaise administration ; voici comme il en parle : « Hugues, dit-il, eut l'hon-
» neur d'être d'une illustre noblesse, mais il
» se montra vil & méprisable dans toutes ses
» actions. Il étoit Moine à S. Denis, quand
» Guillaume, fils de Raoul, Duc de Norman-
» die, l'établit dans la charge Episcopale :
» mais méprisant les sages enseignemens de sa
» sainte régle, il s'adonna entièrement aux
» infâmes plaisirs de la chair, & laissa plu-
» sieurs enfans comme autant de témoins de
» son impureté. Il mit en désordre l'Eglise, il
» en dissipa les biens, il aliéna la terre de To-
» digny, qui étoit du domaine de l'Archevê-
» ché, en la mettant avec toutes ses appar-
» tenances, entre les mains de son frere Ra-
» dulphe, homme puissant, fils de Guillaume
» de Canalcan ; de sorte que la Cathédrale se
» voit aujourd'hui privée de la possession &
» jouissance de ce riche héritage. Outre cette
» aliénation, dont parle cet Auteur, il paroît
» par un ancien papier inséré au Cartulaire du
» Chapitre, que ce même Archevêque Hugues

» difpofa injuftement d'une autre Terre ap-
» pellée Douvrend, qui appartenoit à l'Eglife
» Métropolitaine, en la faifant fervir de dot à
» fa Sœur, qu'il marioit à un Gentilhomme
» nommé Odon : après le décès duquel cette
» femme ayant contracté un fecond mariage
» avec un appellé Henri, Hugues donna en-
» core à celui-ci cette même Terre. Laquelle
» conduite, continue le P. Pommeraye, fait
» voir que ce Prélat fut plutôt l'adultère que
» l'époux légitime, & le deftructeur que le
» pere & le tuteur de fon Eglife, ainfi que le
» remarque M. le Prévôt en fes Mémoires... ».
Plus bas, le P. Bénédictin finit ainfi l'éloge de
Hugues : « Voilà tout ce que nous fçavons de
» l'Epifcopat de Hugues, qui, après avoir
» occupé l'efpace de 47 ans le Siége Métro-
» politain de Normandie, alla comparoître
» devant le Tribunal de J. C. & rendre compte
» à ce fouverain Pafteur de la manière dont
» il avoit gouverné fon troupeau ». A mon
ordinaire, je finirai cet éloge par le Diftique
d'Odry Vital.

Hugo fuccessit legis Domini violator,

Clara ftirpe fatus, fed Chrifti lumine cafus.

Pommer. p. 240. 241.

» Robert, fils de Richard I, Duc de Nor-
» mandie & de Gonor, fille d'un Chevalier
» Danois, laquelle fut premièrement concu-
» bine, puis enfuite l'époufe légitime de ce
» Prince, fuccéda à Hugues, vers l'an 986...
» Il manquoit entièrement des qualités Pafto-
» rales ; car Robert étoit un jeune Seigneur,

» nourri & élevé dans la vanité, le luxe & les
» délices de la Cour, & nullement formé à la
» modestie & à la sainteté de la vie Cléricale.
» Aussi ne regardant dans sa dignité que le
» revenu, l'éclat extérieur & la domination,
» il y entra comme dans une Charge séculière,
» & l'exerça long-tems d'une manière tout-à-
» fait scandaleuse, ne s'appliquant qu'aux af-
» faires & aux intrigues du monde, amassant
» du bien avec ardeur, & se plongeant encore
» plus criminellement dans les plaisirs infâmes
» de la chair ».

» Après la mort de son pere, il eut pour
» partage le Comté d'Evreux ; & comme si ce
» titre de Comté l'eût dispensé de la chasteté
» & de la continence Sacerdotale, il épousa en
» cette qualité une Dame nommée Herleve,
» dont il eut trois enfans, Richard, Radulphe
» & Guillaume, qu'il tâcha de rendre grands
» dans le siécle, en leur partageant sa Comté
» d'Evreux & en leur procurant autant qu'il
» put, & des honneurs & des richesses ; &
» même la passion qu'il eut d'élever la fortune
» de son aîné, le porta à lui donner injuste-
» ment une bonne partie de cette terre de
» Douvrend, dont j'ai parlé ci-devant, la-
» quelle il avoit auparavant rachetée & réu-
» nie au domaine de la Cathédrale ; & lorsqu'il
» s'en mit en possession, il appella plusieurs
» de ses amis, qu'il régala dans un festin, où
» il se passa des excès aussi honteux que ridi-
» cules, que je m'abstiens de rapporter ici.

» Ce fut encore par sa faute & par son mau-
» vais ménage, que l'Eglise ou Terre de S.
» Martin, ancien patrimoine de Notre-Dame,
» destiné pour la Mense & pour la nourriture

» des Chanoines (qui vraisemblablement vi-
» voient encore en commun, ou qui avoient
» cessé depuis peu) fut aliénée ou plutôt usur-
» pée par des personnes séculières, entre les
» mains desquelles elle fut jusqu'au Pontificat
» de Guillaume I, comme je le dirai en son
» lieu ».

» Guillaume de Malmesbury, confirme tout
» ce que nous venons de remarquer touchant
» les mœurs & la conduite de Robert, lors-
» qu'il assure qu'il abusa horriblement de sa
» dignité sacrée, & qu'il la deshonora par
» quantité d'actions honteuses & criminelles ;
» par où il paroît qu'il marcha sur les pas &
» suivit le mauvais exemple de Hugues son
» Prédécesseur. Mais il y eut cette différence
» que nous n'avons aucune preuve que celui-ci
» se soit repenti de ses déréglemens & de ses
» vices ; au lieu que les anciens Auteurs con-
» viennent que Robert sur sa vieillesse fit péni-
» tence de ses péchés, & qu'il prit soin de les
» racheter par de très-larges aumônes envers
» les pauvres & lieux de piété. *Pommer. p.* 243.

» Mauger de Normandie, fils de Richard II,
» & de Papie, que ce Prince épousa après Es-
» triete, sœur de Cannut, Roi d'Angleterre,
» succéda à l'Archevêché de Rouen à son oncle
» Robert. Il fut élevé dans sa jeunesse dans
» l'Abbaie de Fecam, où alors les sciences ne
» fleurissoient pas moins que la piété, & y
» porta durant quelque tems l'habit de S. Be-
» noît. Il y fit un progrès considérable dans
» l'étude des bonnes lettres ; mais il s'y forma
» peu à la vertu ; l'inclination qu'il avoit au
» vice n'ayant pû être surmontée par les soins
» & les travaux de ceux qui furent employés
» à son éducation ».

» Mauger n'eut point d'autre vocation à
» l'Episcopat que l'ambition & l'affection char-
» nelle de ses Parens, qui ayant gagné par leur
» crédit & leurs sollicitations, les suffrages de
» quelques Ecclésiastiques, plus complaisans
» envers les Grands, que zélés pour le bien
» de l'Eglise, le portèrent tout jeune & tout
» incapable qu'il étoit, sur le trône Archiepis-
» copal de Rouen. (C'étoit les Chanoines de
» Rouen dont notre Auteur veut ici parler).
» Aussi se conduisit-il dans cette dignité, d'une
» façon encore moins canonique qu'il n'y étoit
» entré. Au lieu de l'exercer, comme une
» Charge à lui commise par le choix volon-
» taire du Clergé pour le gouvernement des
» Fidèles, il en abusa, dit Guillaume de Poi-
» tiers, comme d'une chose qu'il croit lui ap-
» partenir par le droit de naissance. Il disposa
» des Bénéfices sans avoir égard au mérite des
» personnes, & avec aussi peu de discernement
» qu'eût pû faire un enfant. Il consuma hon-
» teusement les revenus de son Archevêché,
» au divertissement de la chasse ; en la nourri-
» ture d'oiseaux, qu'il se plaisoit à faire battre
» les uns contre les autres; en de folles libéra-
» lités ; en la bonne chère ; &, ce qui est la
» dernière infamie, en la débauche des fem-
» mes. Il se piquoit principalement d'avoir
» toujours sa table bien couverte & garnie de
» mets les plus délicieux que la saison pût four-
» nir, & y admettoit avec joie ceux qui le
» louoient avec plus de flatterie, croyant être
» bien payé de sa bonne chère, quand on lui
» donnoit l'éloge de libéral & de magnifique ».
Pommer. pag. 250.

Jusqu'ici nous avons copié fidèlement notre

Auteur, contentons - nous, pour achever le portrait de cet Evêque, de rapporter sommairement qu'il fait voir que Mauger dépouilla l'Eglise pour fournir à ses débauches, qui furent si grandes, que quatre Papes qui se succédèrent ; sçavoir, Benoît IX, Grégoire VI, Clément II, Damase II, & S. Léon IX, lui refusèrent le Pallium.

Pour ce qui est de Benoît IX, il est étonnant qu'il ait refusé cette marque de dignité à Mauger, étant de la même trempe que lui. Voici ce qu'en disent les sçavans & pieux Auteurs du Traité de l'Art de vérifier les dates, partie 2, page 279.

» L'an 1038. Benoît fut chassé de son Siége
» par les Romains, & rétabli la même année
» par l'Empereur Conrard. L'an 1044. Benoît,
» se rendant de jour en jour plus odieux par
» une vie infâme, par les rapines & les meur-
» tres qu'il exerçoit, fut chassé de nouveau,
» vers le commencement de l'année, & l'on
» mit à sa place Jean, Evêque de Sabine,
» sous le nom de Silvestre III, qui ne tint
» le Siége qu'environ trois mois, après lesquels
» Benoît, avec le secours des Comtes de Tus-
» culum, ses parens, y rentra ; mais comme
» il continuoit toujours sa vie scandaleuse,
» dit le Pape Victor III, & se voyoit mé-
» prisé du Clergé, il convint de se retirer, &
» céda le Pontificat à l'Archiprêtre Jean Gra-
» tien, moyennant une somme d'argent. L'an
» 1047, le 8 de Novembre, Benoît remonta
» pour la troisiéme fois sur le Siége de Rome,
» & s'y maintint jusqu'au 17 de Juillet 1048 ».

Revenons à Mauger, le Duc Guillaume le reprit & l'avertit sans effet : il tomba dans la disgrace du Pape & du Duc : il fut cité au Concile de Lisieux, tenu en 1055, où, après l'examen de sa vie, il fut privé de son Siége, & on mit en sa place Maurille, homme de sainte vie, & révéré comme saint après sa mort.

Si on vouloit faire de plus longs extraits de notre Auteur, que ne diroit-on pas sur le compte de bien des personnages dont il parle ?

Que n'ont pas dit les Tillemont, les Fleury, d'Evêques, &c, que leurs mauvaises actions ont rendu répréhensibles & pendant leur vie & après leur mort ?

M. Fleury sur-tout a-t-il caché les désordres & la vie scandaleuse de Pierre Roger, Archevêque de Rouen en 1331, Cardinal en 1338, & devenu Pape sous le nom de Clément VI en 1342 ? Quelles anecdotes Mathieu Villani, Auteur Italien, cité par M. Fleury, ne rapporte-t-il point de ce Pontife ? L'Auteur des Nouvelles Ecclésiastiques, qui a trouvé que nos Anecdotes sentent un peu le libelle, n'a pas cru devoir censurer l'Auteur du nouvel Abrégé de l'Histoire Ecclésiastique, qui, marchant sur les pas de M. Flury, parle bien désavantageusement du Pape Clément VI.

» Clément VI, dit-il, alla encore plus loin
» que Jean XXII. Il cassoit toutes les élec-
» tions des Chapitres & des Communautés,
» & disoit sans détour à ceux qui lui repré-
» sentoient qu'aucun Pape n'avoit agi avec
» tant d'empire : nos Prédécesseurs ne sça-
» voient pas être Papes.... Le seul moyen de
» consoler l'Eglise, étoit de travailler à former
» de véritables justes ; mais il auroit falu com-
» mencer par réformer le Clergé & rétablir la
» discipline ; c'est à quoi ce Pape ne pensoit

» guères, puisqu'il ne cessoit de la fouler aux
» pieds, en prétendant être comme un Mo-
» narque universel dans l'Eglise. La fameuse
» lettre écrite à ce Pape au nom du diable,
» & qui fut lue en plein Consistoire, étoit un
» sanglant reproche de ses vices & de ceux des
» Cardinaux. On y dévoiloit leur turpitude,
» leur orgueil, leur avarice, la dissolution de
» leurs mœurs.

» Clément VI surpassa tous ses Prédécesseurs
» par la sumptuosité de ses meubles, la déli-
» catesse de sa table, la suite nombreuse de
» ses Officiers. C'étoit un grand Seigneur plongé
» dans les délices & attentif à faire briller sa
» Cour avec une magnificence Royale. Une
» vie si indigne d'un successeur de S. Pierre,
» fut punie par des vices qui le deshonorerent
» même aux yeux des gens du monde. Il se
» livra à la débauche, & s'attacha aux fem-
» mes d'une manière scandaleuse. Ce qu'il y
» a d'étonnant, c'est que l'on ait élevé sur le
» saint Siége un homme, qui, pendant qu'il
» étoit Archevêque de Sens, & ensuite de
» Rouen, avoit passé pour un libertin. Dans
» un siécle moins pervers, on l'auroit mis en
» pénitence publique, & on l'auroit fait des-
» cendre à la dernière place, bien loin de
» l'élever à la première ».

Nous avons extrêmement abrégé cette tradition. Ceux qui ne sont point instruits & qui
desirent l'être, peuvent avoir recours aux
Ouvrages cités dans nos Extraits. Mais quelqu'abrégée qu'elle soit, elle peut faire impression sur l'esprit de M. le Proc. Gen. s'il cherche
la vérité.

Les Jésuites, cette société d'hommes vindicatifs, qu'une politique profonde a armés du poignard, du feu & du poison ; que ce Magistrat protège sans doute, parce qu'ils le dirigent ; & qu'il ne voit apparemment, ainsi que les Gr. Vic. qu'à la faveur d'un Prisme, puisque, depuis plus de dix ans, il saisit toutes les occasions de justifier des gens si décriés. Les Jésuites, nous le disons, ne manqueront pas, à l'aide de leur probabilité, de le convaincre qu'il ne convient point de s'élever contre les abus, de s'en plaindre dans des Ecrits ; surtout quand ces abus concernent les Supérieurs d'un Diocèse, les Curés, les Ecclésiastiques & les Communautés qui y sont établies, quelque grands & notoires que soient leurs désordres. Pourquoi donc dire que ce *Recueil* est rempli *de calomnies, d'horreurs,* & que *l'Auteur comme un fou furieux, déchire sans sujet....,* sans rapporter une seule calomnie, une seule horreur, ni un seul fait qui constate la folie & la fureur qui ont animé l'Auteur en le composant ? Cette conduite paroît un mystère que nous avons peine à approfondir. Car voit-on dans la Jurisdiction séculière, présenter un Requisitoire contre un Coupable, sans y exposer la nature & les circonstances de son crime ? Il paroît que M. le Sens a suivi en cela les règles de la Jurisdiction Ecclésiastique, qui exige qu'on la croie quand elle a parlé. N'étant pas, quant à ce fait, soumis à cette Jurisdiction, il nous est permis d'exposer nos sentimens sur le respect *que doivent les peuples,* & que nous devons nous-mêmes, *à la vertu* des Gr. Vic. qui les conduisent sous l'autorité des Prélats, *des Corps & communautés qui le dirigent.*

Nous sçavons qu'on doit révérer en eux la

puissance du Sacerdoce de J. C. qu'on doit avoir une extrême vénération pour ceux qui édifient les peuples par une vie conforme à la sainteté de leur caractère ; qu'on doit rendre toute sorte d'honneur dans les fonctions légitimes & ordinaires de leurs Charges, à ceux dont la conduite n'est pas si louable, & qu'on doit même couvrir leurs défauts par un respectueux silence, lorsqu'ils sont cachés ou tolérables. Mais quand les désordres sont si communs & si publics qu'on n'en a plus de confusion ; quand on fait gloire de négliger les plus essentielles parties de son devoir, il est libre alors, suivant le rapport d'Auteurs célébres, de crier dans les occasions que Dieu présente. (On a vû ci-dessus quelles sont ces occasions & que M. Terrisse nous les a fournies lui-même.) Donnons quelques exemples non-seulement de cette liberté ; mais de la nécessité de s'élever contre les abus.

Le Cardinal Godefroi, Abbé de Vendôme, dit, *Opuscule 2, page 60* : « Il n'y a personne
» qui ne doive & qui ne puisse s'opposer aux
» abus ; car s'il n'a pas l'autorité d'un Supé-
» rieur, il a pourtant la voix d'un Chrétien :
» & l'Ecriture dit, sans excepter personne :
» *Maudit celui qui retient son épée & qui l'em-*
» *pêche de verser le sang* ; c'est-à-dire, qui re-
» tient sa langue & l'empêche de reprendre le
» péché. Et qu'il se ressouvienne de ce qui est
» rapporté dans l'Ecriture, qu'une ânesse a au-
» trefois fait la correction à un Prophète in-
» sensé ». *Dans sa Lettre 8, Tome 21 de la Bibl. des PP.* « Celui, dit ce Cardinal, qui
» voit des abus & qui demeure dans le silence,
» est déclaré maudit de Dieu..... ». Et il exhorte ceux à qui il écrit, à parler hautement

&

& à s'expofer plutôt au martyre que de fe taire. Dans fa Lettre 16.e à Bernier, *Abbé de Bonneval*, *ibid.* « Vous avez, dit-il, excité contre
» vous des Adverfaires, parce que.... vous
» n'avez pû arrêter votre zèle contre l'impiété.... Si vous ne pouvez chaffer du Temple
» avec un fouet, comme autrefois fit le Sauveur, ceux qui *CORROMPENT LA CHAS-*
» *TETÉ DE L'EGLISE....* du moins ne ceffez
» de le faire par vos paroles.... Il n'eft certainement pas permis à aucun Chrétien de taire...
» & de cacher la vérité par acception de per-
» fonnes ».

S. Bernard, dans fon Traité des Mœurs & du devoir des Evêques, adreffé à l'Archevêque de Sens, dit : « Je m'élève contre des défordres fi
» publics, qu'on n'en a pas même confufion...
» Ce feroit une plus grande confufion de cacher
» ce qui ne fe peut cacher.... Noffeigneurs les
» Prélats trouvent mauvais qu'on fe donne la
» liberté de réfléchir fur leur conduite : qu'ils
» me ferment les yeux, & qu'ils m'empêchent
» de voir.... Quand je me tairois, les cris de
» l'Eglife ne fe font-ils pas entendre de toutes
» parts ? Elle voudroit qu'un Evêque rougît
» de fe voir plus efféminé que le fexe foible &
» fragile.... ».

Robert de Lincolne, après avoir fait, comme on l'a dit, le caractère des Eccléfiaftiques de fon tems, fe fait cette objection : « Mais quelle
» eft la.... fource & l'origine d'un fi grand
» mal...? Je n'ofe le taire, de peur que je
» n'éprouve le malheur dont parle le Prophète :
» *Malheur à moi de ce que je me fuis tû*, *parce*
» *que mes lèvres font impures.* *LA CAUSE... DE*
» *CE MAL, C'EST LA COUR ROMAINE...*

I

» parce qu'elle place des Pasteurs tels que je
» viens de les dépeindre.... & qu'elle livre des
» millions d'ames,... a la gueule des bêtes les
» plus féroces & a la mort éternelle..., ».

Combien d'autorités semblables serions-nous en état de produire, si les bornes que nous nous sommes prescrites ne nous arrêtoient !

On nous dira peut-être que la sainteté de la vie, ou le rang que tenoient ces Auteurs dans l'Eglise, leur donnoient le droit de s'élever contre les abus. Mais tant qu'ils ont vécu sur la terre, se sont-ils crus séparés, par des prérogatives particulières, de la condition des autres hommes ? Ne se sont-ils pas regardés pécheurs comme les autres, sujets aux mêmes foiblesses & aux mêmes imperfections ? Ne voyons-nous pas S. Grégoire de Nazianze dans son 27e Sermon, faire son apologie contre ceux qui lui reprochoient de briguer le Patriarchal de Constantinople ? S. Bernard, souvent maltraité par plusieurs personnes, & même calomnié par des Evéques, des Cardinaux & des Papes ? S. Jérôme, obligé de quitter Rome par la haine que lui portoient plusieurs du Clergé, parce qu'il reprenoit avec liberté tous leurs vices ? &c. &c. &c. &c. On ne les regardoit donc pas généralement comme des Saints. Aussi n'ont-ils prétendu qu'user du droit commun à tous ceux qui aiment l'Eglise & qui sont touchés de ses maux.

C'est sur ce droit commun à tous, qui ne peut être contesté ; sur l'état déplorable de ce Diocèse, qui fait gémir tous les gens de bien ; & sur les vertus de M. de la Rochefoucault, qui, publiées avant son arrivée à Rouen, ont fait trembler jusqu'aux Gr. Vic. (bien attendu ceux qui ne font pas fans reproche) qu'eſt fondée la troiſiéme partie des Anecdotes, dans laquelle, ainſi que dans les deux autres, on ne trouvera pas, à beaucoup près, ni des expreſſions ſi fortes, ni des invectives ſi ſanglantes que celles que nous avons rapportées, dont la délicateſſe de notre ſiécle & de notre langue nous feroit preſque douter, ſi les monumens qui nous en reſtent, pouvoient être ſoupçonnés de manque de ſincérité & de fidélité.

Quel mal avons-nous donc commis ? Et avant nous, quelle peine ont mérité ceux qui ont écrit l'hiſtoire ? De quelle ignominie les a-t-on flétris ? Seroit-il poſſible que les lumières du Dioçèſe de Rouen, ces illuſtres, qui aiment mieux jouir de la réputation de galans &c, que d'ignorans, euſſent fait oublier à M. le Procureur-Général, en le ſollicitant d'obtenir la condamnation des Anecdotes, que l'Ecriture, les ſaints Peres, tous les Auteurs ſacrés & profanes n'ont jamais épargné les méchans ; qu'ils ont mis au grand jour leurs forfaits & leurs crimes. Il eſt vrai que ces hommes pervers n'ont pas été tous parfaitement connus pendant leur vie, parce qu'on les craignoit ; mais leur mort a donné un libre eſſor à la vérité. Où M. de Folleville a-t-il trouvé qu'il falloit les laiſſer jouir du fruit de leur malice, ou même la canoniſer ? Seroit-ce dans les Peres d'Oûltreman & Jouvenci, Jéſuites ? Nous ſommes obligés de travailler au ſalut de notre prochain. On ne le corrige qu'en lui reprochant ſes fautes & en lui montrant ſes devoirs. Si nous l'approuvons dans ſes dérèglemens, nous contribuons à ſa perte irrévocable. Dieu ne donne-t-il pas ce précepte par la bouche de Moïſe ? *Reprenez votre prochain publiquement, de peur que vous ne péchiez vous-même en ne le corrigeant pas*, Levit. 19. v. 17.

Les autorités incontestables que nous venons de citer, prouvent invinciblement cette maxime, adoptée & canonisée par les Jésuites: *Il est de l'intérêt de la République* (de l'Eglise pareillement) *que les méchans soient connus. Interest Reipublicæ cognosci malos*. Les motifs, comme nous l'avons exposé avec sincérité, qui ont donné lieu à ces Anecdotes, & la réalité des faits qu'elles contiennent, ne prouvent-ils pas aussi le peu de fondement du Requisitoire & des termes injurieux qui y sont employés ? Qui a donc pû engager ce Magistrat à en poursuivre la condamnation ? Nous ne croyons pas nous tromper en ajoûtant à ce que nous avons dit plus haut, qu'il prétend nous réduire au silence, qu'il veut encore par ce moyen justifier les Terrisse, les Rose, les Ruellon & autres, que sur des preuves certaines nous avons dit être *fabricateurs de faux témoins*.... Il est triste pour M. le Sens qu'il soit chargé d'une multitude d'affaires qui l'ont empêché de se souvenir qu'il a été l'Agent de ces Messieurs ; qu'il a arrêté par lettres de cachet, le cours de la procédure pendante au Parlement, contre les calomniatrices du Curé de S. Godard; qu'en violant toutes les loix il a lui-même fait sortir ces malheureuses de prison, afin d'empêcher la punition dûe à leur crime; que sa conduite à ce sujet est détaillée dans un écrit intitulé: *Récit historique, ou faits inouïs*, &c, dont nous allons copier quelques traits.

» Le Conseil de l'Archevêque se trouva dé-
» concerté.... Il se détermina à tenter la voie

» de conciliation.... On eut recours alors
» (en 1751) à la médiation de M. le Procu-
» reur-Général, qui, ayant mandé le Curé &
» lui ayant fait envisager les suites terribles
» de ce procès,... le fit enfin consentir à dres-
» ser ensemble un projet d'accommodement.
» On y mettoit en apparence, l'honneur du
» Curé à l'abri, & il y consentoit à ce moyen
» de donner sa démission... ». Cette dernière
» clause rendit le projet inutile. Art. 26.

» Le Procureur-Gén... donne son Requisi-
» toire à la Cour de Parlement (le 18 Août 1752.)
» pour faire condamner les deux Ecrits (pour
» la Perchey & la du Chêne). Il y parle avec
» force & sagacité contre la révélation de
» confession; mais passe sous silence les autres
» propositions, aussi-bien que le nom de l'Avo-
» cat, qui par-là s'est trouvé exempt de la
» moindre punition... ». Art. 42.

» Les deux prisonnières étoient à la Concier-
» gerie du Palais.... il falut travailler à les en
» tirer ; & cela n'étoit pas facile, parce que l'on
» étoit presque certain que le Parlement s'op-
» poseroit à leur élargissement. Pour obvier à
» cet inconvénient, on prit le sage parti d'at-
» tendre que le Parlement fût en vacance pen-
» dant la quinzaine de Pâques,.. Il fallut diffé-
» rer jusqu'au 18 Avril (1753). M. le Procu-
» reur-Général, qui paroît avoir vendu son
» honneur & son ministère aux Ecclésiastiques,
» se transporta à la prison du Palais en habit
» de campagne, accompagné d'une troupe de
» gens armés ; & là il signifia au Geolier une
» lettre de cachet, datée du 10 Avril, par la-
» quelle il étoit enjoint au Geolier de laisser

» fortir fur le champ la Perchey & la du
» Chêne.... ». Art. 46.

» MM. du Parlement de retour de la vacance
» de Pâques, apprirent avec étonnement la dé-
» marche que le Procureur-Général avoit faite
» en leur abfence : ils s'aſſemblerent le trois
» de Mai, & il fut arrêté que le Procureur-
» Général feroit mandé pour rendre compte de
» fa conduite.... Ce n'étoit pas le feul grief
» qu'il y eût contre le Procureur - Général :
» plufieurs de MM. repréſenterent qu'il avoit
» de fon autorité privée, élargi plufieurs pri-
» fonniers atteints & convaincus de vols par
» effraction..... mais le Procureur - Général
» étoit à Verfailles à l'abri de l'autorité du
» Parlement à laquelle il refufa... de déférer... »
Art. 47.

» Le Parlement.... après avoir enregiſtré le
» 28 Mai, les Lettres-Patentes (fur l'affaire du
» Curé de S. Godard).... il tourna fon indigna-
» tion contre le Procureur-Général, en le ban-
» niſſant de toute fociété avec aucun membre
» de la Compagnie. Sitôt qu'il en fut averti,
» il partit pour Compiegne où étoit la Cour,
» & il fit adreſſer par M. le Chancelier à M.
» le Préfident de Crofville & à M. de Belle-
» garde la lettre fuivante : *MONSIEUR*, *le*
» *Roi m'a chargé de vous donner ordre de vous*
» *rendre inceſſamment à la fuite de fon Confeil.*
» *Je fuis*, *&c.* Ces MM. partirent le lende-
» main.... & ne font revenus qu'après la Saint-
» Martin. Le Procureur-Général étant venu
» aux afſiſes mercuriales de la Compagnie
» lui faire des excufes dont fa conduite a dé-
» menti la fincérité, il fut arrêté qu'on pour-
» roit le voir comme auparavant ; mais il n'en

» est pas moins resté chargé de la haine publi-
» que ». *Ibid.* art. 48.

» Nous avons omis de dire que les Remon-
» trances que le Parlement avoit présentées au
» Roi pour cette affaire, ayant été rendues
» publiques avec un espèce d'avertissement à
» la tête, le Procureur-Général qui y trouva
» des vérités qui lui déplaisoient, en prit occa-
» sion de donner le 2 Juillet 1753, son Re-
» quisitoire contre cette brochure... *L'animosité*
» *de l'Auteur*, dit ce Magistrat, *va jusqu'à sup-*
» *poser des révélations de Confession.... Le grand*
» *nombre d'autres faits notoirement faux....*
» *prouve la passion de l'Auteur, de tout sacri-*
» *fier au desir de tromper le Public & de calom-*
» *nier ; il a même été assez téméraire pour inférer*
» *après les Remontrances.... une lettre de ca-*
» *chet qui n'a jamais existé. Pourquoi requiert,*
» *&c.* On voit dans ce Requisitoire le carac-
» tère du Procureur-Général, prêt à tout en-
» treprendre en faveur des Ecclésiastiques.... Le
» projet de conciliation passé entre le Procu-
» reur-Général & le Curé qu'il voudroit faire
» regarder comme faux, est parvenu à la con-
» noissance de tout le public, & il n'en dé-
» truira pas plus la vérité, que celle de l'exis-
» tence de la lettre de cachet qu'il auroit pû
» voir au Greffe de la Cour avant d'avancer
» qu'elle n'a jamais existé : ce qui prouve le
» fonds qu'on peut faire sur ce qu'avance un
» homme de cette trempe. Aussi le Parlement
» lui a-t-il fait l'affront de faire vérifier par la
» suite ce qu'il a jugé à propos d'alléguer ».
Ibid.

Un autre motif peut encore avoir donné lieu
de poursuivre la condamnation des Anecdotes,

c'est que M. Sonnes a fait voir les actes de schisme exercés dans ce Diocèse. Personne n'ignore à cet égard l'indifférence, pour ne rien dire de plus, de M. le Procureur-Général. Elle est manifestée dans un ouvrage qui a pour titre: *Relation de Verneuil*, imprimé en 1754.

On y lit: « Si M. de Folleville, Procureur-
» Général, eût déféré au Parlement les actes
» de schisme du sieur le Mercier, Curé de la
» Magdelaine de Verneuil, & les Sermons sé-
» ditieux prêchés par le P. d'Irlande, Jésuite,
» & qui lui ont été dénoncés (en 1752) par
» des habitans témoins de ses excès, le schif-
» me ne se seroit pas accrû par l'impunité.
» Le Parlement informé du scandale, auroit
» sévi contre les coupables, & en usant de
» l'autorité qui lui est confiée, il auroit arrêté
» dans son principe, un mal dont les rapides
» progrès sont si funestes à l'Eglise & à l'Etat ».
Pag. 1. 115, 225 & suiv.

» Le Parlement... (en 1753) jugea qu'il de-
» voit faire un Reglement pour contenir les
» Ecclésiastiques dans leur devoir. Le Procu-
» reur-Général fut mandé, la Compagnie lui
» fit part de ses vûes, & lui ordonna de don-
» ner sur le champ des conclusions. La ma-
» tière étoit grave; le schisme intéresse le re-
» pos & la tranquillité publique, la Religion
» & l'Etat; on avoit donc lieu d'attendre de
» ce Magistrat un Requisitoire digne de l'im-
» portance du sujet; mais peu effrayé du schif-
» me, de ses progrès & de ses suites, il se con-
» tenta d'exposer que la multiplicité des affaires
» qu'occasionne le refus des Sacremens dans
» la Ville de Verneuil, paroît exiger au plutôt
» une règle générale qui puisse y obvier, &

» requit qu'il fût fur ce pourvu. Ces conclu-
» fions laconiques furent blâmées par la Com-
» pagnie, qui fe reffouvint que le 12 Juillet
» 1750, il avoit donné un Requifitoire fort
» long & très-circonftancié, tendant à obtenir
» un Réglement que quelques Curés fanati-
» ques de la ville de Rouen follicitoient pour
» avoir occafion de vexer les Prêtres habitués
» dans leur Paroiffe ». Pages 24, 25.

» M. de Folleville s'étant rendu odieux au
» Parlement par des menées fourdes, des in-
» trigues fecrettes, & par le mépris formel de
» fes devoirs, foit en interrompant ou retar-
» dant le cours de la juftice, foit en exécu-
» tant des lettres clofes ou en faifant élargir
» de fon autorité privée, des prifonniers re-
» tenus dans la Conciergerie du Palais, cette
» augufte Compagnie crut devoir ne conferver
» avec lui de liaifon que celle qui eft abfolu-
» ment néceffaire & relative à fes fonctions.
» En conféquence, elle fit un arrêté verbal,
» portant que nul membre de la Compagnie
» ne verroit le Procureur-Général hors les cas
» où fon miniftère eft néceffaire; qu'on ne lui
» rendroit point de vifite; qu'on n'en recevroit
» point de fa part; qu'on ne mangeroit point
» avec lui; en un mot, qu'on ne lui parleroit
» dans aucun endroit particulier ou public;
» & que fi quelqu'un de la Compagnie ne fui-
» voit pas cet arrêté verbal (du 10 Juillet) il
» feroit traité comme le Procureur-Général ».
Pag. 42, 43.

» M. le P. Préfident... fit part de fon chagrin à
» M. le Procureur-Général & au fieur de Fou-
» gieres. Ce fut probablement dans la confé-
» rence qu'il eut avec eux, qu'on décida qu'il

I v

» failoit exiler M. de Franqueville ». Pag 99,
100.

» Le Procureur-Général profita de cette af-
» semblée (la rentrée de la Saint Martin) pour
» faire au Parlement des excuses relatives aux
» différens motifs qui avoient donné lieu à l'ar-
» rêté verbal du 10 Juillet : il assura qu'il avoit
» espéré ne revenir qu'avec le Président de Cros-
» ville & M. de Bellegarde ; qu'il avoit écrit
» aux Ministres pour obtenir leur rappel ; mais
» que jusqu'à présent il n'avoit pu réussir ;
» qu'il alloit renouveller ses instances, & qu'il
» se flattoit qu'elles auroient un meilleur suc-
» cès ; qu'il étoit très fâché d'avoir eu le mal-
» heur de déplaire à la Compagnie par sa con-
» duite ; qu'il n'avoit jamais eu intention de
» lui manquer ; que les sentimens de respect
» qu'il avoit pour le Corps & pour tous les
» Membres qui le composent, en étoient de
» sûrs garants ; qu'il supplioit la Compagnie
» d'oublier le passé, d'être persuadée de sa sou-
« mission & de son profond respect, & de vou-
» loir bien lui rendre son amitié, qu'il tra-
» vailleroit toute sa vie à la mériter ». Pag.
117. 118.

» Le 5 Décembre (1753) on dénonça aux
» Chambres assemblées, un Traité de Théo-
» logie dicté par le sieur Caval, Professeur &
» Recteur de l'Université de Caën... On y an-
» nonce les Appellans, & tous ceux qui ne
» sont pas soumis à la Bulle, comme des Hé-
» rétiques auxquels on doit refuser publique-
» ment les Sacremens, & pour lesquels il est
» défendu de prier & d'offrir le saint Sacrifice
» de la Messe, &c. Le Parlement effrayé de ces
» principes pernicieux, ordonna par Arrêt du

» même jour... que les cahiers du Professeur
» seroient déposés au Greffe, & qu'il seroit
» informé des différens tems où il les avoit
» dictés... Le sieur Caval a été destitué de sa
» chaire de Professeur, par Arrêt du 3 Décem-
» bre 1753... & il a reçu une lettre de cachet
» qui l'exile du Diocèse de Bayeux.... M. le
» Procureur-Général trouvant le sieur Caval
» assez puni, n'avoit pas dessein de poursui-
» vre l'exécution de l'Arrêt du 5 ; mais le
» Parlement ne reconnoissoit point dans le Con-
» seil du Roi de Jurisdiction contentieuse....
» C'est pourquoi il a enjoint au Procureur-
» Général de faire procéder à l'information
» qui doit se faire à sa Requête ». Pag. 118.
» 119.

» L'excellente *Lettre à un Duc & Pair*... ce
» petit ouvrage, qui, réunissant le mérite du
» fonds aux agrémens & à la légèreté du style,
» devoit se concilier tous les suffrages, a été
» condamné au feu par l'Arrêt du 20 Février
» (1754) sur les conclusions du Procureur-
» Général... M. le Procureur-Général ne se
» montre pas.... sçavant.... en relevant com-
» me nouvelle la qualification donnée au Roi
» de Vicaire de Dieu pour exercer ses jugemens
» sur la terre. Cette qualité n'est-elle pas es-
» sentiellement attachée à sa personne sacrée,
» & un des principaux attributs de son Scep-
» tre ?... Quels reproches... d'avoir adopté
» aveuglément un Requisitoire qui ne donne
» pas une grande idée des lumières de son
» Auteur... Faut-il s'étonner qu'un Procureur-
» Général, si peu instruit des droits & des
» prééminences de la Couronne, montre si
» peu de zèle pour les défendre contre les en-

» treprises du Clergé, & qu'il voit d'un air
» tranquille l'espèce de conjuration qu'il a
» formée pour acquérir l'indépendance à la-
» quelle il aspire » : Pag. 121 & suiv..

Ces deux Ouvrages sont demeurés sans replique de la part de ceux qui avoient intérêt à les réfuter. Que M. le Sens nous permette de lui demander, & nous l'en prions même, pourquoi il n'en a pas requis la condamnation? Si ce Magistrat avoit fait le parallèle des faits inouis.... avec les Anecdotes.... il auroit vû que dans ceux-là il y a des faits contre M. de Tavanes & les Grands-Vicaires, pour le moins aussi graves que dans celle-ci. M. le Procureur-Général doit sçavoir que dans les faits, il ne s'agit pas de raisonner, mais de voir. Il est évident que rien n'a fait & ne fera plus de tort à la cause des Grands-Vicaires dans le jugement du Public & de la postérité, que d'avoir eu recours pour la défendre, à ces coups d'autorité qui ont obtenu un Arrêt dont voici le dispositif.

» Vû par la Cour ledit Requisitoire, & la
» Brochure y mentionnée & jointe, & oui le
» rapport du sieur Guenest de Saint-Just, Con-
» seiller-Commissaire : Tout considéré ».

» LA COUR, toutes les Chambres assemblées,
» a ordonné & ordonne que la Brochure inti-
» tulée : *Anecdotes Ecclésiastiques, Jésuitiques*,
» sera lacérée & brulée par la main de l'Exé-
» cuteur des Jugemens criminels, comme Li-
» belle pernicieux, calomnieux & diffamatoire,
» & ordonne à tous Possesseurs des Exemplaires
» de les rapporter au Greffe de la Cour. A fait
» & fait défenses à tous Libraires, Imprimeurs,
» ou Colporteurs, d'en garder & vendre au-

» cun, à peine de cinq cens livres d'amende.
» Ordonne que le présent Arrêt sera imprimé,
» lû, publié & affiché par-tout où il appartien-
» dra. A Rouen, en Parlement, le vingt-un
» Juillet mil sept cent soixante ».

Par cet Arrêt les Anecdotes... sont condamnées au feu comme *Libelle pernicieux.... diffamatoire.* Nous osons nous flatter, digne Parlement, qu'il nous sera permis de vous représenter que c'est juger contre vos propres lumières. Combien parmi vous en sçavent plus
que ce que nous avons dit. Une courte réfléxion.
Où sont les informations que vous avez faites
pour sçavoir le vrai ou le faux ? Cependant vous
décidez affirmativement. Un Tribunal aussi auguste doit tout faire suivant la Loi.

Il est vrai de dire qu'il n'y a eu que quelques-
uns d'entre vous qui ont pensé que les Anecdotes sont diffamatoires. Il s'agit donc de sçavoir si elles le sont ou si elles ne le sont pas.
Voici comme s'est exprimé M. Thiers, qui a
traité la même matière que nous. Si *les Anecdotes* sont un Libelle diffamatoire, on ne doute
nullement que les Auteurs doivent être traités
selon la rigueur des Ordonnances ; mais si elles
ne le sont pas, quelle justice peut-il y avoir
dans la procédure que l'on a faite contr'elles ?
Or, il est aisé de faire voir qu'elles ne le sont
pas. Car enfin si elles l'étoient, elles contien-
droient ou des injures ou des calomnies, dont
la publication tendroit à diffamer les Grands-
Vicaires qui en sont le principal sujet, & , s'il
faut ainsi dire, les *héros.* Cependant nous dé-
montrons & soutenons qu'elles ne renferment
que des vérités qui sont ou de notoriété publique, ou évidentes par elles-mêmes. Les

Écrits publics, les tracasseries suscitées au Parlement, les actes qui y sont déposés, une foule de Témoins irréprochables, tout reclame en notre faveur; par conséquent, on ne sçauroit donner aux Anecdotes le nom de calomnies, sans les empoisonner. Voilà le caractère par lequel elles sont essentiellement distinguées des Libelles diffamatoires, qui ne sont tels à proprement parler, que quand les Auteurs, après avoir été découverts, ne peuvent faire la preuve des faits qui y sont contenus, ainsi que nos Rois Tres-Chrétiens l'ont décidé dans leurs Capitulaires : *Qui in alterius famam scripturam confinxerit & repertus scripta non probaverit.* Lib. 7. n. 278.

Qu'il nous soit permis, Illustres Suppôts de Thémis, de vous représenter que le zèle qui vous anime ne doit point s'étendre jusqu'à nous faire passer pour des calomniateurs, & de vous dire, qu'il n'y a de pernicieux dans les Anecdotes, que les faits & gestes des Héros que nous poursuivons. Ils doivent le bon exemple, ils en donnent de mauvais ; punissez-les donc ; que l'activité des loix retombe sur eux & non sur nous, qui ne prétendons que corriger leurs mœurs. C'est notre esprit, c'est notre but : *dicere verum quid vetat ?*

Cet Arrêt, tout rigoureux qu'il soit, a-t-il contenté M. le Procureur-Général & les Fabricateurs de son Requisitoire ? Quelles peines de l'obtenir ! Nous allons à ce sujet rapporter quelques circonstances.

M. de Folleville donne son Requisitoire le 25 Juin aux Chambres assemblées pour des affaires d'une bien plus grande importance, dont il étoit curieux de sçavoir le résultat. Il met ce Requisitoire sur le Bureau & reste dans la Chambre. MM. lui ayant fait connoître inutilement que sa conduite étoit contre les règles, l'obligent, malgré lui, de se retirer. Nous croyons devoir supprimer tout ce qui fut dit à cette occasion. Dans l'intervalle du 25 Juin au 21 Juillet, que l'Arrêt fut rendu, on ne parloit par-tout que des Anecdotes. Voyoit-on quelques-uns de MM. dans la Ville, on leur demandoit : *Condamnerez vous les Anecdotes ? Les condamner*, disoient-ils, *non pas : car ce ne sont que des médisances. Au reste, nous pourrions bien les condamner, mais nous donnerons le tems que tout le monde en soit muni ; & en les condamnant, nous mettrons l'Auteur dans la nécessité de répondre & de faire son apologie, à laquelle il peut joindre bien des faits, même très-graves, qu'il a omis & qui sont à notre connoissance. Il faut convenir que le Procureur-Général, dont nous n'avons pas daigné lire le Requisitoire, lorsqu'il l'a mis sur le Bureau, rend un très-mauvais service aux Grands-Vicaires & à tous ceux qui y sont dévoilés. Ils ne sont pas assez dépourvûs de bons sens pour faire leur apologie, & personne n'osera l'entreprendre ; il va donc éterniser leurs sottises, exciter tout le monde à lire les Anecdotes & occasionner la publication de nouveaux faits qui rendront de plus en plus ces Grands Vicaires & autres, un objet de mépris & de haine. L'Auteur*, ajoutoient-ils, *n'a pas dit un seul mot du Procureur-Général, dont le Requisitoire le traite très durement. Il avoit cependant occasion d'en parler, lorsqu'il a rapporté quelque chose du Curé de S. Godard. Nous ne nous souvenons que trop des tracasseries qu'il nous a suscitées* dans cette affaire & dans bien d'autres. Si l'Auteur répond, il a belle & ample matière. Enfin, les Chambres assemblées, on opina. Les avis furent fort partagés. Plusieurs dirent : *Puisque les Grands-Vicaires & autres sollicitent la condamnation des Anecdotes, il faut la leur accorder. Ils veulent immortaliser leurs noms, leurs beaux faits & gestes, tant pis pour eux.* D'autres ne voulurent point se trouver à cette assemblée : *Nous voyons, disoient-ils, plusieurs de nos Confrères qui se portent à condamner les Anecdotes ; pour nous, nous ne pouvons condamner des faits si notoires.*

Ces circonstances n'ont point occasionné l'Apologie que nous donnons ; & ne nous ont point inspiré d'y ajouter de nouveaux faits. Le plan de cette Apologie fut formé dès l'instant que l'on nous manda qu'il y avoit contre nous un Requisitoire plein d'invectives. A l'égard des nouveaux faits, nous en avons un magasin si abondant, que nous pouvons réserver de quoi faire une bonne & ample sauce. Mais avant que d'entrer dans le détail de ceux que nous avons choisis pour mettre au jour, nous allons rapporter les persécutions suscitées par MM. de Harlai à deux illustres Curés du Diocèse de Rouen.

M. Sonnes, dont le nom fait l'éloge, a rapporté dans ses Anecdotes l'Histoire de MM. Coulon & le Noir, desquels le sçavant M. Racine n'avoit rien dit, sans doute faute de mémoires. MM. Morestel & Richard ont eu le même sort. Il faut faire revivre ces grands hommes ; c'est pourquoi nous allons donner l'Histoire, néanmoins abrégée, des persécutions extraordinaires qu'on leur a suscitées dans le

Diocèse de Rouen, qui semble avoir été, dans presque tous les tems, le théâtre des souffrances des gens de bien. Il est triste que M. Morestel ait été la victime du zèle de M. de Harlai, oncle & prédécesseur de M. de Harlai, dont il est parlé dans les Anecdotes. Quoique l'Histoire de M. Morestel soit antérieure aux époques citées dans l'Ecrit dont nous faisons l'apologie, nous avons cru ne pouvoir nous dispenser de la rapporter, en ce qu'elle fait voir le dessein formé par les Evêques d'établir le despotisme sur leur Clergé, & leurs entreprises renouvellées de nos jours contre les Parlemens. Ne pourrions-nous pas ajoûter que cette Histoire, où l'on voit la liberté des Particuliers de s'élever contre les abus des Supérieurs, est nécessaire & avantageuse à notre justification ? Ce dernier motif ne seroit-il pas suffisant pour la transmettre à la postérité ?

Histoire de M. Pierre MORESTEL, Prêtre, Docteur en Théologie, & Curé de S. Nicolas de la Taille, au pays de Caux.

M. le Cardinal de Joyeuse ne pouvant résider dans le Diocèse de Rouen, résolut..., pour remplir les grands desseins qu'il avoit de rétablir la discipline Ecclésiastique, & de bannir la corruption des mœurs, de substituer M. François de Harlai, homme d'une haute naissance, d'une doctrine & d'une vertu peu communes, mais qui gâta ces grandes qualités par un despotisme intolérable. Quelqu'éclairé qu'il fût, il ne put être en garde contre les surprises de quelques-uns de ses Grands-Vicaires, hommes violens & emportés: l'ancienne discipline fut renversée, l'usage des Conciles Provinciaux aboli, l'ordre des Synodes Diocésains interverti, la liberté des suffrages enlevée, la volonté seule du Prélat & de ses Grands-Vicaires en la place de la Loi, & seule Loi, &c. Tant de maux affligerent sensiblement ceux qui étoient animés de l'esprit de Dieu; mais accablés sous le poids de l'autorité, pouvoient-ils reclamer en faveur de l'ancienne discipline?

Un seul parmi les Curés du Diocèse, osa entrer en lice & combattre pour la justice & le rétablissement de la liberté de l'Eglise de Rouen. Ce fut M. Pierre Morestel, Curé de S. Nicolas de la Taille au pays de Caux. En 1633, il composa un Livre qui a pour titre: *Le Guidon des Prélats et le Bouclier des Pasteurs.* Deux Docteurs en Théologie de la Faculté de Paris, dont il faisoit membre, approuverent, le 19 Décembre 1633, cet Ouvrage, comme *ne contenant rien qui ne s'accordât & fût conforme à la foi Catholique, Apostolique & Romaine.* Sur cette approbation, il obtint Privilège du Roi.

Quatre Epîtres Dédicatoires achevèrent de fortifier l'Ouvrage dont il s'agit, contre les traits qui devoient tomber sur lui. La première fut adressée à MM. de la Cour du Parlement de Rouen. La seconde à MM. les Révérends Prélats. La troisiéme à MM. les Vénérables Curés du Diocèse de Rouen, & la quatrième aux Lecteurs. Ces quatre morceaux suffisoient seuls pour blesser la délicatesse de M. de Harlai & de ses Officiers; mais le corps du Livre en lui-même pouvoit jetter dans leurs esprits mal difposés, une grande inquiétude : ce qui ne manqua pas d'arriver.

Pour juger de l'injuftice de la perfécution qu'on fufcita dans la fuite à M. Moreftel, à l'occafion de ce Livre, il eft bon d'en expofer ici les fommaires; il eft divifé en quatre Parties, à la tête defquelles fe trouve une Préface contenant dix articles, dans lefquels on fait voir le bonheur d'un Diocèfe gouverné par un fage Prélat; l'on montre que l'Eglife comparée à un vaiffeau agité de la tempête, eft remplie d'une armée compofée de trois efcadrons différens; fçavoir, d'Eccléfiaftiques, de Laïques, de Religieux; que Jefus-Chrift eft le chef de cette armée; que S. Pierre & fes Succeffeurs font fes Lieutenans-Généraux; que fous le Pape dans le premier efcadron, font les Prélats, & après eux, les Curés dans le même efcadron; que la dignité des uns & des autres eft fort périlleufe. Enfuite, après avoir fait la defcription du fecond & troifiéme efcadrons, de la nef de l'Eglife, l'Auteur divife fon Traité en quatre parties. La première, de l'exercice; la feconde, de l'ordre; la troifième, du châtiment; la quatrième, de l'exemple.

Dans la première partie, qui contient douze chapitres, on montre avec autant de folidité que de lumière, quel eft le devoir des Eccléfiaftiques, fur-tout des Prélats : ils doivent fçavoir les faintes Ecritures & les faints Décrets; s'appliquer à faire ce qu'ils difent : *Virtus, integritas, probitas in homine, non linguæ volubilitas, non ars, non fcientia requiri debet.* Un Prélat doit en bien ufer avec les Curés, & rechercher foigneufement pourquoi on obéit mal aux Evêques, & fi on lui doit toujours obéir : qu'enfin, avant de rien commander, l'Evêque doit prier Dieu, communiquer son dessein a des gens choisis, & bien prendre garde de faire rien par passion ou humeur. Le troisième chapitre montre que l'absence du Prélat est préjudiciable à son Diocèse ; que le Pape ne peut même le dispenser de la résidence ; que le Prélat doit être d'un accès facile, & ne pas laisser tout faire à ses Officiers, qui souvent mettent tout en confusion par incapacité ou par faveur, avarice ou ambition. Le quatrième chapitre est employé à prouver que le Prélat ne doit honorer qu'une personne de la qualité de Vicaire-Général. A ce Vicaire-Général, est-il dit au cinquième chapitre, le Prélat doit associer avec beaucoup de prudence des Conseillers & des Administrateurs. L'expérience, la fidélité, la piété, la liberté, la constance, & la fuite de toute avarice, doivent être les vertus des uns & des autres ; mais parmi les Conseillers les plus intégres, il doit donner le pas à ses livres. Les Administrateurs sont les Officiaux, les Archidiacres, les Doyens Ruraux, & sous ses Officiaux, les Promoteurs & les Greffiers. Dans les neuvième & dixième chapitres, M. Morestel fixe le pouvoir des Archidiacres, & montre qu'ils n'ont point droit de faire quitter l'Etolle aux Curés lors de leurs visites, ce qu'il prouve par l'institution même des Archidiacres, par l'autorité des SS. Peres, des Conciles & Decrets des Papes ; que les Curés devroient la porter privativement à eux. Notre Auteur fait voir ensuite en quoi consiste le droit de visitation ; que c'est en vivres & non en argent ; que recevoir argent pour l'examen des comptes du trésor des Eglises, est exaction & simonie, & que ces Archidiacres, bien loin d'en faire le gros de leurs Bénéfices, sont tenus à restitution, &c. Que l'Evêque ne doit point faire, lui seul des Mandemens Synodaux ou Ordonnances Synodales, ni les publier en son nom, mais au nom du Synode, auquel il doit assister comme Président, & non comme Témoin. Dans l'onzième chapitre, il est dit que les conditions iniques avec lesquelles les Doyens ont été pourvus de leurs Offices, & la manière dont ils s'y comportent, forment des obstacles insurmontables à leur salut. Il s'élève contre leurs innovations, prouve que ce n'est pas à eux à faire les inhumations des Curés, privativement aux autres Curés ; qu'ils ne doivent point avoir les Bréviaires, la bonne Robe ou le Cheval blanc des Curés.

La seconde partie contient treize chapitres concernant les Synodes, le seul remède aux maux présens de l'Eglise. Les Prélats ne doivent intervertir l'ordre & la forme des assemblées Synodales. Là on voit ce que c'est que Synode ; qu'il y en a de généraux, de provinciaux & d'Episcopaux ou de Diocésains : que l'interruption des uns & des autres est cause du déluge de maux qui se sont répandus dans l'Eglise. Les Evêques, les Prêtres, (les Curés) les Diacres, les Abbés & Docteurs, y doivent assister ; mais les Officiaux & Promoteurs n'y doivent avoir ni séance ni jurisdiction : il n'y a que les Curés qui doivent avoir voix délibérative avec le Prélat.

Le treizième chapitre parle des assemblées Diocésaines, que l'on convoque quand il s'agit de contracter avec le Roi, &c. Il vaudroit mieux, selon notre Auteur, n'y point être convoqué. Il en fait voir les désordres & quel ordre devroit y être observé. La dépense excessive des Députés du Clergé est mise au grand jour, ainsi que leur ambition, cause des désordres. Enfin, & c'est par-là que finit cette seconde partie, M. Morestel fait une triste & affligeante énumération des excès que les Curés souffrent de la part de ces assemblées.

La troisième partie concerne les châtimens dont doivent être punis ceux qui se sont écartés des loix ; mais ces châtimens doivent être infligés dans les Synodes, suivant cette règle du Concile de Rouen, tenu sous M. le Cardinal de Bourbon en 1581. *Ès Synodes on informera de la vie d'un chacun & de ses fautes, & l'on fera la punition plus par pénitence que par argent, & cette punition ne doit pas être trop sévère*, suivant la maxime des Saints.

La quatrième & dernière partie regarde particulièrement les Prélats. Ils doivent, dit-il, rechercher la discipline Ecclésiastique dans les Saints Canons & les Conciles, dont ils ont promis l'observation. Ils sont obligés à cela par la profession de foi qu'ils ont faite : « Ce
» qui m'a forcé, continue M. Morestel, à
» écrire, encore que je sçusse bien qu'une telle
» entreprise appréteroit à parler à beaucoup
» de gens ; toutefois ma consolation a été que
» je m'y sentois poussé d'une sincérité de con-
» science & d'un bon zèle qui me promettoit
» qu'avec le tems, vous n'interposeriez vos
» Ordonnances, μονομόσω, sans le consentement
» de vos Curés ; que vous observeriez religieu-
» sement la Loi antique en vos jugemens, la-
» quelle *jugebat in omnibus judiciis utrumque*

» *partem audiri ;* que la vanité & l'ambition
» de vos Officiers cesseroient ; que vous auriez
» quelque jour desir de sçavoir toutes les cho-
» ses au vrai ; & lors, par une grace singu-
» lière de Dieu, après avoir éteint tout ce qui
» entretient le feu entre vous & vos Curés,
» vous rendriez à vos Diocésains la concorde,
» & avec icelle l'ame à l'Eglise, qui est sa li-
» berté, sans laquelle elle n'a ni force ni vi-
» gueur ; finalement, qu'en ce faisant, les
» bons Pasteurs règleroient votre vouloir au
» vôtre, voir à celui de Jesus-Christ..... Vous
» êtes nos Phares, nos Astres, qui nous de-
» vez montrer le Havre tant desiré de la fé-
» licité Céleste. Jettez-nous donc à ce port tant
» desiré par les directions canoniques & cha-
» ritables prières, afin qu'ayant acquis, à la
» faveur de l'un & de l'autre, la grace du
» souverain Pasteur des Pasteurs en ce monde,
» nous puissions avec vous jouir de sa gloire
» en l'autre. Ainsi soit-il ».

A peine ce Livre parut-il qu'il fit des impressions bien différentes dans les esprits. Tous les
gens de bien, tous ceux qui aimoient vérita-
blement l'Eglise, tous ceux qui étoient touchés de ses maux, le trouverent excellent &
en prirent la défense ; mais M. de Harlai, trompé par ses Grands-Vicaires, & par ceux qui
font ennemis de tout ordre, s'éleva hautement
contre le Livre & contre celui qui lui avoit
donné le jour.

Au Synode d'été, c'étoit le Mardi 30 Mai
1634, M. de Harlai fit la censure du *Guidon des Prélats et Bouclier des
Pasteurs :* « Il déclara que ce Livre étoit
» impie, schismatique, portant & frayant le

» chemin à diverses hérésies, perturbatif de
» l'ordre & jurisdiction Ecclésiastique, des-
» tructif de la paix de l'Eglise, deshonorant
» l'état & la bonne intention des Curés : qu'il
» vomissoit presque contre tous les Ordres &
» les Dignités de la Hierarchie Ecclésiastique,
» & qu'il contenoit d'autres propositions sans
» nombre, qui étoient scandaleuses, calomnieu-
» ses, diffamatoires, téméraires, erronées, ten-
» dantes à mettre de la division & confusion par-
» tout ». Pour ces raisons, il défendoit, sous
peine d'excommunication, à tous ses Diocèsains,
de l'un & de l'autre sexe, soit Laïques ou Ecclésiastiques, de lire ledit Livre, de le garder, &c.
Et à ceux qui en avoient, il ordonnoit de les
remettre au plutôt entre ses mains ou celles de
ses Grands-Vicaires, ou de son Pénitencier :
il voulut enfin que le Syndic & Agent du Clergé
de la Province, donnât avis de cette censure
aux Evêques suffragans & comprovinciaux.

Le Parlement de Rouen prit aussi-tôt la défense du Livre & de l'Auteur contre la vengeance des Grands-Vicaires & Officiers de l'Archevêque. Le Vendredi, 2 Juin, sur la remon-
trance de M. du Vicquet, Avocat-Général au
Parlement, il fut ordonné que le sieur le Prevot,
Secrétaire de l'Archevêché de Rouen, seroit
tenu dans le prochain jour plaidable d'après la
Sainte Trinité, de représenter à la Cour l'Ordonnance donnée par l'Archevêque, & à ce
faire contraint par toutes voies dûes & rai-
sonnables ; & octroyé commission au Procureur-Général pour faire appeler en ladite Cour
tant l'Official de Rouen & son Vice-Gérent,
que les Grands-Vicaires de l'Archevêque, pour
répondre à telles fins & conclusions qu'il voudra

éra contr'eux prendre : avec défenses, tant audit Archevêque, son Official, Vice-Gérent, qu'à sesdits Grands-Vicaires, & à tous autres, de publier, faire publier, imprimer, vendre ni exécuter lesdites Ordonnances & Mandemens de censure contre ledit Livre, à peine de mille livres d'amende, jusqu'à ce qu'autrement en eût été ordonné.

L'Archevêque ne s'endormit pas ; il présenta sa Requête au Conseil-Privé, aux fins d'être reçu opposant à l'exécution de l'Arrêt du Parlement, rendu contre la censure du Livre intitulé : *Le Guidon des Prélats, & le Bouclier des Pasteurs* ; &, pour pouvoir fournir ses moyens d'opposition, lui accorder compulsoire pour compulser ledit Arrêt du Parlement, & cependant faire défenses de rien attenter en vertu d'icelui ; & de faire aucunes poursuites soit contre lui Archevêque, ses Official & Grands-Vicaires, ou Greffier, à peine de nullité, cassation de procédures, dépens, dommages & intérêts, & dix mille livres d'amende ; & en outre commettre tels des sieurs du Conseil qu'il plairoit au Roi, pour examiner ledit Livre & censure d'icelui, pour ce fait êtré par Sa Majesté ordonné ce qu'il appartiendra par raison. Arrêt sur cette Requête, du 9 Juin 1634, par lequel, avant faire droit, il fut ordonné que Varin, Clerc au Greffe du Parlement de Rouen, délivreroit à l'Archevêque, moyennant salaire raisonnable, le susdit Arrêt ; & que le Procureur-Général enverroit les motifs de l'Arrêt.

Le Parlement ne se pressant pas d'obtempérer à cet Arrêt, l'Archevêque obtint un autre Arrêt du Conseil, le 27 Juillet, par lequel, attendu que lesdits motifs n'avoient été envoyés dans

K

le tems préfix, il fût, entr'autres choses, ordonné que l'Archevêque pourroit faire publier la Censure, & itératives défenses faites au Parlement, de prendre connoissance du fait de ladite Censure, à peine de nullité; & enjoint au Procureur-Général de tenir la main à l'exécution de cet Arrêt, qui fut signifié, & en conséquence duquel M. de Harlay fit publier sa Censure.

Le Prélat ne s'en tint pas à la publication de sa Censure, il pensa à l'introduction des choses qui occasionnèrent de nouveaux troubles. Le sieur Thomas Sancier, Prêtre, Curé de S. Denis de Rouen, & Syndic des autres Curés de la Ville, présenta Requête au Parlement, & se plaignit par icelle que l'Archevêque avoit changé le Bréviaire ancien, qu'il vouloit mettre des Confessionnaux dans l'Eglise Cathédrale & un Tabernacle sur l'Autel d'icelle; ensemble de ce qu'il avoit ordonné aux Curés de faire publier la Censure dont il s'agit. A cette occasion, le Parlement rendit un Arrêt le 5 Août, par lequel il fut ordonné que l'Archevêque seroit assigné à bref jour, & que cependant défenses lui seroient faites de rien innover jusqu'à ce qu'il en fût autrement ordonné; & que très-humbles Remontrances seroient faites au Roi sur les entreprises par lui faites, entr'autres d'avoir fait afficher ladite Censure, dont la publication demeureroit surcise jusqu'à ce qu'autrement en fût ordonné, & que l'Arrêt dudit Parlement seroit imprimé & affiché par les Carrefours & Places publiques de la Ville.

Le Prélat présenta au Conseil une troisième Requête, expositive que cet Arrêt avoit été donné par un insigne attentat à ceux du Conseil, des 9 Juin & 21 Juillet, dont il demandoit l'exécution ; & attendu la grande passion & animosité que ledit Parlement témoignoit avoir contre lui, laquelle il avoit fait paroître en autres occasions, pour laquelle il ne pouvoit attendre justice audit Parlement, il supplioit Sa Majesté en évoquer toutes les causes & instances qu'il y a pendantes, mues & à mouvoir, & auxquelles aura intérêt ou voudra intervenir, & icelles renvoyer avec leurs circonstances & dépendances en autre Parlement non suspect, ou Grand-Conseil.

Arrêt du Conseil-Privé, du 7 Août, rendu sur cette Requête, par lequel, avant que faire droit, est ordonné que ledit Thomas Sancier sera assigné audit Conseil, pour répondre aux fins de ladite Requête ; cependant fait Sa Majesté défenses audit Sancier de prendre la qualité de Syndic des Curés de Rouen, à peine d'amende & de punition exemplaire ; & au Parlement & à tous autres Juges, de recevoir aucunes Requêtes sous son nom en ladite qualité, à peine de nullité ; comme aussi défend audit Sancier de faire mettre ledit Arrêt du 5 Août à exécution. Permis au sieur Archevêque de faire publier ladite Censure en toutes les Paroisses de la Ville de Rouen & de son Diocèse ; avec défenses au Parlement de prendre connoissance de ladite Censure, ni des faits contenus en la Requête dudit Sancier, &c.

Autre Arrêt du Conseil-Privé, du 9 Août, par lequel Sa Majesté commit deux Conseillers de son Conseil d'Etat, pour voir ledit Livre intitulé : *Le Guidon des Prélats & le Bouclier des Pasteurs*, & donner avis à Sa Majesté s'il contient quelques propositions contraires à son

Etat & Police de son Royaume ; & quatre Docteurs de Sorbonne, pour donner avis s'il y a aucunes propositions contraires à la Religion.

On peut juger que l'avis des Docteurs ne fut pas contraire aux vues de l'Archevêque. En effet, cet avis contenoit: «Qu'ils avoient trouvé » dans ledit Livre plusieurs choses fausses, er- » ronées, & contraires aux vrais sens des » Saints Canons; répugnantes à l'autorité lé- » gitime des Evêques, à la révérence & à » l'obéissance qui leur est dûe ; allantes à la « subversion de la Hiérarchie Ecclésiastique ; » introduisantes en l'Eglise l'impunité des cri- » mes, & qui préparent le chemin au schif- » me ». Cet avis étoit du dix-huit Août.

Les Conseillers d'Etat donnèrent le leur le 25 dudit mois ; il contenoit : « Que dans ledit Li- » vre il y a plusieurs maximes proposées mal- » à-propos, pour être gardées dans l'Etat Ec- » clésiastique, qui peuvent être interprétées & » tirées en exemples, & en conséquence con- » tre l'autorité temporelle & séculiere, allan- » tes à pervertir les loix fondamentales des » Etats temporels & de leurs souverainetés ».

Il est facile, après ces préalables, de penser quelle fut la décision de cette affaire. Voici le dispositif de l'Arrêt du Conseil-Privé.

» Le Roi, en son Conseil, ayant égard aux- » dites Requêtes, a cassé, révoqué & annullé » lesdits Arrêts du Parlement de Rouen, du 2 » Juin dernier passé, & 5 Août ensuivant, » fait inhibitions & défenses à toutes person- » nes de s'en servir ni prévaloir, à peine de » tous dépens, dommages & intérêts, & de » mille livres d'amende ; & au Parlement ité-

» ratives inhibitions & défenses de prendre
» aucune jurisdiction ni connoissance du fait de
» ladite Censure, & autres choses mention-
» nées auxdits Arrêts, à peine de nullité, cas-
» sation de procédures. Ordonne Sa Majesté
» que ledit Livre intitulé: LE GUIDON DES
» PRÉLATS ET LE BOUCLIER DES PAS-
» TEURS, composé par Me Pierre Morestel,
» Curé de S. Nicolas de la Taille, au Diocèse
» de Rouen, sera supprimé; & défenses à tous
» Libraires & Imprimeurs de l'imprimer ni
» mettre en vente, à peine de trois mille livres
» d'amende; & à toutes personnes de le rete-
» nir pardevers eux, à peine de cinq cens livres
» d'amende: ordonne en outre Sa Majesté que
» les Exemplaires dudit Livre qui sont entre
» les mains des Imprimeurs & des Libraires,
» seront saisis par le premier Huissier ou Ser-
» gent sur ce requis, & apportés au Greffe du
» Conseil pour y être supprimés; & à la repré-
» sentation desdits Exemplaires seront lesdits
» Imprimeurs, Libraires contraints par em-
» prisonnement de leurs personnes: pourra
» ledit Archevêque, suivant ledit Arrêt du
» Conseil, faire publier ladite Censure par lui
» faite dudit Livre, & icelle faire afficher en
» tous les lieux de son Diocèse, & de l'Eglise
» Métropolitaine de Rouen, tels qu'il avisera
» bon être; sauf audit Archevêque & à son
» Official, de procéder contre ledit Morestel,
» ainsi qu'il appartiendra par raison; & en cas
» d'appel comme d'abus, ou autres plaintes
» contre lesdites procédures qui seront faites
» par l'Archevêque ou son Official, pour rai-
» son de ladite Censure, Sa Majesté en a évo-
» qué à soi & à sondit Conseil, la connois-

» fance, & icelle renvoyée à la Cour de Par-
» lement de Paris, à laquelle Sa Majefté en
» attribue toute Cour, Jurifdiction; & icelle
» interdit audit Parlement de Rouen, & à tous
» autres Juges. Enjoint Sa Majefté à fon Pro-
» cureur-Général audit Parlement de Rouen,
» de tenir la main à l'exécution dudit Arrêt;
» & en cas de contravention, en certifier Sa
» Majefté; & feront les Contrevenans affignés
» audit Confeil, à la Requête dudit Archevê-
» que, pour répondre aux fins & conclufions
» qu'il voudra contr'eux prendre & procéder,
» ainfi que de raifon. Fait au Confeil-Privé du
» Roi, tenu à Paris le premier jour de Sep-
» tembre 1634 ».

Comme malgré les précautions de M. de Harlay, & l'inquifition barbare de fes Grands-Vicaires, le Livre de M. Moreftel fubfifte encore & eft fort commun, il eft facile de juger que la Cenfure, & tout ce qui s'en eft enfuivi, eft un tiffu d'injuftices. Nous n'avons pas vû les procédures qui fe firent contre ce Curé à l'Officialité, en conféquence de l'Arrêt du Confeil; mais nous fçavons & tenons de gens dignes de foi, qui le tenoient eux-mêmes de Témoins oculaires, que l'infortuné Pafteur fut contraint, pour ne pas être enfermé dans les fombres & puans cachots de l'Officialité de Rouen, de quitter fa Paroiffe. Il erra près de fix femaines dans les bois & les forêts qui font près de fa Paroiffe. A la fin de l'année 1634, expofé aux injures de l'air & à la merci des bêtes farouches, moins cruelles que les Grands-Vicaires de Rouen, il ne foutint fa miférable vie que des aumônes que lui procuroient furtivement & à la dérobée, fes Paroiffiens défolés : car l'Archevêque, informé qu'il s'étoit enfui dans la forêt, l'avoit fait environner (cette forêt) d'Archers & de Soldats, en nombre suffisant, enforte qu'il n'étoit pas possible au Curé de sortir sans risquer d'être pris. Cependant le moment heureux arriva, il trouva moyen de s'évader & de s'en aller à Paris. Là, il se trouva hors des poursuites Archiépiscopales; des Amis lui procurerent le Doyenné de l'Eglise Collégiale de Sauslaye, dans le Diocèse d'Evreux, qu'il posséda jusqu'en l'année qu'il mourut. Il est enterré dans la nef, devant le Crucifix.

La condamnation du Livre de M. Morestel a entraîné après elle un despotisme jusqu'alors inconnu. C'est de cette source empoisonnée que n'a cessé de couler le déluge de maux qui ont couvert la surface du Diocèse de Rouen, & qui sont décrits dans les Anecdotes. La non résidence des Prélats, le pouvoir arbitraire des Grands-Vicaires, bien plus propre à détruire qu'à édifier; les vexations de toutes espèces; une ignorance grossière; le mépris des Curés; la liberté ôtée dans les Synodes; les exactions des Archidiacres confirmées; les gens de bien persécutés; les délations des Doyens Ruraux approuvées; les exactions des Déports canonisées; les Paroisses désolées & pillées; tel a été presque toujours depuis 1634 (funeste époque) l'état du Diocèse de Rouen.

Histoire extraite d'un Ouvrage imprimé en 1664, qui a pour titre : *Justification de la foi & de la conduite de M. Richard, Curé de Triel, dans le Vicariat de Pontoise, & Bachelier en Théologie de la Faculté de Paris.*

Le Formulaire pour la signature du fait des cinq Propositions ayant été envoyé dans les Diocèses par l'assemblée du Clergé, tenue à Paris pendant les années 1655 & 1656, M. l'Archevêque de Rouen (de Harlay-Chanvallon) ne le fit point signer dans son Diocèse, & parut improuver les souscriptions de cette nature, comme étant plus propres pour diviser les esprits, que pour éteindre le feu que les Jésuites avoient allumé dans l'Eglise. Il paroissoit encore dans cette même disposition au mois de Janvier 1659, lorsque, condamnant l'Apologie des Casuistes, qui avoit déja été foudroyée par tant de Censures, le soin qu'il avoit de maintenir la paix dans son Diocèse, le porta à faire publier une Ordonnance par laquelle il se contentoit que l'on condamnât les cinq Propositions, & appelloit les autres questions, entre lesquelles celle du fait est nécessairement comprise, *des questions plus importunes qu'édifiantes* ; & défendoit d'user des noms de faction & de parti, de Jansénistes & de semi-Pélagiens.

Ce moyen étoit fort propre pour entretenir dans le Diocèse la paix que la signature du Formulaire troubloit. Mais l'homme ennemi y sema bientôt la division. On tomba dans la

dernière surprise, lorsque ce Prélat, étant Président de l'Assemblée du Clergé de France de 1660, « ordonna la signature du Formulaire
» au Chapitre de l'Eglise Cathédrale de Rouen,
» comme aussi à tous les Chapitres des Eglises
» Collégiales, à toutes les Communautés Sé-
» culières & Régulieres, aux Monastères de
» Religieux & Religieuses, encore qu'ils pré-
» tendissent être exempts & de nul Diocèse,
» à tous les Doyens Ruraux, Curés, Vicaires,
» Prêtres habitués, Bénéficiers, & générale-
» ment à tous les Ecclésiastiques de son Dio-
» cèse, & même aux principaux des Colléges,
» Régens & Maîtres d'Ecoles qui instruisoient
» la jeunesse, &c. Déclarant que, conformé-
» ment aux Constitutions d'Innocent X &
» d'Alexandre VII, il procéderoit & feroit pro-
» céder contre les refusans de souscrire à ladite
» profession de foi, pour être punis des peines
» ordonnées par le droit contre les Héréti-
» ques ».

Mais, comme si M. de Harlay n'eût pas acquis assez de mérite par la publication de cette Ordonnance, il en fit une autre pour établir dans Rouen cette inquisition irrégulière, qui troubla tant de vertueux Ecclésiastiques, auxquels on faisoit un crime d'avoir permis à ceux qui étoient sous leur conduite, la lecture des livres qui n'avoient jamais reçu aucune atteinte, & qui n'avoient jamais été notés par aucune Censure, comme entr'autres ceux de *la Fréquente Communion*, & de *la Tradition de l'Eglise*, approuvés par tant de Prélats & de Docteurs de Sorbonne.

M. Mallet, Grand-Vicaire, si connu par son dévouement aux Jésuites, & par ses paradoxes

K v

impies sur l'Ecriture, cet avant-coureur des Hardouins & des Athées de nos jours, voulut surpasser son Maître. Il censura le livre de Jansénius sur les quatre Evangélistes : il engagea le Lieutenant-Général du Bailliage de Rouen à le faire brûler : en vertu d'une Sentence qui fut imprimée & affichée dans cette Ville, ce Grand-Vicaire, par ces entreprises singulières, s'établissoit le juge des vivans & des morts, & n'épargnoit ni Prêtres ni Evêques.

Dès que l'Ordonnance pour la signature du Formulaire parut à Rouen, elle y excita beaucoup de troubles & de divisions. Le Chapitre de l'Eglise Métropolitaine entra en contestation avec l'Evêque & avec l'illustre M. Mallet. On enleva un Curé & quelques autres Ecclésiastiques, pour les contraindre, par l'horreur de la prison & par l'effet des plus terribles menaces, de trahir les sentimens intérieurs de leurs consciences. On les flétrit par des Sentences tout-à-fait irrégulières, dont on ne voulut jamais leur donner de copie.

Ce feu étant allumé dans Rouen, les étincelles en volèrent dans le Grand-Vicariat de Pontoise, où ce Mandement pour la signature fut publié le 15 Mai mil six cent soixante-un. Tout le fruit qu'il produisit fut d'inquiéter le ministère de quelques Curés de grande réputation, qui croyoient en être quittes devant Dieu & devant les hommes, en condamnant toutes les erreurs condamnées par les Papes Innocent X & Alexandre VII, & en se renfermant dans les bornes d'un silence respectueux pour ce qui concerne cette question d'un fait non révélé.

M. Jean Richard, Bachelier de la Faculté de Paris, & Curé de Triel, fut celui d'entr'eux sur lequel rejaillirent d'une manière cruelle, les effets du crédit de M. de Harlay à la Cour, & ceux de l'empire que les Archidiacres prétendent, sans droit, avoir sur les Curés, lors de leurs visites. Voici, en deux mots, le portrait de ce vénérable Pasteur, qui mérita l'attention de M. de Chanvallon, & de ses Coopérateurs. Il avoit formé à la piété une infinité de Gentilshommes dans les Collèges de l'Université & dans les Académies ; il avoit prêché dans les Chaires de la Capitale du Royaume, pendant plus de vingt-cinq ans, avec un zèle infatigable ; il s'étoit appliqué à la conversion des Hérétiques avec l'édification publique de toute la France ; avoit été employé dans les missions avec beaucoup de bénédiction & de succès ; il donnoit dans sa Cure de Triel tous les exemples d'intégrité, de vigilance & de charité pastorale que l'on peut attendre d'un Prêtre qui est tout à Jesus-Christ ; il joignoit la pureté de sa doctrine à l'innocence de sa vie ; il étoit connu, honoré & estimé de plusieurs Prélats du Royaume ; il a donné au public : l'*Agneau Paschal*, ou *Explication de l'Agneau Divin dans l'Eucharistie*. Ce Livre est un tissu de l'Ecriture, des Conciles & des Saints Peres. Il n'est point de Chrétien qui ne dût avoir un si bel Ouvrage. On rendroit un grand service à l'Eglise de le réimprimer, vû qu'il est devenu très-rare, & qu'il convient au tems malheureux où nous vivons. L'Auteur y démontre l'indispensable obligation des Chrétiens de manger l'Agneau Divin ; l'abus que des Confesseurs font de cette divine nourriture en la donnant à manger à des Loups. *Je ne vois rien*, dit-il, *de plus digne de larmes que d'aller en enfer pour les péchés d'autrui ; que les désordres & les scandales de la vie criminelle de la très-grande partie des Chrétiens, qui est une juste punition de la manducation indigne de l'Agneau Divin.* On a aussi de lui : Les *Pratiques de piété pour honorer le S. Sacrement*...... Ce Livre est encore très-rare ; il est également à souhaiter qu'on le réimprime, puisqu'il est très-propre à former efficacement les mœurs des Chrétiens, à faire revivre la foi au S. Sacrement presqu'éteinte, & à lui rendre le respect & la vénération qui lui sont dûs. Ces deux Ouvrages le feroient mieux connoître que ce que nous en pourrions dire.

M. Richard n'avoit jamais enseigné aucune des cinq Propositions ; mais les avoit condamnées plusieurs fois lui-même de vive voix & par écrit. Il n'avoit jamais lû, comme beaucoup d'autres Curés, le livre de Jansénius ; aussi ne vouloit-il point charger sa conscience par la condamnation d'un Prélat qui pouvoit être innocent, & dont on défendoit de lire & d'examiner le livre. Ces considérations engagerent l'illustre Curé à écrire à M. d'Aquilengui, Grand-Vicaire dans le Vicariat de Pontoise & dans le Vexin François, le même jour 15 Mai 1661.

Le Grand Vicaire de Pontoise répondit d'une manière très obligeante à la lettre de M. Richard ; mais il ne leva aucune des difficultés qui y étoient proposées, il se contentoit de l'exhorter à l'obéissance & à la soumission, par des paroles générales, & de lui représenter le nombre de ceux qui avoient signé, pour le porter à suivre leur exemple.

Le 19 Août de la même année 1661, M. Richard signifia au Grand-Vicaire de Pontoise sa profession de foi, avec un appel anticipé. Et, comme il étoit plus aisé d'agir contre ce Curé par l'éclat extérieur d'une autorité absolue, que de répondre solidement aux raisons qu'il exposeroit, pour se dispenser, en cette rencontre, d'une obéissance aveugle, le sieur Chevillier lui fit un commandement verbal de signer le Formulaire le 30 Août de ladite année 1661, & il le réitéra encore de vive voix le 17 Septembre suivant.

M. Richard ayant appellé à Rome de la signification verbale de la signature du Formulaire, & du Formulaire même, le 30 Septembre, ces deux significations, quoique conformes à toutes les règles, irriterent extraordinairement M. de Harlay, qui vouloit faire exécuter souverainement ses ordres sans contradiction & sans résistance. Il avoit déja fait signifier une Sentence d'interdiction à un Célestin de la maison de Mantes, nommé le P. Lardenois, parce qu'il refusoit de signer le Formulaire sans restriction. Et quoique ce Religieux eût acquiescé au jugement, on feignit qu'il y étoit rebelle, afin de le joindre dans la Requête que le Prélat présenta au Conseil, pour les faire condamner tous deux comme réfractaires. M. de Harlay obtint donc contre le Curé & le Célestin au Conseil du Roi, sans les y avoir appellés, un Arrêt, le 27 Octobre. Cet Arrêt, à sa seule lecture, fait voir la bonne-foi du Prélat, qui avoit supposé ce qui n'étoit pas, afin de pouvoir se couvrir de l'autorité Royale. En vertu de cet Arrêt que M. de Harlay garda en poche deux ans entiers, il fit arrêter M. Richard, ainsi qu'on le verra dans la suite.

Cependant M. Richard, accablé de peines & informé d'ailleurs par ses amis, qu'il y avoit un Arrêt du Conseil qui le condamnoit à la prison, se retira chez une personne de piété, & demeura caché chez elle assez long-tems. Il écrivit au Grand-Vicaire de Pontoise une autre lettre, qui n'étoit pas moins Ecclésiastique que la première, dont on a parlé ci-dessus, ni moins généreuse, le 13 Décembre 1661. Enfin la séparation de son peuple lui devint insupportable, & il tomba si dangereusement malade, qu'il alla jusqu'aux portes de la mort.

Les Médecins ayant conseillé à M. Richard de se faire transporter à Paris, pour éprouver si l'air natal ne le rétabliroit point de sa maladie, il y vint, & ayant de tems en tems des avis qu'on formoit toujours des desseins sur sa personne, il demeura dans cette Ville plus de quinze ou dix-huit mois, conduisant son troupeau de loin, à l'exemple de plusieurs Saints qui en avoient usé ainsi dans le tems de la persécution, & n'allant que secrettement & par intervalles en sa Paroisse.

Le Vice-Gérant de l'Officialité de Pontoise, qui étoit un nommé Pierre Langlois, ayant déclaré verballement & publiquement sur la fin de mil six cent soixante-deux, que l'on se contenteroit de la signature sur le droit, avec la distinction du fait, & M. Richard ayant eu par écrit la preuve de cette apparence de paix, écrivit en conséquence plusieurs lettres au sieur Langlois, & lui fit signifier, le 13 Mars 1663, qu'il étoit prêt de signer, conformément aux déclarations qu'il avoit faites des intentions de M. l'Archevêque, dont il avoit acte. Mais plus M. Richard faisoit paroître de civilité & de douceur pour prouver le repos de sa conscience en se mettant en état de joindre l'obéissance à l'amour de la vérité, & plus on avoit de dureté pour lui. Car les Officiers du Vicariat de Pontoise en ayant donné avis à M. de Rouen, ce Prélat donna ordre aussi qu'on ne reçût aucune signature de la part du Curé de Triel, si ce n'étoit au cas qu'il révoquât une signification qui lui étoit si désagréable.

M. Richard donna deux procurations à l'un de ses Vicaires pour signer le Formulaire du Clergé en son nom, conformément à la signification qu'il avoit fait faire le 13 Mars; mais ces procurations furent refusées; les Vicaires prirent acte de refus. Pour ce qui est de M. Richard, il revint dans sa Cure sur la fin du mois de Juin 1663, & y reçut de la part de son peuple tous les témoignages d'estime & de tendresse que l'on peut s'imaginer.

Jusques ici le crime de M. Richard lui étoit commun avec plusieurs Prêtres de l'Archevêché de Rouen & du Grand-Vicariat de Pontoise; mais nous en allons voir un qui lui est personnel, & sur lequel néanmoins il n'est pas moins innocent que sur le fait de la signature.

Il étoit encore dans sa Cure le 8 de Septembre, fête de la Sainte Vierge, lorsque M. Magnet, Confesseur de M. de Harlay, Docteur de Sorbonne, Chanoine de Rouen, & Archidiacre du Vexin-François, vint à Triel pour faire sa visite, parfaitement disposé à lui rendre tous les honneurs qui lui étoient dûs & qu'il avoit rendus lui-même aux autres Archidiacres du Vexin, ses Prédécesseurs dans cette dignité; mais il ne croyoit pas aussi lui en devoir de nouveaux. Cela fit naître entr'eux une petite contestation ; car M. Magnet voulant l'obliger à quitter l'étole en sa présence, M. Richard s'affermit dans la résolution d'en user envers ce nouvel Archidiacre, comme il en avoit usé envers ses Prédécesseurs, & il ne se crut pas obligé de rendre à un simple Archidiacre une déférence que les Archevêques de Rouen n'ont jamais exigée des Curés qu'ils n'obligent point à quitter l'étole, lors même qu'ils font leur visite en personne, ou qu'ils tiennent leur Synode. Aussi les Archidiacres précédens n'avoient pas exigé cela de M. Richard depuis dix ans qu'il étoit Curé, non plus que de ses Prédécesseurs.

M. Magnet s'opiniâtrant dans sa prétention, se retira sans faire visite, & dit, par un esprit tout-à-fait éloigné de la douceur Chrétienne & Ecclésiastique, que le Curé s'en repentiroit. On fit le procès-verbal de tout ce qui s'étoit passé dans cette conjoncture, & tous les anciens Paroissiens signerent & attesterent que jamais les Archidiacres n'avoient fait quitter l'étole aux Curés de Triel.

M. Magnet de son côté, fit imprimer, après la détention de M. Richard, un autre procès-verbal tout-à-fait informe, rempli de déguisemens, de nullités & de faussetés. On peut voir ces deux actes dans l'écrit que nous ne faisons ici qu'extraire.

Il y avoit déja deux ans que l'on gardoit l'Arrêt du Conseil rendu à Fontainebleau contre M. Richard. La crainte que l'on avoit que ce Curé à demi-mourant n'empirât entre les mains des Huissiers & des Archers, en avoit arrêté l'exécution. M. Magnet étoit trop sensiblement offensé, il voulut lui-même être porteur de cet Arrêt & le faire mettre à exécution : il se fit donc accompagner du sieur **Malpeau**, Lieutenant du Guet de Mantes, avec dix-sept Archers, se rendit à Triel, le 29 Octobre 1663 au matin.

Il avoit fait venir par divers endroits tous ces satellites armés comme pour aller au combat ou au siége de quelque Ville; & dès qu'il eut appris par un Espion que le Curé étoit à Triel, il fit assiéger son Presbytère avec toute cette cohorte. Le S. Malpau cachant son bâton & sa casaque, vint avec un autre frapper à la porte du Presbytère, le Curé la lui ouvrit; & s'étant retiré dans sa cour, cet Exempt lui dit qu'il le constituoit prisonnier de par le Roi, & qu'il lui commandoit de le suivre. Le Curé ne fit paroître aucune surprise en cette occasion, & se contenta de lui dire froidement: *Montrez-moi votre ordre.* L'Exempt n'en avoit point d'autre que l'Arrêt du 27 Octobre 1662, qu'il tira de sa poche. M. Richard, après l'avoir lû, lui dit avec la même froideur: *Allons, mais permettez que je prenne mon chapeau.* Ces Satellites ne le quittèrent point; lorsqu'il montoit en sa chambre, quelques-uns d'entr'eux enfermèrent le valet du Curé dans son cellier. M. Richard les conjura de lui donner un moment de tems, afin de pourvoir aux besoins de sa Paroisse, attendu que ses deux Vicaires étoient absens; mais cette justice lui fut refusée. En vain il leur représenta que la Paroisse, composée de plus de quatre mille Communians, n'auroit point de Sermon à la Toussaints; que ses pauvres seroient sans pain ce jour-là; qu'un grand nombre de misérables qu'il secouroit toutes les semaines, seroient abandonnés par l'absence de leur Pasteur, qu'ils lui permissent de parler à quelqu'un pour les secourir: mais ces raisons, l'état pitoyable où il se trouvoit par ses infirmités, ne servirent qu'à aigrir ces ti-tigres impitoyables, qui l'obligerent de descendre promptement en bas.

A peine fut-il descendu que les dix-sept Satellites vinrent fondre sur lui pour l'enlever. Il demanda un moment de tems pour aller à la porte de son Eglise recommander à Jesus-Christ sa Paroisse désolée. Ces furieux lui dirent: *Vous n'irez pas seulement dans votre cimetière, il faut partir ; montez a cheval au plus vîte.* Ils se saisirent à l'instant du pieux Pasteur & le mirent sur un cheval, malgré les prières qu'il leur faisoit de le laisser aller à pied, attendu qu'il ne pouvoit souffrir le cheval. Il ouvrit la bouche inutilement. L'indigne Archidiacre étoit dans Triel où il donnoit ses ordres. Il avoit déja fait toucher au sieur Malpau dix pistoles par avance, avec promesse d'une bonne récompense, si la proie tant desirée ne lui échappoit pas.

Ce qui causoit tant d'inquiétude à l'Archidiacre Magnet, étoit l'avertissement que lui avoit donné le Promoteur de Rouen, auquel il avoit communiqué son dessein depuis son refus de quitter l'Etole, de prendre garde à ce qu'il alloit faire, & que le Curé étant autant aimé qu'il disoit, il pourroit bien, lui Magnet, souffrir quelqu'insulte. C'est pourquoi ces Satellites, dévoués à la vengeance de ce charitable Archidiacre, pressoient étrangement M. Richard de partir, de peur de quelqu'émotion populaire.

M. Richard, qui la craignoit encore davantage, ne fouhaitoit rien tant que d'être enlevé fans bruit, afin d'avaler lui feul jufqu'à la lie toute cette coupe d'amertume. Dès que ces impitoyables Archers l'eurent monté fur un cheval, dont la felle n'avoit point de pommeau, fans lui en donner la conduite, l'un d'eux fe faifit de la bride, tandis qu'un autre frappoit le derrière du cheval à grands coups de bâton. Ils entraînerent le bon Curé avec une violence & une joie qu'on ne fçauroit imaginer. Leur Maître étant un peu éloigné d'eux, ils déclarèrent au Curé qu'il y avoit deux jours que leur Capitaine prioit Dieu & la Vierge que cette affaire réufsît, tant la peur & l'avarice le rendoient dévot. Ils conduifirent ainfi leur prifonnier durant quatre bonnes lieues, par des bois, des vallées, de petits fentiers, des foffés fur le bord des précipices, & par des lieux efcarpés, où eux-mêmes mettoient le pied à terre, fans lui donner aucunement la conduite de fon cheval, de forte qu'il fe voyoit à chaque moment dans un péril évident, ou d'avoir tout le corps rompu, ou de s'eftropier en quelque partie, fans que ces miférables euffent la moindre compaffion d'un fi bon Prêtre, & cependant, à quelques lieues de Mantes, le Capitaine eut pitié de M. Richard, & lui laiffa la conduite de fon cheval. Ainfi fut conduit à Mantes ce digne Curé, que M. l'Archevêque reconnoiffoit pour être d'une vie toute exemplaire. Ainfi fut traité & affimilé aux plus grands fcélérats qu'on mène au fupplice un Pafteur le plus zélé & le plus édifiant de fon fiècle.

Mais laiffons M. Richard pendant un moment, & voyons ce qui fe paffa à Triel en la perſonne de M. Magnet : dès que le peuple de cette Paroiſſe apprit l'enlevement de ſon Paſteur, il entra dans une grande conſternation.

M. Magnet, qui étoit le ſurveillant des Archers, n'étoit point parti auſſi-tôt que ſon priſonnier, & ayant quitté ſon eſcadron, fut frappé d'étourdiſſement après une action ſi noire. Comme il ne trouva point ſon cheval aſſez tôt prêt à ſon gré, ni ſes piſtolets, pour courir après M. Richard, le feu de ſa paſſion & celui du vin de Triel, n'éclata pas ſeulement dans ſes yeux & ſon viſage, mais il monta même juſque ſur ſa langue, & le maître de l'hôtellerie où il étoit, fut fort ſcandaliſé de voir un homme de cette condition, jurer avec emportement & ſans conſidérer le caractère Sacerdotal, ſon titre de Docteur de Sorbonne, ſa dignité d'Archidiacre & ſa qualité de Confeſſeur ordinaire & extraordinaire de M. l'Archevêque, dont il ſe glorifioit ſi fort.

Ne ſçachant donc ce qu'il faiſoit, il vint ſe jetter lui-même entre les mains des Paroiſſiens déſolés, & tomba dans le piége qu'il avoit tendu à l'innocent Curé; car comme il leur eut demandé ce qu'ils avoient à s'attrouper, & que ces Paroiſſiens lui eurent répondu qu'on enlevoit leur Curé, il les traita de Coquins. Sa propre imprudence attira ſur lui une grêle de cailloux & de coups d'échalats, qui ne lui furent point épargnés, même ils le conduiſirent en la priſon de Triel, auſſi-bien qu'un des Archers, qui avoit quitté ſes Compagnons après la capture de M. Richard.

M. Magnet étoit déja dans la priſon de Triel, fort en colere, après avoir couru deux fois risque d'être jetté à la Seine, & avoir reçu quelques blessures, lorsque M. Richard entra dans Mantes, accompagné des Archers, qui le conduisirent dans la prison avec leurs casaques bleues sur le dos, leurs mousquetons & leurs pistolets. La curiosité attira toutes sortes de personnes à un spectacle si surprenant. On venoit jusqu'à la prison s'informer ce que c'étoit; mais ceux qui venoient d'enlever ce prisonnier firent défenses réitérées de le laisser parler à personne.

Sitôt que M. Richard fut dans ce lieu, il se mit à genoux, offrit à Dieu le mauvais traitement qu'on lui faisoit; mais il ne vit personne & ne parla à personne pendant tout le tems qu'il y fut. Cependant M. Loyre, Curé de Mantes, fort connu dans tout le Pays pour son mérite & sa rare piété, ne rougit pas des chaînes de ce prisonnier illustre, & obtint, non sans peine, la permission de le venir embrasser avec un autre Ecclésiastique; il alla même chez le Lieutenant-Criminel du Présidial de Mantes, lui demander, comme une grace particulière, que M. Richard pût passer la nuit chez lui, en offrant d'être sa caution; mais il ne put rien obtenir de ces forcenés. M. Richard resta donc dans la prison, & quoiqu'il fût couvert de plusieurs portes & enfermé avec quantité de vérouils & de serrures, on ne laissa pas encore de faire coucher un Archer dans son lit.

Entre quatre ou cinq heures du matin, que l'on ne voyoit ni ciel ni terre, on vint lui annoncer qu'il falloit partir pour Rouen; il demanda quelque tems pour prier Dieu: on lui refusa cette faveur: *Vous ferez*, lui dit-on, *vos prières dans le bateau.* Il lui fallut faire, à cause du mauvais tems, beaucoup de chemin à pied, avant d'y arriver. Enfin, accompagné de quatre Satellites armés jusqu'aux dents, il s'embarqua. En passant devant Gaillon, il apprit que M. l'Archevêque de Rouen y étoit ; il demanda la grace de lui parler ; on lui répondit brutalement qu'il y avoit ordre de le conduire aux prisons de l'Officialité de Rouen.

Tout abattu qu'il étoit, il lui fallut faire près de trois lieues à pied, & il auroit succombé sous le poids de ses fatigues & de ses infirmités, sans le secours d'un Gentilhomme de Rouen, nommé M. de Boutteville, qui, touché de la dureté & de la barbarie avec laquelle on traitoit ce bon Curé, fit descendre son Valet de cheval pour l'y faire monter. Il arriva ainsi le Mardi au soir au Port Saint-Ouen, où, comme s'il eût été un criminel d'État, on le garda avec toutes les précautions imaginables. On ne se contenta pas de faire clouer les fenêtres & de faire coucher quelqu'un auprès de sa chambre, mais l'on posa même en sentinelle trois Archers aux pieds de son lit, lesquels passerent toute la nuit à boire, à jouer & à jurer. Pour comble d'infâmie & d'opprobre, trois Voleurs de grand chemin, qui furent pendus à Rouen huit jours après, ayant été pris les uns après les autres dans l'hôtellerie même où il étoit, on fit servir sa chambre à ces trois Criminels, avec un tintamare qui dura plus de quatre à cinq heures. Le lendemain, huit heures du matin, il fut mis avec eux dans une même barque, & conduit jusqu'à Rouen, où étant arrivé sur les dix heures, deux Appariteurs de l'Officialité qui l'attendoient sur le bord de la rivière, le conduisirent comme en triomphe dans les prisons de l'Officialité, à travers les rues de cette Ville, & toujours accompagné du Prévôt qui marchoit derrière avec son bâton.

Entré qu'il fut dans les prisons de l'Officialité, dont les duretés sont si bien décrites dans le Factum de M. Coulon, que la constance la plus affermie en frissonne d'horreur, il ne put parler à personne, il n'eut d'autre compagnie que les plus grands scélérats, & des femmes de mauvaise vie, dont on ne peut ici rapporter les excès horribles & les imprécations. Il ne sortoit de son cachot que les Dimanches pour entendre la Messe, & l'unique consolation qu'il avoit étoit de pouvoir communier pour trouver sa force dans ce Sacrement auguste, dont il avoit tant de fois soutenu la vérité contre les Hérétiques des derniers siécles. Il demandoit en grace de pouvoir écrire à ses chers Paroissiens ; mais on lui refusa cette grace.

Le premier jour de Novembre il écrivit à M. le Grand-Vicaire de Pontoise, son Juge naturel. Sa lettre fut mise entre les mains de M. d'Aquilenguy, le 4 Novembre 1663. Qu'il seroit beau de la pouvoir rapporter ici tout au long ! On y verroit les expressions d'un Pasteur digne des plus beaux siécles de l'Eglise ; il édifie, il instruit tout le monde ; il prie pour M. l'Archevêque, M. Magnet & tous ses persécuteurs. Mais quelque touchante, quelque pathétique que fût cette lettre, elle n'eut point de réponse.

M. Richard, Docteur en Médecine de la Faculté de Paris, Frere de l'illustre Captif, vint à Rouen pour le secourir dans ses infir-

mités ; il ne put avoir la confolation de lui parler : s'étant enfuite tranfporté à Gaillon où étoit M. l'Archevêque, il eut le bonheur d'entendre de la bouche du Prélat ces paroles remarquables : « M. le Curé de Triel eſt un hom-
» me d'une vie entiérement exemplaire & de
» mœurs irréprochables, fa charité eſt prodi-
» gieufe ; je fçais qu'il donne aux Pauvres
» non-feulement une partie du revenu de fa
» Cure, mais encore fon patrimoine : mais ce
» Curé n'a point d'affection pour moi ; je n'ai
» pû gagner fon amitié, & il a été le pre-
» mier à s'oppofer à l'établiſſement que j'ai
» voulu faire de la Fête de S. Gautier ». Voilà, d'une part, ce que la force de la vérité tira de la bouche de M. de Harlay ; & de l'autre, les motifs fecrets de la haine que l'on portoit à M. Richard. Mais étoient-ils bien juſtes ? & M. de Harlay, dont les mœurs étoient ſi équivoques, pouvoit-il defirer dans M. Richard un homme femblable à lui ? L'affaire du Formulaire n'étoit qu'un prétexte. M. de Harlay n'exigeoit point la croyance du fait, il fe contentoit de celle du droit ; M. Richard y confentoit. Quel étoit donc fon crime ? Il avoit voulu foutenir fes droits vis à-vis d'un Archidiacre emporté, *inde mali labes* : il devoit, par conféquent porter tout le poids du reſſentiment de cet homme vindicatif & furieux ; il devoit être parmi les Curés de l'Archevêché, la feconde victime immolée à l'ambition de ces nouveaux venus, qui ne doivent que des refpects aux Curés, bien loin d'en être comme les maîtres & les fupérieurs.

Quoiqu'il en foit, après que M. Richard eut gémi dans les prifons de l'Officialité pendant
plus

plus de deux mois ; après y avoir mangé un pain de douleur, y avoir essuyé tout ce que la barbarie Turquesque peut inventer de plus cruel, M. l'Archevêque fut honteux, & son Archidiacre Magnet satisfait. Ils consentirent l'un & l'autre à son élargissement, & il sortit de prison le troisiéme jour de Janvier 1664, sans exiger rien de lui en plus outre que les obéissances qu'il avoit passées plusieurs fois de sa profession de foi qu'il avoit faite dans la Faculté.

Les éloges que l'on fait des personnes qui se font craindre pendant leur vie, sont ordinairement changés à leur mort en des satyres qui les dépeignent au naturel. C'est ce qui arriva à M. de Harlay, Archevêque de Paris. Celle que nous inférons ici nous a été remise par le Secrétaire d'un Evêque. Les notes qui la suivent laisseront peu d'obscurité.

L

On a souvent élevé des Monumens publics à la gloire des Hommes rares. C'est un honneur qu'il est juste de rendre à Monseigneur de Paris ; c'est pourquoi on élevera dans la Cour de l'Archevêché une Pyramide, où l'on mettra cette Inscription.

A

L'UNIQUE

Et l'Incomparable Seigneur,

MESSIRE FRANÇ. DE CHANVALLON,

ARCHEVÊQUE DE PARIS, (a)

Duc de S. Cloud.

PROVISEUR DES COLLEGES

De la Marche & de Sorbonne.

FONDATEUR DU SAINT

Bourbier. (b)

VISITEUR DE L'ISLE NOTRE-DAME. (c)

Damoiseau de Conflans. (d)

TOUJOURS JEUNE;

Toujours Soûriant.

DE QUI L'ON VOIT TOUT LE MÉRITE
Dès qu'on arrive à son Antichambre.

SI PATIENT QU'AU MILIEU DE
Cette Ville, on l'a volé sans
qu'il s'en soit plaint. (e)

SI VIGILANT QU'A DEUX HEURES
après minuit, on l'a trouvé dans les rues.

SI OBLIGEANT QU'IL ACCORDE TOUTES
les Dispenses qu'on veut. (f)

LE TOUT-PUISSANT;
L'Infaillible
DE QUI L'ON N'APPELLE POINT.
Qu'on ne peut déposer. (g)

CONTRE QUI LE PAPE ÉCRIT
Inutilement. (h)

POUR QUI LES LOIX DE L'EGLISE
N'ont point été faites. (i)

POUR QUI L'ON A FAIT
Plusieurs Chansons. (k)

QUI FAIT TAIRE, OU FUIR LES
Plus grands Docteurs. (l)

SOUS QUI LA SORBONNE
Tremble.

L ij

GRAND MAISTRE DES LETTRES DE CACHET. (m)
Arrondisseur de la Couronne.

INTRÉPIDE AMPLIFICATEUR
De la Régale. (n)

PRÉSIDENT PERPÉTUEL DES
Assemblées du Clergé. (o)

SOUVERAIN DOMINATEUR
De l'Église Gallicane.

INQUISITEUR DES PP. DE L'ORATOIRE,
Et de tous les Ordres Religieux
qu'il voudra. (p)

EX-PATRIARCHE DES URBANISTES,
Refuge des Abbesses, qui sont
douces aux Hommes. (q)

QUI S'EST LAISSÉ AGRÉABLEMENT
conduire par son Confesseur. (r)

PROTECTEUR DES OPINIONS
Commodes.

GÉNÉRAL EXÉCUTEUR DU ZÈLE
Des PP. Jésuites. (s)

PLUS AIMABLE QUE MONSIEUR
de Pierre-Pont. (t)

PLUS DILIGENT QUE FEU MONSIEUR
Le Maréchal de la Meilleraie. (u)

SI HONNÊTE QU'IL CARESSE
Tout le monde.

SI AGILE QU'IL ENTRE DANS
Un Couvent de Filles par un Tour,
& en sort de même. (x)

DONT LA SACRÉE PANTOUFLE
Est à Andelis, & le Cordon
d'Or à Pontoise. (y)

PÉLERIN DE L'HOSPITAL DE
S. Louis. (z)

QUI DONNE SES BÉNÉDICTIONS
d'aussi bonne grace, que les
donneroit une Femme.

QUE SA DIGNITÉ A FAIT
recevoir dans l'Académie.

QUI PARLE COMME IL ÉCRIT,
& qui écrit comme il parle.

PRÉLAT DES PLUS QUALIFIÉS :
Prélat Atlai-quint. (aa)

FUTUR CHANCELIER:
Futur Cardinal, si le Sieur Philippe
son Grand-Aumônier peut
en être cru.

L iij

FUTUR PAPE MÊME

si le P. César & le P. la Chaise
peuvent se rendre maîtres
de l'Élection.

On peut voir l'explication & la justification de tous ces Titres dans un Livre in-quarto, qui se vend (bb)

A PARIS,

Chez FRÉDERIC LÉONARD, Imprimeur du Roi & du Clergé de France, rue S. Jacques, à l'Écu de Venise.

M. DC. LXXX.

Notes sur l'Inscription précédente.

(*a*) Il étoit encore Abbé de Jumiege, Commandeur des Ordres du Roi, Duc & Pair de France.

(*b*) Parce qu'en sortant de l'Hôpital de S. Louis de Pontoise pendant la nuit, après y avoir rendu visite à Madame de Guenegaud, il tomba dans un bourbier où il perdit son Cordon d'or.

(*c*) C'étoit la demeure de Madame de Bretonvilliers, que le Prélat visitoit fréquemment.

(*d*) On l'appelloit *Damoiseau de Conflans*; parce qu'il avoit dans ce lieu une fort belle maison de campagne, où il recevoit les Dames.

(e) C'est qu'un jour revenant d'une maison où il avoit eu un *Rendez-vous*, des gens le dépouillerent à quatre heures du matin de ce qu'il avoit de meilleur.

(f) Quand les Jésuites, ou les Dames lui demandoient ces graces.

(g) Voyez *Abregé de l'Hist. Eccl. Tom. X. Art. VII*, vous y lirez la justesse de ces expressions.

(h) Tout le monde sçait que semblable aux PP. Jésuites, ses bons Amis, il se moquoit des Papes, & ne se rendoit à leurs décisions qu'autant qu'elles étoient conformes à ses vûes & à celles des bons Peres.

(i) On veut, sur-tout ici, parler de la loi qui impose aux Evêques encore plus strictement qu'aux autres Ecclésiastiques, la nécessité juste & absolue de garder la chasteté, &c.

(k) Voyez à cette occasion *les Anecdotes*, pag. 10. M. *Racine*, Tom. X. Art. VII. n° 6. M. *Coulon* dans son Factum, rapporte, sous des expressions voilées, bien des choses peu honorables au Prélat.

(l) M. Nicole fut obligé de s'expatrier en mil six cent soixante-dix-neuf, pour avoir écrit au nom & pour MM. les Evêques d'Arras & de S. Pons, une lettre Latine au Pape Innocent XI. contre plusieurs propositions scandaleuses des Casuistes relâchés, dont M. de Harlay prenoit le parti. *Abr. de l'Hist. Eccl.* tom. XII. art. XX. n°. 6.

Le même Prélat s'étant servi de son crédit pour indisposer Louis XIV contre M. Arnauld, ce Docteur fut obligé de sortir du Royaume le 18 Juin mil six cent soixante-dix-neuf, pour se dérober à la fureur de ses vigilans &

implacables ennemis. *Ibid.* Tom. XI. art. XIV. n° 35.

(*m*) Il n'est guères possible de montrer combien grand fut l'abus qu'il en fit, & le nombre qu'il en fit expédier. *Voyez à ce sujet dans M. Racine, l'affaire de la Régale.* tom. X. art. VII. déja cité.

(*n*) Voyez l'article de la Régale déja cité.

(*o*) Depuis 1631, époque de son Sacre, il présida à l'Assemblée du Clergé en 1652 & en 1660, étant Archevêque de Rouen : devenu depuis Archevêque de Paris, il fut presque toujours honoré de la même dignité. *Voyez les Mémoires du Clergé.*

(*p*) Les Peres de l'Oratoire professoient une Morale opposée à celle des Jésuites. De cette source est venue la haine & la persécution que leur suscita le Prélat.

(*q*) Les Abbesses de Poissy & d'Andely se sont plusieurs fois venues refugier chez lui.

(*r*) M. Magnet, Docteur de Sorbonne, dont il est parlé dans l'Histoire de M. Richard, étoit à Rouen le Confesseur ordinaire & extraordinaire du Prélat. A Paris, le P........ Jésuite, occupa ce digne poste, qui n'étoit qu'*ad honores*, sans beaucoup de peine.

(*s*) Il affectoit d'aimer extérieurement la paix ; mais au fond, il se prétoit à tout ce que vouloient les Jésuites qui en étoient ennemis.

(*t*) La chronique scandaleuse prétend que M. de Pierre-Pont avoit une Maîtresse que l'Archevêque lui enleva.

(*u*) Le Prélat aimoit Madame la Maréchale de la Meilleraie, qui n'aimoit guère son Mari.

(*x*) Le Couvent dont il est ici parlé, est Andely, l'endroit favori où le Prélat faisoit preuve de son agilité.

(y) Il fut obligé de se sauver sans pantoufles de ce Couvent d'Andely, où il avoit passé la nuit avec une Dame de ses amies.... On a déja parlé de son Cordon d'or. Voyez la note (b).

(z) On l'appelloit *Pélerin*, à cause des voyages qu'il faisoit à Pontoise, pour en visiter l'Abbesse.

(aa) Par allusion à Arlequin, qui avoit joué le monde sur le théâtre. L'Archevêque avoit joué la Religion dans l'Eglise. Parallèle ingénieux.

(bb) Au défaut de ce Livre on peut trouver l'ample explication de tous ces titres dans les quatres derniers volumes de l'Histoire Ecclésiastique de M. Racine.

Plusieurs Auteurs qui ne sont pas suspects, n'ont pas parlé de M. de Chanvallon d'une manière plus avantageuse. On voit le trait suivant dans un Livre intitulé : *La Guerre d'Espagne, de Bavière & de Flandre*, ou *Mémoires du Marquis D****, qui a été imprimé plusieurs fois, même en France.

» Je fus, dit l'Auteur, chez l'Abbesse de
» Poissy.. Cette Abbesse étoit une des Maîtresses
» du feu Archevêque de Paris, *François de*
» *Harlay de Chanvallon*. ... J'eus une longue
» conversation avec elle sur le sujet des amours
» de ce Prélat, qui mourut le 6 d'Août de cette
» année (1679) d'une apoplexie à Conflans...
» Il avoit soixante & quatorze ans ; il étoit
» Duc & Pair de France.... homme bien-fait....
» & fort galant. Il avoit six ou sept Maîtresses
» des plus belles Femmes de Paris ; & comme
» il étoit protecteur du beau sexe, dans tous

L v

» les démêlés que les Dames avoient à la Cour,
» il étoit, en échange, récompensé de leurs
» plus précieuses faveurs. Le Marquis de Bû-
» lange ayant une Maîtresse dont la beauté
» faisoit l'admiration de tout le monde, lui
» donna un jour un soufflet par un caprice de
» jalousie. Elle se nommoit Mademoiselle
» d'Anguelaure. Celle-ci pour se venger.....
» quitta le Marquis, & devint Maîtresse de
» l'Archevêque.... Revenant en carrosse vers la
» minuit du Palais Archiepiscopal, le Mar-
» quis l'arrêta, & lui fit mille reproches san-
» glans sur le commerce illicite qu'elle avoit
» avec le Prélat.... Il alla le lendemain à la
» Cour, & en fit des plaintes au Roi, en lui
» disant qu'il n'y avoit plus moyen de com-
» mercer en galanterie sous un tel homme.
» Le Roi se mit à rire, & lui répondit que
» c'étoit sa faute, qu'il devoit chercher le se-
» cret de se faire aimer comme le Prélat.
» L'Abbesse de Poissy me communiqua une
» piéce manuscrite qui couroit pour lors dans
» Paris, & qui faisoit beaucoup de bruit à la
» Cour.... Elle avoit pour titre : *La derniere*
» *scène d'Arlequin*, faisant allusion au mot de
» *Harlay*, qui étoit le nom de Prélat....
» Arlequin s'entretenant avec l'Archevêque,
» lui faisoit le détail de toutes les.... scènes
» qu'il avoit jouées pour divertir le Public....
» L'Archevêque, à son tour, faisoit à Arle-
» quin le détail des rares aventures qu'il avoit
» eues pendant sa vie avec les Dames de la
» Cour ses Maîtresses, & les différens rôles
» qu'il avoit joués dans l'Eglise pour en impo-
» ser au Roi & aux peuples, infatués de son
» prétendu mérite, & de son zèle pour la

» Religion. Voilà l'Oraison funébre que l'on
» faisoit à la Cour à la mémoire de cet illustre
» Prélat,.... ». *La Guerre d'Espagne, &c. Tom.*
1. pag. 151 & suiv.

Madame la Marquise de Sévigné, dont les Lettres sont d'un tour noble, fin, enjoué, des narrations vives, des traits d'éloquence, & dont plusieurs sont autant de Traités de la Morale Chrétienne, en parlant de M. de Harlay dans les 437 & 443ᵉ de ses Lettres, dit : que « Sa Majesté (Louis XIV) se lasse de
» M. de Paris & de sa vie : il sera quitté
» comme ses Maîtresses. On croit M. de Paris
» interdit, il ne dit plus la Messe : il faut un
» sacrifice au peuple pour le mettre en bonne
» réputation ».

On a donné au Public en 1759, un *Dictionnaire historique.... critique.... des Hommes illustres....*, où, en rapportant les belles qualités de cet Archevêque, on dit : « *Elles*
» *étoient* bien obscurcies par le déréglement
» de ses mœurs.... Toute la France sçavoit sa
» vie licencieuse.... Il fut le persécuteur de
» deux de ses Confrères, dont l'éminente vertu
» le faisoit sans doute rougir de ses désor-
» dres....; & il commit des barbaries atro-
» ces contre plusieurs saints Ecclésiastiques.
» Ce Prélat mourut subitement, & cette mort
» éloigna pour douze ans la ruine de Port-
» Royal, concertée avec lui par les Jésuites.
» Un d'eux (le P. Gaillard) eut la hardiesse
» de se charger de son Oraison funèbre. Sa
» vie licencieuse étoit tellement connue qu'il
» n'osa presque rien dire en faveur du défunt ;
» mais il fit un Sermon sur la mort ».

Si M. Terrisse avoit été de ce tems, il auroit

pû être d'un grand secours à ce Jésuite, soit qu'il eût voulu en tracer un modèle digne des premiers Pasteurs, soit qu'il eût voulu déguiser les faits de son inconduite, ou le dépeindre au naturel; & le Jésuite n'auroit point été obligé de faire un discours de morale. La Nature fertile sçait entre les Auteurs partager les talens. On peut assurer que M. Terrisse possède ceux dont nous parlons, dans un dégré de perfection.

ANECDOTES
ECCLÉSIASTIQUES,

Sur l'état actuel du Diocèse de Rouen,

Qui n'ont point encore été données au Public.

Monsieur Richard, dans son Livre intitulé : *Agneau Pascal*, donne, page 29, une idée bien avantageuse du Cardinal George d'Amboise, Ministre de Louis XII. Voici ses termes :

„ Il est remarqué dans la vie du Cardinal
„ d'Amboise, Archevêque de Rouen, & grand
„ Favori de Louis XII, Roi de France, appellé
„ *le Pere du Peuple*, que ce grand Archevêque
„ faisant bâtir le château de Gaillon, étoit
„ arrêté par un Gentilhomme qui possédoit
„ un pauvre bien joignant ce Château, dont
„ il vivoit avec ses enfans, & qu'il ne vou-
„ loit point vendre. Cela contristoit ce grand
„ Ministre. Ceux qui avoient sa confiance ne
„ manquoient pas de le presser d'agir de haute-
„ lutte, comme on parle dans le monde, ou
„ d'acheter quelques dettes de ce pauvre Gen-
„ tilhomme, pour se faire adjuger son bien.
„ A tous ces discours de flatteurs & d'idolâtres
„ de la fortune, ce grand homme répondoit :
„ Il est vrai que le Château de ce pauvre Gen-
„ tilhomme m'accommoderoit extrêmement
„ dans le grand bâtiment que j'ai commencé,

» & que le refus qu'il fait de me le vendre,
» arrête tout-à-fait mon entreprise. Il est vrai
» aussi que je ne manquerois pas de prétextes
» pour m'emparer de son bien ; mais je crains
» terriblement une parole de l'Evangile : *Allez*
» *à ce Village qui est devant vous*. On me dira
» à la mort : Messire George, pourquoi avez-
» vous usurpé & pris par force le petit Châ-
» teau d'un pauvre Gentilhomme, qui étoit
» tout son bien & la subsistance de sa famille ?
» Aviez-vous oublié la vigne de Naboth, &
» les paroles de l'Ecriture : *Le Prince ne pren-*
» *dra rien par violence de l'héritage du peuple ?*
» Ne craignez-vous point ce reproche : *Vous*
» *vous êtes mis en possession de la terre que*
» *vous avez par la force de votre bras, & vous*
» *la conserviez comme étant le plus puissant*.
» Jamais ce grand Cardinal, avec toute la fa-
» veur & toute la puissance qu'il avoit auprès
» du Roi, ne voulut faire la moindre vio-
» lence à ce pauvre Gentilhomme. Il attendit
» qu'il voulût vendre son bien, & le paya au
» double. Il craignoit trop pour la mort le
» renvoi au Château de l'Evangile. Cet exem-
» ple devroit être souvent représenté aux per-
» sonnes qui ont de l'autorité & du crédit.
» Leur grandeur n'empêchera pas que leurs
» actions ne soient examinées au jugement
» de Dieu, & qu'ils n'y soient condamnés,
» s'ils ont commis des injustices sur les petits
» & sur les foibles. O que peu de Grands peu-
» vent dire comme ce Prince de l'Ecriture-
» Sainte : *Si j'ai dédaigné d'entrer en jugement*
» *avec mon Serviteur & avec ma Servante,*
» *lorsqu'ils disputoient contre moi ; car que fe-*
» *rai-je quand Dieu s'elevera pour me juger* ».

» & *lorsqu'il me demandera compte de ma vie,*
» *que lui répondrai je* » ?

Si M. Richard, ce sçavant Curé, si pénétré des vérités qu'il enseignoit à ses chers Paroissiens, les Habitans de Triel, revenoit dans le monde, il trouveroit dans M. de la Rochefoucault un autre Cardinal d'Amboise. Le pieux Cardinal auroit certainement été saisi de la douleur la plus vive, s'il avoit prévu avec quelle rigueur & quelle dureté les Archevêques ses Successeurs devoient faire valoir & étendre le droit d'avoir une garenne près du Château de Gaillon. Qu'auroit-il pensé en voyant des Habitans forcés de quitter leurs maisons, des Eglises tombées en ruine, toutes les terres voisines incultes, abandonnées & pillées par le gibier & les lapins de cette garenne ; en voyant des Satellites armés pour maltraiter, ruiner en procès, battre jusqu'à effusion de sang & tuer d'infortunés habitans, vassaux d'autres Seigneurs, qui n'avoient d'autres crimes que d'empêcher la dévastation totale de leurs terres, hors de la mouvance des Archevêques ?

A ces maux que M. d'Amboise n'avoit pas prévûs, M. de la Rochefoucault a apporté un remède efficace, en détruisant le gibier & la garenne dont il a fait faire un arpentage exact, y a planté des bornes & a fait rendre à un chacun ce qui lui appartient. Bel exemple de justice & de désintéressement ! En veut-on de générosité ? Chaque jour en fournit. On sçait, tant à Rouen qu'à Dieppe, Louviers & ailleurs, combien l'Archevêque a de Juges, d'Officiers subalternes, pour conserver ses droits & rendre justice à ses vassaux. On n'ignore pas que toutes ces différentes places s'achetent, qu'elles s'éteignent à la mort du Prélat, & qu'aucun Titulaire n'y est rétabli par l'Archevêque successeur, sans payer une nouvelle finance. A son avénement, M. de la Rochefoucault a conservé les anciens Officiers & leur a donné leurs provisions *gratis*. Il a réduit à six livres, le droit de dix livres pour les *Visa* ou institutions canoniques des Cures ou autres Bénéfices.

De si belles qualités font espérer que le Prélat travaillera efficacement à la réforme de son Clergé, & sur-tout de ces hommes qui ne cherchent qu'à contenter leurs passions, au grand scandale des Fidèles ; de ces Ministres de Jesus-Christ sur le sort desquels S. Bernard, *Serm. 30. in Cant.* s'exprime ainsi : « Malheur
» aux Ministres infidèles, qui n'étant pas en-
» core réconciliés avec Dieu, entreprennent
» de réconcilier les hommes avec lui, comme
» s'ils étoient hommes de vertu & d'une vie
» toute pure. Malheur aux enfans de colère,
» qui font profession de Ministres de la grace.
» Malheur aux enfans de colère qui ne crai-
» gnent point d'usurper le nom & la charge
» de pacifiques. Malheur aux enfans de colère
» qui contrefont les fidèles médiateurs de la
» réconciliation & de la paix, afin de manger
» les péchés du peuple. Malheur à ceux qui
» vivant selon la chair, ne peuvent plaire à
» Dieu, & ont la hardiesse de vouloir l'ap-
» paiser.... ».

» Que les Ecclésiastiques, que les Ministres
» de l'Eglise, *dit-il Serm. 33*, soient touchés
» de crainte, eux qui.... n'appréhendent point
» d'employer la nourriture des Membres de
» Jesus-Christ, à entretenir leur vanité &

» leurs défordres, fe rendant par-là coupables
» d'un double crime..... Ils diffipent un bien
» qui n'eft point à eux, &.... ils abufent des
» chofes facrées pour fatisfaire leur ambition...
» Combien fabriquent, pour ufer de cette ex-
» preffion, dans la fournaife de l'avarice, les
» opprobres, les crachats, les fouets, les
» cloux, la lance, la Croix & la mort de
» J.fus-Chrift! Ils proftituent toutes ces cho-
» fes à l'acquifition d'un gain honteux, & fe
» hâtent de mettre dans la bourfe le prix de
» la rédemption du monde.... Ils ont pour les
» richeffes une foif infatiable. Ils ne tiennent
» aucun compte de la perte ou du falut des
» ames.... ».

Que l'on ne nous accufe pas de vouloir décrier les Eccléfiaftiques, en rapportant quelques traits de la conduite de plufieurs d'entr'eux. Notre deffein dans cet Ecrit n'eft point d'affoiblir le refpect & l'obéiffance que les Fidèles doivent aux Miniftres de Jefus-Chrift. Nous reconnoiffons & nous refpectons leur autorité émanée de Dieu même. Nous n'avons d'autres vûes que d'arrêter le progrès de la féduction & du mauvais exemple du Clergé de Rouen tout défiguré, tout pâle & tout contrefait par la morale que depuis près de cinquante-cinq ans les Jéfuites y débitent impunément à leurs Elèves.

Qu'on ne nous propofe pas non plus, fous le fpécieux prétexte de modération & d'amour de la paix, certaine règle de conduite qui a trouvé tant de partifans, même parmi les gens de bien, qu'*il faut gémir en fecret de ces maux; ne point s'élever contre les abus; mais fe taire, endurer fans vouloir réfifter au torrent; que le*

plus sûr est de demeurer dans le silence. Il est fâcheux pour les personnes qui raisonnent de la sorte, que les Auteurs que nous avons cités n'ayent point été touchés de ces raisons, & qu'ils ayent suivi des principes tout différens. » Rien de plus pernicieux à l'Eglise, *dit M. Ar-*
» *nauld*, que cette prétention. C'est ce qui y
» entretient les plus grands abus, parce que
» personne n'ose ouvrir la bouche pour les dé-
» crier. C'est ce qui fait que les Ecclésiastiques
» les moins réglés ne se réveillent point de
» leur assoupissement.... C'est ce qui est cause
» qu'on n'a point d'horreur des plus grands
» désordres, mais qu'ils passent même dans
» l'esprit du peuple pour des choses légitimes,
» parce qu'il ne voit pas qu'on en fasse souf-
» frir aucune confusion à ceux qui en sont
» coupables.... Ils jouissent d'une entière im-
» punité, quoiqu'ils puissent faire. Les sous-
» traire encore à la censure publique..... c'est
» leur donner toute la hardiesse de ne satis-
» faire à aucuns de leurs devoirs ».

Les Auteurs de ces désordres en témoigneront de la colère. Ils trouveront des gens, qui au moins entreprendront de faire passer pour un crime de ce qu'on ose s'en plaindre ; peut-être même y réussiront-ils parmi les ignorans & les simples qui se laissent emporter par des déclamations générales contre ceux qui violent, à ce qu'ils prétendent, le respect dû aux Ecclésiastiques. Mais les personnes sages & éclairées en jugeront autrement. « Parler avec
» liberté, disent des Ecrivains célèbres, contre
» les désordres qui deshonorent la Religion,
» cela est en soi utile à l'Eglise, & il y a tou-
» jours eu de grands personnages qui l'ont fait
» avec mérite ».

Malheur à nous, si nous agissions par un esprit d'aigreur & de pique. Nous sommes animés d'un autre esprit. Qui sçait, si depuis le tems que de saintes ames gémissent sur les maux de ce Diocèse, Dieu ne leur accordera pas la grace qu'il accorda à S. Yves, lequel obtint la réforme des Chanoines, qui, de son tems, menoient une vie peu conforme à la régularité qui leur est prescrite par les Canons ? « Ce Saint, *est-il dit dans sa vie*, en gémissoit » en lui-même, jusqu'à ce qu'étant à Beauvais, » & trouvant de grands sentimens de Religion » dans l'Evêque Guy, il ne put lui dissimuler » la peine qu'il en avoit. Ce Prélat forma la » résolution de bâtir.... un Monastère, où il » mettroit des Chanoines, qui, sous la con- » duite d'Yves, pussent renouveller la prati- » que des règles.... Geoffroi, Evêque de Char- » tres, avoit été déposé pour ses crimes, par » Urbain II ; & ce Pape écrivant à l'Eglise » de Chartres pour l'exhorter à se choisir un » autre Evêque, lui proposa Yves, dont il » connoissoit tout le mérite.... Yves eut beau- » coup à souffrir pendant tout le tems de son » Episcopat, de la part des Evêques ses Con- » freres.... Il sçut parler avec zèle aux Evê- » ques, aux Princes, & au Pape même..... » Après vingt-trois ans d'Episcopat, il alla » jouir du repos qu'un vrai & fidèle Ministre » du Seigneur ne peut trouver que dans le » Ciel ». Qui sçait si la Providence n'a pas appellé M. de la Rochefoucault pour rétablir le Diocèse de Rouen dans la splendeur où l'avoit mis M. de Colbert, qui l'avoit trouvé comme lui en proie à toutes sortes de désordres ?

Défiez-vous, dit Jesus-Christ, *de ces faux Prophètes, qui viennent à vous couverts de la peau de brebis, & qui au-dedans sont des loups ravissans.* Pour s'en défier, il faut les connoître. Peut-on les connoître, si on n'en parle qu'en général ? Il faut donc le faire en particulier. De toutes les matières que nous avons à traiter, la plus difficile & la plus épineuse est la concupiscence déréglée qui a éclaté parmi quelques Grands-Vicaires, Curés, &c. &c. &c. Au reste, nous tâcherons de la traiter comme il convient à des Chrétiens. Nous tairons bien des choses, & nous adoucirons même les expressions trop odieuses. Si, après cela on se trouve encore blessé, nous comptons assez sur l'équité du Lecteur, pour s'en prendre moins à nous, qu'à ceux qui y donnent lieu. Il est aussi de l'équité de considérer que nous ne pouvons, nous qui tenons la plume, nous rendre aux desirs de tout le monde. Les uns trouveront les faits modérés, les autres excessifs ; mais tous les trouveront exacts, s'ils se donnent la peine de les vérifier. Nul écrit humain n'est exempt de tout défaut ; nous n'avons garde de penser que le nôtre ait cette prérogative.

Les faits que nous allons rapporter de ces Maîtres en Israël, ne sont que des éclaboussures. S'ils ne peuvent s'en laver, comment feroient-ils si nous publions ce que nous avons trouvé en sondant leur terrein ? Aidés de leur Carte Géographique, avec laquelle nous ne pouvions nous égarer, nous sommes entrés, après avoir tondu les haies, ébranché les arbres, percé les murs pour nous faire jour dans une terre de fange & de boue, infestée de sauterelles bien plus dangereuses que celles que

Dieu envoya pour la huitiéme plaie d'Egypte. La morsure de celles-là ne tuoit que le corps; mais celles-ci affoiblissent le corps, tuent l'ame par la subtilité de leur poison, infectent tout dans l'enceinte du Diocèse, se répandent au-dehors & font par-tout de grands progrès. Ces insectes étoient en Egypte les ministres de la vengeance Divine, dont les Egyptiens ne pouvoient être délivrés qu'à la prière de Moïse; mais ils ne sont dans le Diocèse de Rouen que des pierres de scandale, La volonté seule du pieux & zélé Prélat qui gouverne ce Diocèse, peut les dissiper; mais il n'y a que la grace de Jesus-Christ qui puisse réparer les maux qu'ils y ont fait.

Qu'il est triste pour nous de ramasser & de publier des faits si affligeans! faisons voir, avant que d'entrer dans le détail de la turpitude de ces Héros de la concupiscence, combien, par les Payens mêmes, leur conduite est blâmable. « Non, *dit Cicéron*, il ne faut
» pas tant songer à acquérir les qualités qu'il
» n'a pas plu à la Nature de nous donner,
» qu'à nous défaire de ce que nous pouvons
» avoir de vices & de défauts... dont le plus
» grand, *selon lui & selon Architas, dont il cite*
» *les paroles*, le plus pernicieux & le plus mor-
» tel est la volupté ». Voilà assurément la concupiscence de la chair bien marquée, & même à son coin principal.

Saint Paul écrivant aux Romains, leur dit, ch. 6. v. 12. *Que le péché ne regne point dans votre corps mortel, ensorte que vous obéissiez à ses desirs déréglés.* L'Apôtre entend ici par *le péché*, la concupiscence, qui, selon les Conciles, *est la source de tous ceux que l'on commet.*

Selon S. Ambroise, *une faim sacrilège*. Selon S. Augustin, *un mal qu'il faut détruire*. Selon S. Fulgence, *le filet du diable*. Selon les Théologiens, *l'amorce du péché*; & selon les Payens, *le germe de toutes sortes de maux*. Déplorable état de la nature humaine! Mais les Jésuites ont fait de cette concupiscence une propriété naturelle de l'homme, un appanage de sa nature, dont Dieu peut être auteur. » Oui, *dit leur* » *P. le Vaillant*, la concupiscence n'est mau- » vaise ni d'elle-même, ni en elle-même; & » c'est-là, *ajoute-t-il*, une vérité de foi....... » L'homme, *dit leur Pere de Reulx*, a pû dès » le commencement être créé sujet à la concu- » piscence, comme il l'est aujourd'hui ». De sorte que voilà Dieu, qui est la sainteté même, auteur du principe & de la source de l'inconduite des sieurs Terrisse, &c, &c, &c, de tous les crimes & de toutes les abominations qui se sont commises & se commettent dans l'univers. La morale impie de ces Jésuites est sans doute l'Evangile & le symbole des Ecclésiastiques qui commettent & fomentent tant de maux dans le Diocèse de Rouen.

Nous retiendrions la vérité captive, si après avoir, autant qu'il a été en nous, rendu hommage aux vertus de M. de la Rochefoucault, nous privions ceux qu'il a amenés avec lui pour gouverner son Diocèse, du tribut de louanges qui leur est dû. Piété, religion envers Dieu, affabilité, prévenance, bons offices envers tout le monde, c'est ce qui les distingue particulierement. Faut-il s'étonner qu'un Prélat, dont la bonté & la justice font le principal caractère, ait fait choix de personnes qui lui sont semblables? Quelle joie pour le Diocèse de Rouen, si les Terrisse, les Rose, les Esmangard, les Sehier, leur ressembloient ? Mais quelle différence ! Ceux-là sont disposés à écouter tout le monde ; ceux-ci sont innaccessibles. Un seul trait tiré des N. E. du 18 Juin 1756, N° V, suffit pour en convaincre.

Un Ecclésiastique ayant un différend avec son Curé au sujet d'un passe-droit que celui-ci lui faisoit, alla à l'Archevêché s'informer des moyens qu'il pouvoit employer pour se faire rendre justice, sans blesser les bienséances envers son Curé. Un ancien Secrétaire de M. l'Archevêque à qui il s'adressa, lui parlant avec confiance, lui dit tout net, qu'il ne lui conseilloit pas de s'adresser aux Grands-Vicaires, parce qu'il ne seroit point écouté.... Il n'y a donc point de justice ici, repartit l'Ecclésiastique ? Non, répondit le sieur Cornet, il n'y a point de justice ici : & un simple Prêtre ne doit point s'attendre à être reçu en plainte contre son Curé. En effet, MM. les Grands-Vicaires ont si souvent dit eux-mêmes qu'il faudroit qu'un Prêtre eût dix fois raison contre un Curé dix fois tort, pour qu'on ne condamnât pas le simple Prêtre, que ce paradoxe est passé en proverbe. Mais il faut avouer que les Grands-Vicaires n'ont ces injustes déférences que pour les Curés qui leur sont servilement dévoués ; & pour jouir de la distinction de ce privilège, la plûpart des Curés ne manquent pas de faire en toutes occasions leur cour à ces Supérieurs Ecclésiastiques (ainsi qu'ils les appellent). Que l'on parcoure tous les Dioceses de la Chrétienté ! Que l'on fasse des recherches dans tous les Tribunaux ! d'après le récit qui se trouve dans les Anecdotes & que nous allons continuer, on dira qu'il est sans exemple que des Grands-Vicaires, convaincus en justice réglée d'être fabricateurs insignes de faux témoins, &c, ayent trouvé le moyen, pour éviter la peine due à leurs crimes, de susciter tant de tracasseries au Parlement, d'obtenir des Lettres de cachet pour arrêter la procédure, de faire enlever des membres de ce Parlement, (M. de Crosville, Président, & M. de Bellegarde, Conseiller) de faire punir la victime de leurs fourberies, de leurs faux témoignages ; & que ces mêmes Grands-Vicaires, chargés d'ignominies, livrés à des passions honteuses, méprisés & haïs, n'ayent pas cessé de conduire le Diocèse. On a vû, il est vrai, des Ministres de l'Eglise calomniés, des Prélats trompés & séduits, persécuter & poursuivre les innocens sur de fausses délations: mais on a vû aussi ces Prélats détrompés & instruits de la vérité, punir sévérement les calomniateurs, rétablir les calomniés dans leur premier état, leur procurer même des emplois plus honorables ; & on n'a jamais vû les victimes innocentes de la perversité, rester dans l'oppression & dans les fers, après leur innocence reconnue ; tandis que leurs persécuteurs avérés, non-seulement restent dans leurs places, mais sont encore récompensés & élevés à des postes plus distingués. Après cette Préface, que nous avons cru nécessaire, nous allons entrer en matière.

Anecdotes de quelques Grands-Vicaires & Chanoines de la Cathédrale de Rouen. M. Terrisse, Grand-Vicaire & Haut-Doyen.

Le Requisitoire de M. le Procureur-Général nous impute d'avoir calomnié M. Terrisse. Ce Grand-Vicaire n'a-t-il pas été des premiers à lire les Anecdotes ? Pourquoi n'y a-t-il pas répondu ? Il est vrai que l'on dit qu'il en fut d'abord si effrayé, qu'il les jetta sur sa table. Mais revenu à lui, il les reprend & dit, à ce qu'on assure : *J'aime mieux passer pour galant, que pour une bête comme Séhier.* Cette imputation seroit-elle fondée sur la réclamation de Madame d'Esneval, au sujet de l'article des Anecdotes, où il est dit : *Qui est la bête,* &c ? Quelque peu considérable que soit cette erreur, & quoique ce soit le seul article contre lequel on ait réclamé, nous ne pouvons nous dispenser, par amour de la vérité, d'en donner acte au sieur Terrisse. Ainsi, au lieu de dire : *Qui est la bête qui a fait le Mandement pour,* &c. il faut lire : *Qui est la bête qui a fait la Complainte sur,* &c. Si on n'eût point relevé cette erreur, nous ignorerions la Complainte. Nous avons eu bien de la peine à en trouver un exemplaire, parce qu'après la demande faite par Madame d'Esneval, on a eu soin d'en retirer toute l'édition.

Il faut avouer que le sieur Terrisse est universel, & qu'il sçait copier tous les caractères ; car s'il n'étoit pas convenu d'être auteur de cette Complainte, on n'y auroit peut-être pas remarqué un précis de son Mandement, & on l'auroit attribuée à ces Coureurs, qui vont de ville en ville débiter leurs rêveries. Nous n'examinerons pas s'il convient de faire publier les louanges ou la mort des personnes illustres, sur-tout d'un Archevêque & Cardinal, par des bouches ordinairement remplies de paroles obscènes. Nous dirons seulement que M. Borel, Lieutenant au Bailliage, refusa d'accorder le *permis d'imprimer & distribuer*, qu'elle ne fût revêtue d'approbation ; & que c'est le sieur Terrisse qui l'a donnée. Laissons aux Lecteurs les réflexions qui naissent de ce procédé, pour éclaircir quelques faits des Anecdotes & en ajoûter de nouveaux, tirés en partie des Nouvelles Ecclésiastiques.

L'Auteur s'exprime ainsi dans sa Feuille du 12 Janvier 1732. « M. Terrisse, jeune Grand-Vicaire Sulpicien, fit venir deux Prêtres de S. Jean, & leur dit que M. l'Archevêque (de Tresslan) étoit très-mécontent du Clergé de cette Paroisse, & d'eux sur-tout, à qui il reprocha d'aller dans les maisons solliciter à faire des neuvaines.... L'un de ces MM. répondit que c'étoit une calomnie.... Cet entretien (que l'on peut voir dans la Feuille citée) finit.... par des menaces de la part du Grand-Vicaire, qui dit aux deux Prêtres, que Mgr pourroit les envoyer bien loin, s'ils continuoient. L'un des deux avoit été interdit par M. Robinet..... après la mort de M. de Bezons, (arrivée en 1722). La signification faite par un Huissier, portoit en termes exprès, une défense de prêcher la parole de Dieu. (On dit qu'il fit réponse : Que veut-on donc que je prêche ? la parole du

» diable.) Le pieux Ecclésiastique faisoit alors
» le cathéchisme avec beaucoup d'applaudisse-
» ment ». M. Irrebert, c'est le nom de cet
Ecclésiastique, étoit Appellant & Réappellant ;
il menoit une vie fort retirée ; il étoit très-
attaché à ses devoirs, & gémissoit continuellement sur les maux de l'Église. Il mourut le
30 Avril 1760. Nous laissons à l'Ecrivain qui
a commencé son éloge, à le finir dans ses Mémoires.

Dans la Feuille du 18 Juillet 1733, M. Terrisse y est dépeint comme le plus ardent persécuteur de M. l'Abbé Louis, un des grands
hommes qu'il y ait eu à la Cathédrale, doué
de toutes les vertus chrétiennes, duquel on a
fait un si bel éloge bien mérité dans différens
Ecrits. Son Chapitre le choisit pour Grand-
Vicaire après la mort de M. d'Aubigné, & il
s'acquit une estime particulière de tous le gens
de bien. Quoiqu'Appellant, il fut encore élu
pour remplir la même place après le décès de
M. de Tressan. Cette élection enflamma le zèle
de M. Terrisse, qui parut dès ce tems, comme
aujourd'hui, aussi peu disposé à goûter le vrai
bien, qu'il étoit hardi à avancer le faux. « Ce
» Grand-Vicaire (Chanoine en 1732) alla
» trouver M. le Premier Président, pour le
» prier d'engager M. Louis à se démettre. Ce
» Magistrat le manda & lui apprit ce qui se
» tramoit contre son élection.... M. Louis....
» faisant de plus en plus réflexion au peu de
» bien qu'il pourroit faire, & au trouble dont
» il pourroit être la cause.... donna sa démis-
» sion.... Mais le Chapitre, par considération
» pour lui, ne voulut point élire un autre
» Grand-Vicaire à sa place ; & M. Terrisse,

» qui fut feul d'un avis contraire, ne fut point
» écouté.... Pour cacher son jeu à l'égard de
» M. Louis, il se vanta en plein Chapitre de
» lui avoir rendu un service important, dont
» il eut aussi en plein Chapitre un démenti
» formel & complet, ce qui ne diminua pas
» la réputation qu'il avoit déja d'homme ca-
» pable de tout pour ses intérêts & pour ceux
» de la Bulle ». Si on l'avoit connu, comme
on le connoît aujourd'hui, on auroit pû ajoûter, pour établir le despotisme & pour satisfaire
ses passions.

Zélé partisan de la Bulle & d'un Formulaire
inventé par le sieur Rose, (nous en parlerons
à l'article de cet autre Grand-Vicaire) on l'a
entendu à la grille prêcher à des Religieuses
un tissu de faux principes sur les devoirs du
Christianisme, sur l'obéissance qu'on doit à
l'Eglise, en se soumettant à toutes les Bulles
des Papes.... Il seroit applaudi, s'il faisoit à de
jeunes Pensionnaires un discours pathétique,
& qu'il leur dit : *Sçachez, mes chers Enfans,
que vous n'êtes point créés pour le monde, &c.*

Ce Grand-Vicaire a saisi toutes les occasions
qui se sont présentées pour tracasser les Prêtres de la Paroisse de S. Jean, l'exemple de la
Ville, pour la décence avec laquelle on y célèbre l'Office Divin. Un de ces Prêtres, qui
prêchoit & qui étoit fort goûté pour la pureté
de la morale, ayant relevé une proposition
très-répréhensible, avancée par un Jésuite dans
la Chaire de la Cathédrale, il n'en fallut pas
davantage au sieur Terrisse pour l'interdire.
Un autre Ecclésiastique de la même Paroisse,
qui a le don de la parole, qui est d'une conduite
bien édifiante, & que le Curé a cru devoir pren-

dre l'an passé pour Vicaire, n'a pû, après mille tracasseries, obtenir ses pouvoirs, qu'en marquant dans une Lettre à M. Terisse, qu'il étoit soumis, &c. Quel zèle pour tourmenter des Ecclésiastiques irréprochables dans leur doctrine & dans leurs mœurs!

Quel empressement à placer ceux d'une conduite scandaleuse! Nous ne citerons entre plusieurs que le sieur Roost, Vicaire de S. Pierre-le-Portier, dont les désordres ont retenti dans toute la Ville. Il étoit ami du sieur Terisse, qui lui fit avoir, il y a plusieurs années, la Cure de Manneville, au Pays de Caux, où il mène la même vie qu'à Rouen. Aussi les Curés voisins ne veulent-ils avoir aucune liaison avec lui. Voilà le portrait que sa belle-mere en fit un jour devant près de vingt personnes. « C'est, » *dit-elle*, un impie, un diable; il faut que » je lui fasse avoir une Cure, ou S. B. je lui » brûlerai la cervelle d'un coup de pistolet ». Ceux qui connoissent la Dame Roost, ne seront point étonnés qu'elle ait tenu un tel langage. Ayant donc appris la mort du Curé de Manneville, à peine a-t-elle le tems de passer sa cappe, pour voler chez le sieur Terisse, lui apprendre cette mort, & le prier de faire donner la Cure à son beau-fils. Elle eut d'autant plus de facilité à obtenir l'effet de sa demande, qu'étant Maîtresse des Postes, elle fournissoit de bons chevaux à ce Grand-Vicaire toutes les fois qu'il en avoit besoin. Tout, dit-on, fut soldé en ce jour. Le sieur Terisse, pour se laver du reproche qu'on pouvoit lui faire d'avoir demandé une Cure pour un tel sujet, dit: « J'ai mandé à M. l'Abbé.... » Nominateur à cette Cure, que le sujet que

» je lui préſentois étoit un peu débauché ; &
» il m'a fait réponſe : Beau, beau, il devien-
» dra bon garçon ». Que fait ce Grand-Vicaire
pour éviter celui d'avoir donné un *Viſa* à un
Eccléſiaſtique dont il ſçavoit que l'inconduite
étoit connue ? Il s'abſente. Le nouveau Paſteur court pendant ſon abſence à l'Archevêché
où on lui délivre ſes proviſions. M. Terriſſe
de retour, on lui dit : *M. Rooſt eſt Curé.* « Ah !
» pour celui-là, *dit-il*, en faiſant l'étonné,
» cela eſt un peu fort ».

Non-ſeulement le ſieur Terriſſe a l'art de
déguiſer la vérité, mais il a celui de nier les
faits les plus avérés. Sortant le 19 Mars 1760,
d'une aſſemblée de l'Académie de Rouen, il
commença par ſoutenir à pluſieurs Académiciens, qu'il étoit problématique ſi le Roi de
Portugal a été aſſaſſiné. « Il ne s'eſt point fait
» voir, *dit-il*, pendant ſa maladie. Il n'a point
» perdu l'uſage de ſon bras. Lorſqu'il fut aſ-
» ſaſſiné, il venoit de voir ſa Maîtreſſe. Il eſt
» conſtant qu'il n'y a eu aucun Jéſuite de con-
» fronté contre ceux qui ont été juſticiés ».
Les Académiciens lui ayant cité les Mémoires
autentiques publiés à ce ſujet, il nia l'aſſaſ-
ſinat. Ainſi le Roi de Portugal eſt un adultère,
un Néron qui condamne ſes ſujets à des ſup-
plices cruels & infâmes ; & ſes Miniſtres ſont
des hommes de ſang, livrés à ſatisfaire la
paſſion de leur Souverain. Y a-t-il, ſi on en
excepte les Jéſuites, pluſieurs Terriſſe dans le
monde ?

Perſuader qu'un innocent eſt coupable des
plus grands crimes, ſoit en fabriquant contre
lui des faux Témoins, comme il eſt prouvé au
procès du Curé de S. Godard ; ſoit en forgeant

de fausses dépositions, est encore un des talens du sieur Terrisse, qui, en ayant inventé d'accablantes contre ce Curé dans son cabinet, les porte ensuite à son Abbaye de S. Victor, & les communique à tous les Curés qui le viennent voir. Persuadés de la réalité des dépositions, ils disent à un digne Magistrat du Parlement : « Le Curé de S. Godard est un infâme, » il mérite d'être puni ». Ce Juge, qui ne sçavoit le contraire que par oui-dire, veut se convaincre par lui-même, il prend le procès, en fait l'extrait, découvre les fourberies, & dit : » Il y a dans ce procès sept à huit personnes à » pendre, les Terrisse, Fossard, Ruellon, &c. » même une Religieuse : si j'en étois Rappor- » teur, je ne pourrois en conscience donner » mon avis autrement ; on feroit grace à ces » Messieurs en ne les condamnant qu'aux ga- » lères ». M. le Boulenger, qui, au Palais, a vieilli dans la Magistrature, ayant examiné ce procès, en parla à M. de Pontcarré, &c. en termes plus énergiques. Cette affaire étant au Bailliage, M. de Bardouville, bien connu pour un Juge intégre & plein de sagacité dans les affaires les plus épineuses, sur-tout en matières criminelles, a tenu le même langage après le jugement des Calomniatrices fabriquées par le sieur Terrisse. Les meilleurs Avocats, défenseurs du Curé, en ont parlé de même. En un mot, soit Juges, soit Avocats, tous ont dit que M. Terrisse en étoit le premier mobile, & que c'est lui qui en a fait jouer tous les iniques ressorts. Nous avons bien des actes de ce procès qui n'ont point été rendus publics ; mais nous les réservons pour la sauce de M. Terrisse, &c. Ils feront une partie des ingrédiens

M iv

qui entreront dans la composition de la sauce-Robert. En attendant, voici une des ruses dont s'est servi ce Grand-Vicaire pour perdre ce Curé. Dans le tems de l'instruction du procès, il va chez un Président du Parlement & lui dit : « Il » y a des Témoins qui déposent que le Curé » de S. Godard s'est prostitué avec des femmes » jusques dans son Eglise ». Le Magistrat » s'écrie : « Ah ! Monsieur, cela n'est pas » croyable ». Le sieur Terrisse ayant soutenu l'affirmative, le Président lui dit : « Je ne puis » le croire, à moins que vous ne me fassiez » voir les dépositions ». Le Grand-Vicaire promet de les montrer ; mais elles sont restées en dépôt dans sa manufacture ou fabrique de mensonges & de calomnies.

Preuve non équivoque du peu de foi du sieur Terrisse aux prieres publiques. Il y a quelques années que dans la récolte des bleds, la pluie continuelle désoloit la campagne. La ville de Rouen en étoit dans l'accablement. On crioit par-tout : Les Grands-Vicaires devroient ordonner des prières pour appaiser la colère de Dieu, de crainte que nous n'ayons une cherté de bled. M. Terrisse vient au Palais, un de ses Amis lui dit : « M. l'Abbé, voilà un très-mauvais tems, » il faudroit ordonner des prieres ». Il répondit : *Beau ! A quoi bon ?*

Nous serions portés à nous persuader que cela a été dit sans réflexion, sçachant que ce Grand-Vicaire recommande soigneusement aux Ecclésiastiques ses Amis, de garder toujours l'extérieur ; & que sorti de son cabinet où il met son esprit à la torture pour faire admirer ses productions, il ne le retient plus dans les compagnies où il se trouve. Mais une personne de son caractère & dans la place qu'il occupe, doit néanmoins y veiller, & ne pas donner lieu de perdre l'estime que l'on est obligé d'avoir pour lui. Si le sieur Terrisse parle de la modicité de son ancien état, il attribue à ses talens la fortune brillante dont il jouit à présent. « N'est-ce pas bien l'entendre, *disoit-il un jour en allant à Paris en chaise de poste*, je faisois autrefois ce voyage en mazettes avec beaucoup de peine, & j'y vais à présent fort à mon aise ». Il s'est trouvé dans différentes Compagnies où il se faisoit gloire de ne parler que de bonne chère ? Rapportons un précis de ses conversations. « Lorsque, *dit-il*, je demeurois à Paris, j'étois fort borné du côté de l'argent; mais comme j'aimois à faire un bon repas, voici comme je m'y prenois. Je suppose qu'il m'en coûtât tant par repas, je faisois maigre chère, ou j'allois, autant que je le pouvois, chez mes Amis, & ne me faisois pas beaucoup prier. Je suppose donc que j'eusse été cinq jours de suite sans rien dépenser, ou très-peu de chose; je rassemblois l'argent qu'il m'en auroit coûté, & je me donnois alors un très-bon repas : CAR MA FOI J'AI TOUJOURS EU BIEN SOIN DE MOI ». C'est, sans doute, dans la crainte d'altérer ce *soin*, qu'il prend des coulis gras les jours de jeûne. Une pareille conversation n'est pas amusante; aussi les personnes qui y ont été présentes ont-elles gardé un profond silence, & dit : « Nous croyions que M. Terrisse avoit de l'esprit; mais il nous a tenu une conversation qui fait croire qu'il vit en pourceau d'Epicure ».

Nous ne parlerons point du ravage qu'il a

fait dans son Abbaye ; de l'Eglise qu'il a fait abattre, sous les démolitions de laquelle il se trouva presqu'enséveli. Nous passerons sous silence l'Arrêt du Parlement qui l'a condamné, sous la Requête des Habitans, à faire remettre les cloches dans le restant de l'Eglise, que son humeur destructive a été obligée de laisser subsister. Mais nous ne pouvons taire le scandale que cet Abbé a causé dans Rouen avec Mademoiselle Bosquet. Nous en avons donné quelques traits dans les Anecdotes, & rapporté la scène arrivée à la Cathédrale lors du Sacre de M. de Lombez. Avant d'entrer dans un nouveau détail à ce sujet, demandons à ce Grand-Vicaire pourquoi lorsqu'on lui disoit : « Quoi » vous voyez aussi Mademoiselle Bosquet » ? il faisoit réponse : « Je l'ai prise des mains de » M. de Captot ». Cette réponse n'est-elle point calomnieuse, & ne tend-elle point à calomnier ce Curé, qui, suivant les apparences, n'a eu d'autre vûe que d'aider une famille qui avoit besoin de secours ? Après les traits que nous venons de mettre sous les yeux, il n'y auroit rien d'extraordinaire. En attendant la réponse du sieur Terrisse, voici le fait.

La Dame Bosquet étant restée veuve du Commis de la Messagerie de Rouen à Paris, avec un garçon & deux filles, proposa à son fils de prendre le poste de son pere. Le fils ayant préféré la Jurisprudence, la mere fut obligée de quitter ce poste. Le peu de bien qu'elle avoit ne pouvant suffire pour sa subsistance & celle de sa famille, elle trouva un protecteur dans M. de Captot, Curé de S. Maclou. Ce Curé fit mettre une de ses filles, qui sçavoit toucher l'orgue, au Couvent de S. Louis, où on l'a faite Religieuſe; & le garçon ſuivit ſon penchant pour la Juriſprudence. M. de Captot, qui aimoit la compagnie, ayant trouvé dans Mademoiſelle Boſquet, reſtée avec ſa mere, une converſation amuſante, ſe plaiſoit à la faire paroître devant les perſonnes qu'il recevoit chez lui. Le ſieur Terriſſe, qui demeuroit pour lors avec le Curé de S. Maclou, trouva dans cette Demoiſelle, outre la converſation amuſante, un je ne ſçais quoi, auquel M. de Captot ne faiſoit aucune attention; ce qui l'engagea à lier dès-lors une amitié particulière avec elle; & depuis la mort du Curé, arrivée le 29 Août 1741, il ne l'a point perdue de vûe, juſqu'au moment que la mort l'a ſéparée de lui. Il en faut excepter le tems des travaux Apoſtoliques, & celui des retraites.

Si M. Terriſſe s'étoit comporté comme M. de Captot, on n'auroit point tenu des diſcours, &c, &c, que la prudence ne nous permet pas de rapporter. On n'auroit point fait de vers & des chanſons ſur l'accident qui lui arriva & ſur la poſture où ils ſe trouverent; lorſqu'allant avec elle, ou revenant de l'Abbaye de S. Victor, un Cocher mal-adroit verſa, au milieu de la Ville, la chaiſe dans laquelle ils étoient. La populace effrayé d'abord de ce fâcheux accident, y accourut auſſi-tôt; mais dès qu'elle voit à qui il eſt arrivée, elle en rit & s'écrie: *C'eſt l'Abbé Terriſſe avec ſa Maîtreſſe.* Soit en bien, ſoit en mal, la voix du peuple eſt un grand préjugé. On ne ſe contente pas de faire des vers & des chanſons ſur cet accident dont tout autre auroit été plaint, on en fait une rélation que l'on affiche aux Egliſes de la Campagne, ſous le titre: *Avis utile & intéreſ-*

M vj

fant pour les Collecteurs. Un pareil titre fait assembler toute la Paroisse, (c'étoit à Ymares, près le Port Saint-Ouen) devant l'affiche. Ceux qui sçavoient lire, se retiroient en faisant des éclats de rire ; les autres demandoient avec empressement : *Eh ! Qu'est-che, qu'est-che ?* Celui-ci : Eh ! *Pâle Jean, dis-mai ?* Un autre : *Pâle Jacques, dis-mai ?* Celle-là : *Eh ! dis-mai, ma Commere ?* Enfin tout le monde apprend le contenu de l'affiche. Nous en donnerons simplement un extrait, la prudence ne nous permettant pas de la donner en entier. Elle contenoit en substance que M. Terrisse étoit avec Mademoiselle Bosquet dans une chaise de poste ; que cette chaise s'étoit défoncée dans la rue des Carmes ; que cette Demoiselle ayant passé à travers, on voyoit ses jambes, &c, par-dessous la chaise, ses jupes étant restées accrochées dedans ; & que le Grand-Vicaire s'étoit enfui à travers la Chambre des Comptes. Un pareil récit donna lieu à mille propos indécens que tinrent ceux qui rendoient compte du contenu de l'avis.

Voici une autre scène, où il n'y avoit point à craindre pour le sieur Terrisse, les brocards qu'il reçut au milieu de la Ville ; mais où on pouvoit lui dire, qu'un cierge, quoique béni, ne laisse pas de brûler ceux qui s'en approchent de trop près. Ce Grand-Vicaire invita un jour plusieurs Amis de confiance à manger chez lui. Le vin n'y manqua pas. On a dit dans les Anecdotes que les forces des Chanoines diminuerent au repas du jour de l'Ascension ; mais dans celui-ci M. Terrisse y en acquit jusqu'à devenir porte-faix ; car après avoir bien bû, il chargea lui seul Mademoiselle Bosquet sur ses épaules ; & allant & venant dans cette posture, il crioit : *Au bon vinaigre, au bon vinaigre. Qui en veut ?* Quelles forces ! Que le bon vin a de vertu ! Quelle saillie ! Eh ! que ne fait-on pour divertir sa compagnie ?

Nous avons parlé dans les Anecdotes des retraites de la Demoiselle Bosquet, & nous en avons caché les motifs, autant qu'il a été possible ; mais il n'est plus tems de feindre. Disons donc ouvertement, avec les Voisins de cette Demoiselle, & autres personnes qui l'ont vû & qui le publient encore, que lors de ses liaisons avec le sieur Terrisse, elle a été deux fois enceinte ; qu'étant proche de son terme, elle disparoissoit : qu'ensuite on la revoyoit parée & ornée de ses beaux atours. Mais voici un témoignage bien plus fort. Une personne de rang, actuellement existante, très-liée avec M. Terrisse, & qui connoissoit ses allures, ayant eu une vive altercation avec ce Grand-Vicaire, lui reprocha d'avoir eu des enfans (des filles) de Mademoiselle Bosquet ; de les avoir mis en nourrisse à . . . . ensuite dans un tel Couvent. Si on nous force de désigner où ils ont été élevés, & à qui l'éducation en a été confiée, nous sommes en état de contenter les curieux. Le Grand-Vicaire n'osa le nier, mais il s'en est cruellement vengé, en faisant jouer les ressorts les plus noirs pour perdre son ami. Nous avons les preuves les plus authentiques de cette trahison. Nous nous réservons d'en donner le détail dans la sauce-Robert, & pour bien lier la sauce, nous y joindrons quelques autres faits avec ses allées & venues chez cette Demoiselle, ses visites nocturnes, &c, &c, &c.

Mademoiselle Bosquet étant tombée malade d'une révolution dont il est prudent de taire la cause, le sieur Terrisse & le Curé de Saint-Eloi, deux amis de convenance, interrompent tous leurs travaux Apostoliques, s'assemblent & délibèrent. Le cas étoit épineux. Cependant sans consulter ni Théologiens ni Casuistes, il est irrévocablement décidé qu'elle sera transportée chez le Curé de Saint-Eloi. La maladie faisant des progrès, elle demande à se confesser. Autre embarras. Le Curé, dans la crainte qu'elle ne s'adresse à quelqu'un imbu des principes du sieur Terrisse, développés dans sa proposition condamnée par Arrêt de la Cour du 18 Août 1752, se charge, quoique son parent, de la rétablir dans ses droits à l'héritage éternel, & termine cette affaire dès la première séance. Il est vrai qu'il étoit plus au fait que tout autre des replis de sa conscience. Enfin Mademoiselle Bosquet meurt âgée de près de quarante-ans. Toute la Ville en retentit. On l'enterre le 12 Septembre 1752, & ce que l'on n'a peut-être pas vû pour une fille de cet âge, on fait tendre l'Eglise de blanc. Le même jour, le sieur Terrisse va chez le Président de la Chambre des Vacations, où il affecte un air content devant la compagnie, qui ne put s'empêcher de dire : « M. Terrisse est venu faire le » fanfaron chez le Président, tandis que l'on » enterre sa Maîtresse. C'est un grand Origi- » nal ». Lorsqu'il paroissoit dans les maisons » où il est familier, on lui disoit : *Bon jour notre veuf*, & il sourioit.

Telle est, en abrégé, la conduite de ce Grand-Vicaire, qui en cette qualité gouverne depuis trente ans le Diocèse de Rouen en maître absolu. Si le sieur Terrisse a marqué de l'indifférence sur la mort de Mademoiselle Bosquet, il n'a pû garder la même politique à la nouvelle de la nomination de M. de la Rochefoucault à l'Archevêché de Rouen. Madame Faucon, Supérieure des Nouvelles Catholiques, qui ne jure que par ce Grand-Vicaire, l'ayant rencontré dans la rue, lui dit : Monsieur, j'ap- » prens de bonne part que nous avons pour » Archevêque M. de la Rochefoucault ». Elle le quitte & rencontrant d'autres personnes à qui elle fait part de la même nouvelle, elle leur dit : « Je viens de l'apprendre à M. Ter- » risse, il a paru très-surpris & á pâli ; mais » revenu de son étonnement, il m'a dit : » *C'est bon*. Il n'en paroît point du tout con- » tent ». D'autres nouvelles l'ayant annoncé, bien du monde dit : « C'est un Prélat de bonnes » mœurs. Garre les Terrisse, les Rose, les » Ruellon, &c, &c, &c.

M. Rose, Grand-Vicaire & Chanoine.

Toutes les personnes qui connoissent M. Rose ont été surprises que nous ayons passé si rapidément sur la conduite de ce Grand-Vicaire, qui s'est signalé plus qu'aucun autre par son zèle pour la Bulle, & par une vie si scandaleuse & si connue, qu'elle mérite moins de ménagement. Donnons donc un abrégé de sa vie. Le sieur Rose est vil esclave des Jésuites, dans la vûe d'obtenir une Abbaye ou un Evêché restés en chemin. Dans cette vûe, il s'imagina, malgré la défense faite par la Déclaration du Roi & les Arrêts du Parlement, de faire signer, en promettant à la vérité le secret aux souscripteurs, un Formulaire dont voici le précis. » Je, soussigné, certifie & déclare..... que je

» crois qu'on est obligé de se soumettre aux
» Constitutions Apostoliques contre le livre
» de *Jansénius* ; qu'on doit condamner de cœur
» & d'esprit les cinq Propositions.... dans leur
» sens naturel.... que la Constitution *Unige-*
» *nitus* est un *Jugement* dogmatique... & *Loi*
» *du Royaume*.... qu'*on est hors de la voie du*
» *salut* en ne pensant pas comme le Corps des
» Pasteurs unis à son Chef ; que l'*Appel*....
» au futur Concile est.... *Schismatique*. Je le
» jure ainsi ». On peut voir en entier ce Formulaire, & la réfutation qu'en a fait l'Auteur des Nouv. Eccl. dans la Feuille du 12 Décembre 1740.

Voyons, en peu mots, si la vie de M. Rose le mène dans *la voie du salut*. On a dit dans les Anecdotes que son inconduite a été attestée en plein Parlement. Voici le fait. Un Magistrat venant de terminer une affaire par arbitrage, vit ce Grand-Vicaire sortir d'une maison un peu plus que suspecte, & lui dit : *C'est vous, M. l'Abbé ! à une heure si indue , quelle affaire avez-vous dans cette maison ? Vous venez sans doute*..... Les reproches furent vifs de la part du Magistrat, & le Grand-Vicaire tout honteux se retira sans oser répliquer. Le lendemain le Magistrat vient au Palais, entre dans sa Chambre, trouve dix à douze de Messieurs. Là, sans avoir mis les piéces sur le bureau, sans les avoir lûes, n'en ayant pas même d'extrait, il commence son rapport en termes très-énergiques. « *Croiriez-vous, Messieurs,* dit-il, *que*
» *j'ai vû cette nuit M. l'Abbé Rose....* »? Le Laquais du Rapporteur ayant de son côté fait son rapport à ses Camarades, on ne parloit dans toute la Ville que de cette affaire, & des

uites qu'elle pouvoit avoir. L'Abbé Rose s'étant absenté quelques semaines, fit taire le monde.

M***. en place, à qui Dieu a fait la grace de revenir de ses égaremens, étant un jour à Paris, alla voir une Demoiselle qu'il connoissoit pour n'avoir pas fait vœu de virginité. A peine y fut-il entré que M. Rose y vint aussi, & y resta plus de deux heures sans parler de son Formulaire. C'étoit cependant là le tems de dire, qu'*on est hors de la voie du salut*; mais il y a tems pour tout. Enfin il s'en alla, & à la porte il y eut entr'eux un petit pour-parler à voix-basse, qui finit, de la part du Grand-Vicaire, par un *à demain matin*. Le Monsieur fort attentif, ayant entendu ces derniers mots, dit à la Demoiselle : « Quoi ! vous voyez donc aussi M. Rose, Grand-Vicaire de Rouen » ? Elle le nia ; mais lui ayant répété ce qu'il venoit d'entendre, elle se met en colere & dit : » Oui, je le vois, car il me paie mieux que » vous.... ». M. Rose reparut sur la scène ; mais elle est trop odieuse pour la rapporter ici : il faut qu'elle passe par la sauce Robert.

Il est avantageux à l'homme, dit l'Apôtre, *de ne toucher aucunes femmes*. Il s'en faut bien que M. Rose ait suivi ce conseil. Car avant 1740, il se plaisoit fort à la compagnie d'une nommée Tiret (femme de mérite, sans doute) avec laquelle il avoit de fréquentes & secrettes conversations, où elle lui aura aidé à dresser le Formulaire dont il est parlé ci-dessus. Le mari de cette femme initiée dans les vrais mystères de la Bulle, auroit bien voulu être admis dans leurs conversations ; mais n'ayant pu y réussir, il abandonna sa femme à ce Grand-Vicaire, qui a toujours continué ses entretiens avec elle jufqu'en 1754, que Dieu l'a appellée à lui. Jufqu'où n'a-t-il pas pouffé la complaifance pour cette femme ? L'inconduite d'un nommé le Prevôt, grand ami du fieur Rooft, Curé de Manneville, dont il eft parlé dans l'article précédent, qui fe faifoit un devoir, quoiqu'il ne fût pas Prêtre, de fuivre les traces de M. Terriffe, éclate tellement dans toute la Ville, que les Grands-Vicaires n'ofent l'admettre au Sacerdoce. Il étoit en chemin, & il s'agiffoit de ne l'y pas laiffer. Quelques-unes de fes amies (car c'eft par le canal des Dames que les obftacles font toujours levés) ayant inutilement follicité le fieur Rofe pour qu'il l'élevât à la Prêtrife, on a recours à Madame Tiret, qui obtint fans peine fon *admiffus*. Une perfonne, fort amie de ce Grand-Vicaire, lui dit en riant : « Quoi ! Monfieur, vous avez » accordé à Madame Tiret ce que vous m'a- » viez refufé » ? Il voulut le nier d'abord ; mais cette perfonne lui ayant dit : « *Oui, oui, je le* » *fçais.* « Ah ! *reprend le Grand-Vicaire*, c'eft » que cette Dame eft fi aimable qu'il ne m'a » point été poffible de la refufer ». Ce Prêtre a encore d'autres qualités ; c'eft de dire la Meffe avec tant de précipitation, que pour cela feul, dit bien du monde, il mériteroit d'être interdit, & de s'y préparer avec fi peu de recueillement, qu'il monte à l'Autel & y refte fa foutane trouffée dans fes poches. Les autres Gr. Vic. ne font pas, au refte, fort délicats fur le choix de ceux qui fe préfentent à la Prêtrife. On en trouve la preuve dans une Feuille des N. E. du 18 Juin 1756. N° V. « Un Eccléfiaftique, y eft-il dit, averti qu'un » Vendredi un Diacre, fe portant à merveille,

» avoit mangé une poule à un cabaret, où il
» avoit proféré des B. & des F. crut qu'il étoit
» de son devoir d'en avertir les Grands-Vicai-
» res, qui répondirent : Qu'en ferons-nous ?
» Il est Diacre. En conséquence il fut fait Prê-
» tre. On l'a vû, au grand scandale de toute
» la Ville, dire la Messe rempli de vin ; &
» depuis cette scandaleuse scène, on lui a don-
» né une Cure dont on a expédié le *Visa* sans
» nulle difficulté. Mais il faut dire aussi qu'il
» est soumis à la Bulle, & de plus Académi-
» cien ». Nous croyons devoir ajouter que l'Ecclésiastique qui avertit les Grands-Vicaires étoit Prêtre ; que le Diacre s'appelle Yart ; qu'il mangea la poule avec deux de ses compagnons de débauche, nommés Fontaine & Hobé qui n'étoient pas Prêtres ; qu'en célébrant une haute Messe (c'étoit à S. Pierre du Châtel) il mit en évidence la turpitude des plus grands ivrognes ; qu'infectant par ses ordures, dont il souilla les dégrés de l'Autel, il fit presque fuir ceux qui l'y servoient ; & qu'obligé de disparoître, il fut à Caën. L'inconduite des sieurs Fontaine & Hobé est connue de toute la Ville, on leur a cependant donné à l'un & à l'autre une Cure dans le Diocèse. Il ne faut point s'étonner que les Grands-Vicaires de Rouen ayent revêtu du Sacerdoce de tels Sujets, & déclaré la guerre aux bons. Ceux-là ne seront jamais scandalisés de leurs mœurs, qui s'efforcent de les surpas-ser ; au lieu que la vie édifiante de ceux-ci les fait sans doute rougir de leurs désordres.

M. Rose ne pouvant perdre de vûe la sça-vante & aimable Tiret, l'avoit fait tirer sous l'habit de Cordelier, & placer ce tableau dans sa chambre, où bien du monde l'a vûe & reconnue. Quel fut son chagrin, lorsqu'ayant entendu un jour qu'on disoit en sortant de chez lui : *C'est la Tiret*, il fut obligé de s'en défaire. Il le donna à un Diacre de ses amis qui racontoit l'histoire à ses amies. Nous nous abstenons de le nommer par considération pour sa famille, qui l'a fait enfermer pour le reste de ses jours, vû que ses débauches avec les femmes, &c, &c, &c, ayant éclaté dans toute la ville & ailleurs, auroient eu des suites funestes.

Qu'on juge de la foi de ce Grand-Vicaire par le trait suivant. On a vû dans les Anecdotes, l'histoire de M. Barbette, Curé de Raffetot. Ce Curé s'adressa à M. Rose pour sçavoir quel parti il devoit prendre dans l'affaire qu'on lui avoit suscitée pour une simple étourderie. Le Grand-Vicaire lui conseilla de passer en Hollande. Le Curé lui représente les intérêts de sa conscience & de la Religion. M. Rose s'enflamme de colere, saisit le Curé au collet, & le tenant avec violence, il lui dit d'un ton ferme : « *Votre Religion n'est rien, Monsieur, votre Religion n'est rien* ». Voilà un étrange procédé. Le Curé en fut saisi d'indignation, & s'échappant des mains du Casuiste, il s'enfuit, bien résolu de ne pas suivre la décision. Tel est, en peu de mots, le caractère de ce Grand-Vicaire, qui a son Formulaire & la Bulle en main.

M. Fossard, Chanoine & Archidiacre.

Le sieur Fossard, si fier de la réputation qu'il s'est acquise à Rouen par ses talens pour la chaire, qu'il dit lui-même : « J'ai la consolation d'être fort suivi du grand monde : mon auditoire est le plus brillant en beau

» fexe », a, fans doute, la même confolation à Paris, où il a prêché l'Avent de 1759 dans l'Eglife de Sainte-Marie, rue du Bac; le Carême de 1760 aux Théatins, où il prêche actuellement l'Avent aux Quinze-Vingts, & prêchera, dit-il, le Carême de 1761 devant le Roi.

Le fieur Foffard eft lié depuis long-tems avec les fieurs Terriffe, Rofe. N'ayant pû en 1742, lui faire avoir la Cure de S. Godard qu'ils lui avoient deftinée, ils lui ont procuré en 1747 un Canonicat de la Cathédrale, & en 1751 un Archidiaconé.

Les Couvens font autant de citadelles où la pudeur doit trouver un azile contre le déréglement & la corruption du fiécle. Cet Eccléfiaftique méprifant cette belle maxime, à l'exemple du fieur Rofe, a fait pendant plufieurs années fon noviciat dans un Couvent avec la Demoifelle Bourlet, à qui il apprenoit le Latin, & avec laquelle il prenoit les eaux minérales qu'ils rendoient enfemble dans le jardin de ce Couvent, au vû & au fçu de tout le monde.

Il a été un des principaux acteurs du procès intenté au Curé de S. Godard, & de la furprife faite à M. de Tavannes. Non content d'avoir dépofé contre ce Curé, & fuborné plufieurs témoins, on voyoit le fieur Foffard aller de porte en porte débiter mille calomnies & publier par-tout que le fieur Outin feroit brûlé vif. Auffi reçut-il dans une maifon refpectable cette réponfe bien mortifiante: « Le Curé de
» S. Godard, *lui dit-on*, fera toujours plaint
» des honnêtes-gens; mais pour vous, vous ne
» ferez regardé que comme un fcélérat »,

Quelque dure que soit l'épithète de *scélérat*, elle a bien du naturel. Pierre Fossard son pere, & Augustin Fossard son frere, furent, par Arrêt du Parlement de Rouen, du huit Novembre mil sept cent quarante, condamnés solidairement en mille livres de réparation civile envers Me Jean-François de Gruchet, Bailli d'Yvetot, & le pere séparément, en cinquante livres d'amende envers le Roi, pour cause de calomnies répandues contre la réputation de ce Bailli, dans deux imprimés sortis de leurs plumes. Un autre de ses freres, qui se donne le nom de la Vatine, Terre qu'il n'a point, a apposé en sa qualité d'Avocat au Parlement de Rouen, sa signature au bas des Mémoires composés par le sieur Terrisse, pour la défense des Calomniatrices du Curé de S. Godard ; & a depuis été interdit pour six mois, par Arrêt dudit Parlement du 21 Août mil sept cent cinquante-six, qui ordonne que les Mémoires faits par ce Jurisconsulte pour la défense d'un de ses Clients, seront lacérés par l'Huissier de service.

On n'ignore pas que le sieur Fossard, Archidiacre, avant le noviciat dont il est parlé ci-dessus, en avoit fait un chez les Jésuites, & qu'en quittant leur habit il en a conservé tous les caractères ; ainsi on ne doit point être surpris de sa conduite envers le sieur Outin, ni de ce qu'il a grand soin de recommander principalement dans l'étendue de son Archidiaconé, la lecture du livre impie du P. Berruier, &c ; de clabauder contre les Jansénistes, & de faire refuser des pouvoirs ou lettres de Vicaire à quiconque en est tant soit peu soupçonné.

Dans ses visites d'Archidiacre, il fut un jour invité à souper avec plusieurs Curés. Là, d'un air béat & d'un ton imposant, il avança plusieurs faux principes en matière de doctrine, qu'un des Convives, Pasteur plein de mérite, réfuta d'abord foiblement, pour ne se pas faire connoître. La simplicité des habits de ce Curé, fait que le sieur Fossard le prenant pour un Ecolâtre de Village, lui dit quelques mots avec un souverain mépris. Le Curé alors entre en lice avec l'Archidiacre, qu'il met en un instant hors de combat, & lui ferme entiérement la bouche. Quelle honte ! Quel dépit pour un homme tout bouffi d'orgueil ! Il falloit cependant sortir de l'arène sans paroître vaincu. Que fait-il ? Ayant appris que celui qu'il avoit pris pour un Ecolâtre, étoit Curé de telle Paroisse, il va aussi-tôt l'embrasser, & l'embrassade finit toute dispute.

Il y a quelques années, comme on l'a dit dans les Anecdotes, qu'il prêcha au Synode, (c'étoit en 1756) & se déchaîna si fort contre les Curés, que tous en furent très-mécontens. Quelque vive que fût cette sortie, elle n'empêcha point M. Terrisse de dire aux Curés du Doyenné de Fauville : « *Je n'ai rien à ajoûter à ce que vient de vous dire l'Orateur Chrétien* ». Aussi ces Curés en marquerent-ils leur indignation, non-seulement au sortir du Synode, mais chez leurs amis, en disant : « Nous venons au Synode & nous y sommes outragés de la part des Terrisse & des Fossard. Convient-il à ces fabricateurs de faux témoins, à ces.... de nous traiter de la sorte ? Ignorent-ils *ce que dit S. Jérôme*, qu'il ne siéroit pas bien à un homme couvert de crimes de reprendre dans les autres ce qu'il commettroit lui-même ». Si M. Terrisse entend par Orateur Chrétien, un hypocrite, un calomniateur, un voluptueux, un homme qui invite à sa table des Religieuses pour les enivrer, & des Ecclésiastiques pour y débiter les infâmies les plus grossières, il a trouvé son homme. Le sieur Fossard est-il cet homme intérieurement mortifié, comme il s'efforce quelquefois de le faire paroître au-dehors ? L'Anecdote suivante va résoudre la question.

En mil sept cent cinquante-huit, cet Archidiacre pria à dîner onze Ecclésiastiques, la plûpart Curés, & deux Religieuses, de ces filles qui viennent tous les ans faire la quête à Rouen. Les Convives, par conséquent étoient quatorze, le nombre de treize auroit été sinistre pour une Compagnie si distinguée. Un des Curés, homme sçavant, en entrant dans la salle du festin, demande au sieur Fossard qui en étoit le Roi : « Aurons-nous les deux
» Nones à dîner ? Oui, *répond le grave Cha-*
» *noine*, il y en a une assez vieille, & l'autre
» très-jeune ; la vieille est fort laide ; mais la
» jeune est un chef-d'œuvre de l'Amour pour
» la beauté. Bon, *dit le Curé*, nous aurons
» bien du plaisir. *Quel charme !* Je les ai invi-
» tées pour cela, *reprit l'Hôte béatique*, & il
» faut les faire tant boire que nous ayons le
» plaisir de les voir grises, (ivres). J'en suis,
» *dit le Pasteur* ; mais il nous faut de bon vin ».
Après ces canoniques préliminaires, on se met à table. Lorsque l'on eut commencé à satisfaire aux desirs de la faim & de la soif, qui n'étoient pas petits, l'Archidiacre, d'un air dévot, ouvrit la scène par des discours dont il avoit puisé toute l'énergie & la délicatesse dans les élégances latines de Marcius. Chacun des assistans

tans de l'applaudir, & même de s'efforcer de le vaincre. Chose difficile. Instruit à l'Ecole des Jésuites, Jésuite lui-même, le sieur Fossard fit revivre la science des Sanchès, des Moya, des Benzi. Toute pudeur fut proscrite de ce repas profane, quoique composé d'Ecclésiastiques. Nous nous garderons bien de rapporter ici aucuns de ces traits qui font rougir les plus débauchés. Nous ne voulons pas enseigner le vice en le combattant ; il nous suffit de dire qu'après beaucoup de soins, on parvint à enivrer une Nonne. Un des Convives disoit à un de ses voisins en parlant de la vieille : » Elle boit comme un diable, nous aurons » peine à la souler ; mais la jeune commence » à bien faire ». Les deux Nonnes s'apperçurent du dessein qu'on avoit de les enivrer, elles s'en plaignirent même & en firent des reproches au Curé d'une Paroisse de S. Pierre, que nous ne voulons pas nommer, qui répondit à la jeune Sœur : « C'est que je vous aime. Oui, *répon-* » *dit-elle*, vous m'aimez donc bien ? Ah ! » *voilà le beau* ; je vous aime tant, ma chere » Sœur, *repartit le Curé*, que je voudrois être » aussi près de vous que.... ». L'impiété de l'allégorie nous fait supprimer le reste de la repartie. Elle fut cependant trouvée si belle que tout le monde, à l'exception de deux Ecclésiastiques, en rit à gorge déployée. A ce sujet fut ranimée la conversation qu'un de ces deux fit cesser en prononçant quelques mots de Latin. Notre Archidiacre n'en fut pas plus content ; il remit cependant les affaires sur le bon train : » Allons, *dit-il*, buvons à la santé de nos » Nonnes ». Ses pathétiques exhortations jointes à l'exemple, firent enfin toucher ces enfans de la joie au but proposé dès le commencement du repas. La jeune Nonne se trouve prise ; le jus de Bacchus lui trouble tous les sens ; la langue s'embarrasse ; les yeux s'obscurcissent ; la cervelle se brouille ; les mains tremblent, la pâleur s'empare de ce teint si vermeil ; la raison se perd, &c. On est obligé de la transporter dans un autre appartement ; un Domestique apporte une carafte d'eau pour calmer les fumées du vin meurtrier ; mais le Curé de S. Pierre, qui connoît les qualités du vin & les remèdes qu'il faut apporter aux maux actuels de la jeune Nonne, s'empare la carafte d'eau, renvoie le Domestique, & conduit la Nonne dans un cabinet. Un autre Curé s'y rend en même-tems, & veut faire la fonction de femme de chambre. Les officieuses mains de ces deux Pasteurs s'empressoient à délasser, à donner de l'air à la Nonne évanouie.... L'ouvrage auroit été bientôt conduit à sa perfection ; mais un troisiéme Curé, homme sage, étant survenu, les arrête, & leur représente le scandale qu'ils causoient aux Domestiques. Ces circonstances critiques ne troublent point la tranquillité & la joie du sieur Fossard ; il continue à faire boire la vieille, qui ne marque pas la moindre inquiétude sur la situation de sa Compagne. Elle la croyoit en bonnes mains ; d'ailleurs M. l'Archidiacre tâchoit de l'égayer de plus en plus par des discours convenables aux circonstances. Cependant les deux Curés rentrent dans la salle du festin. On y parloit éloquemment des charmes de Bacchus & de Vénus. La conversation qui avoit paru languir quelque-tems, vû ce qui étoit arrivé à la Nonne poupine, reprend plus de force que jamais.

Un de nos deux Curés dit à l'autre : « Tu as
» manqué.... ». Quoiqu'ils en fussent au dessert,
ils userent cependant encore de beaucoup de
gras. Après s'être séparés, ces deux Champions
s'étant rencontrés, combien de discours indécens ne tinrent-ils pas sur la beauté de la
jeune Nonne, qui depuis ce tems n'a point
reparu à Rouen, quoique la vieille y soit revenue depuis? Le Curé de S. Pierre sçait sans
doute la cause d'une pareille éclipse, & comme maître des graces, il se propose, dit-on,
de la régaler une seconde fois du vin Archidiaconal.

Le sieur Fossard est-il cet homme incomparable destiné à la conversion de Paris & de
Versailles ? Quel Apôtre ! Nous avons sous
les yeux une lettre originale ; Dieu nous garde
de la donner en entier, en voici quelques
lambeaux. « Vous ne pouvez croire, dites-
» vous, Monsieur, ce qu'on vous a dit du
» repas que donna M. Fossard au Synode dernier, que le récit seul fait rougir.... que
» M. Fossard ait souffert chez lui.... J'en douterois comme vous, si je n'en avois les preuves les plus certaines.... Voilà le fait. On
» étoit quatorze à table, douze Ecclésiastiques & deux Religieuses.... Domestiques qui
» servoient. Tout le repas fut un tissu d'infamies qui auroient fait rougir,... M. Fossard
» avec son air doucereux, excitoit à....... Je
» n'ai garde de vous faire le tableau de.... Je
» tire le rideau sur,.. le livre le plus infâme
» tel que...., a du respect pour le temple de
» Dieu ; mais dans ce repas, point du tout ;
» on cite la Cathédrale pour exprimer la passion de Vénus.... Le jus de la treille endormit

» la jeune Nonne fort jolie.... Le Curé de S.
» Pierre...... la conduifit dans un cabinet......
» Notre Nonne avoit les yeux éteints..... Mais
» ceux de ce Curé étoient.... La vieille.... eft
» une barrique à vin.... les impudicités ne la
» font pas filler.... ».

Voilà un repas bien différent des Agappes que les premiers Fidèles faifoient tous enfemble avant la célébration du myftère de l'Eucharistie, en mémoire du fouper que Jefus-Chrift fit avec fes Apôtres, lorfqu'il inftitua ce Sacrement. Ce fouper fe nommoit *Agappe*, c'eft-à-dire, *Charité*; parce que tous les fidèles s'y affembloient pour témoigner l'union & la charité qui étoit entr'eux. Tertulien dit que chacun y mangeoit modeftement; & ce repas finiffoit par la priere. (En reprenant les excès du repas de M. Foffard, nous n'avons point intention de blâmer ceux de ces bons Eccléfiaftiques, où regnent la frugalité, la modération, la fageffe & des converfations fur plufieurs fujets de piété.) Mais par la fuite ces feftins de charité dégénererent en abus groffiers par de faux Docteurs qui s'y introduifirent. L'Apôtre Saint Pierre faifant le portrait de ces faux Docteurs, dit : *Ils mettent la félicité à paffer chaque jour dans les délices; ils font la honte & l'opprobre de la Religion; ils s'abandonnent à des excès de bouche dans les feftins de charité....... Ils ont les yeux pleins d'adultère.... Ce font des enfans de malédiction.* On laiffe au Lecteur à juger de la connéxion qu'il y a entre ce que dit S. Pierre, avec le repas de M. Foffard, où les Convives, comme les Gnoftiques, qui, au rapport de S. Epiphane, font des Hérétiques très-corrompus

dans leurs mœurs, n'ont suivi que les mouvemens de la concupiscence déréglée, méprisant ce que dit l'Apôtre : *Qu'on n'entende pas seulement parler parmi vous ni de fornication, ni de quelqu'impureté que ce soit.* Comment des Prêtres dont les lévres doivent être pures & saintes, osent-ils parler d'un péché qui a la force de souiller quand on le nomme ? On n'a que trop d'expérience que les discours deshonnêtes salissent l'imagination, réveillent les passions, les allument, les fortifient. Ces discours sont expressément condamnés par S. Paul, qui dit que *les mauvais entretiens gâtent les bonnes mœurs.* Et l'Eglise demande tous les jours à Dieu qu'il éteigne les flammes impudiques. Nous pourrions faire une chaîne de passages de l'Ecriture, des Conciles, des SS. Peres, &c, pour faire voir combien est coupable un Prêtre qui tient des discours contraires à la pudeur ; mais cela nous conduiroit trop loin. Qui ne seroit saisi d'horreur d'entendre la même langue qui a consacré le Corps de Jesus-Christ, proférer des paroles deshonnêtes ? La même langue bénit & outrage le Seigneur ; ou plutôt ne cesse de l'outrager. L'Apôtre S. Jacques regarde comme une chose monstrueuse, que *la bénédiction & la malédiction partent de la même bouche.* ch. 3. v. 10. Les Prêtres doivent être sages, modestes, recueillis, &c. Aussi, selon S. Bernard : « Les..... badineries..... ne sont
» que pour les séculiers ; mais ce sont des blas-
» phêmes dans la bouche d'un Prêtre.... C'est
» même un sacrilège, leur dit-il, que de vous
» y accoutumer ». Les réflexions sur le repas dont est ici question, naissent naturellement, tout le monde peut les faire ; ainsi nous nous

contenterons de dire que des Pasteurs, des Archidiacres, des Religieuses, qui sont obligés par devoir & par état de donner le bon exemple & d'être la bonne odeur de Jesus-Christ, devroient rougir de honte pour peu qu'ils eussent de la pudeur, de tenir dans leurs repas des discours que les personnes les plus impudiques ne voudroient peut-être pas prononcer.

M. Fossard & ses Convives devroient sçavoir qu'il est certain que l'intempérance de la bouche, l'ivrognerie & les excès du vin sont blâmables & un grand péché. L'Ecriture y est formelle. *Le vin est une source d'intempérance, & l'ivrognerie est pleine de désordre.* S. Paul écrivant aux Romains, leur dit: *Ne vous laissez point aller aux débauches ni aux ivrogneries; aux impudicités ni aux dissolutions.* Si l'excès du vin est un grand péché dans un Laïque, il est infiniment plus énorme dans un Ecclésiastique. La Loi écrite interdisoit absolument l'usage du vin aux Prêtres, pendant tout le tems qu'ils exerçoient les fonctions de leur ministère; c'est pourquoi Dieu dit à Aaron: *Vous ne boirez point vous & vos enfans de vin...... quand vous entrerez dans le Tabernacle du témoignage, de peur que vous ne soyez punis de mort.* Lévit. ch. 10. v. 9. Le Seigneur répéte la même chose dans Ezéch. *Nul Prêtre ne boira point de vin, lorsqu'il doit entrer dans le parvis intérieur.*

Dans le repas du sieur Fossard s'est malheureusement accompli ce que dit l'Apôtre, que c'est de l'excès du vin d'où naissent les dissolutions. Il est constant que l'Eglise ne veut point qu'on lui donne pour Ministres ceux qui sont coupables du péché d'impureté. Il n'est pas moins constant qu'elle déposoit autrefois ceux qui, après avoir été élevés au Sacerdoce, commettoient cet infâme péché. Si M. l'Archevêque faisoit revivre en ce point l'ancienne discipline de l'Eglise, qu'il se trouveroit de bénéfices vacans! On n'a que trop d'expérience que c'est le propre des Prêtres impurs de s'endurcir dans le crime. Ils n'ont nul respect pour leurs fonctions les plus augustes. Quel remède pour les guérir, puisque les Sacremens établis pour guérir nos ames, sont devenus pour eux un poison mortel par la profanation qu'ils en font! De tels Ministres sont de ceux à qui Jérémie reproche: *Vous avez pris le front d'une femme débauchée, vous n'avez point voulu rougir.* ch. 3. v. 3. En effet, des Prêtres adonnés à ce vice ne rougissent d'aucun désordre.

L'Eglise animée d'une juste indignation, leur interdisoit, autrefois la participation de saints Mystères. *Que celui*, dit S. Grégoire, *qui étant Ecclésiastique se souille par le péché d'impureté, ne soit pas assez osé pour approcher des saints Autels.* S. Augustin, &c. s'exprime de même. Y a-t-il rien de plus juste que d'éloigner du Sanctuaire des hommes incapables d'exercer avec succès leurs fonctions Sacerdotales? Bien loin d'être utiles au prochain, ils portent partout le scandale, & perdent les ames qui leur sont confiées. S'ils entreprennent d'exhorter, le peuple ne peut les écouter sans indignation; étant frappé de leur inconduite, il dit: „ Il leur sied bien de nous animer à vivre „ chastement, tandis que tout le monde est „ informé de leur vie licencieuse „! Le peuple se porte aisément à mépriser les choses saintes, quand il les voit entre les mains d'un Prêtre impur. Le ſtupide vulgaire ſe moque ; mais les vrais Chrétiens gémiſſent, de voir un Prêtre impur participer à la victime Sainte après l'avoir offerte. C'eſt l'Arche auprès de Dagon ; C'eſt Jeſus-Chriſt avec Bélial. Un tel Miniſtre pourroit dire ce que diſoit David par eſprit de pénitence : *Mes iniquités ſe ſont élevées par-deſſus ma tête.*

Autant préjudiciable eſt l'irréligion, autant & plus funeſte eſt à tous égards le relâchement dans les mœurs. L'expérience de tous les ſiécles a éprouvé que la décadence des plus formidables Empires n'a été dûe qu'à la corruption des mœurs de leurs Citoyens. L'Empire Romain ſe ſoutint plus par ſes mœurs que par ſes victoires. L'Egliſe doit donc prêcher : ſes Miniſtres, comme le dit S. Jérôme, doivent avoir un caractère particulier de chaſteté : les loix Eccléſiaſtiques doivent ſe roidir : la Police doit veiller, le Pontife employer tout ſon pouvoir contre l'introduction des vices qui peuvent corrompre ſon troupeau. Si le peuple s'abandonne à des vices, il faut s'en prendre aux mauvais Paſteurs, à qui il ſemble que les Loix Eccléſiaſtiques ne ſoient faites que pour une vaine ſpéculation, & non pour être miſes en pratique, & que l'impunité autoriſe à mal faire. Mais les pires ſont ceux qui ſous des dehors ſéduiſans de piété, portent dans leur ſein un cœur corrompu par des paſſions groſſières.

Il y a certains devoirs généraux qu'il faut preſque faire obſerver ſans loix, comme la bonne-foi, la modeſtie, la reconnoiſſance, l'humilité, & toutes les vertus morales. Un Paſteur qui remplit ſon devoir, les ſuit, les fait fructifier dans ſon troupeau ; mais ſi c'eſt un mercénaire & sans mœurs, toutes ces vertus disparoissent, & on ose substituer au doigt de l'Esprit Saint, le souffle de l'esprit impur, & mettre Satan à la place de Dieu. On en voit tous les jours de funestes effets. Un Archidiacre qui se croit en droit de veiller à l'exécution des Loix Ecclésiastiques, en place de l'Evêque, peut-il, s'il est de la trempe du sieur Fossard, seulement paroître en public ?

M. Ruellon, Chanoine.

Le Requisitoire nous accuse d'avoir calomnié le sieur Ruellon ; mais cette accusation est des plus mal fondées ; car les faits rapportés dans les Anecdotes sont des plus notoires. Nous avons pour garants, Prêtres, Chanoines de la Cathédrale, Chanoines Réguliers, Magistrats, les Nouvelles Ecclésiastiques, des actes déposés en justice, &c, &c, &c. Nous n'avons donc pas calomnié, & ce crime qui nous est faussement imputé, nous oblige de faire voir que nous n'avons dit que très-peu de choses de ce Grand-Expénitencier. Donnons encore quelques traits de sa conduite, sur lesquels nous ne craignons point d'être démentis. Nous réserverons les autres aussi certains, pour assaisonner la sauce-Robert dont nous le régalerons, s'il donne son Apologie.

En 1757 le sieur Ruellon étant à Préaux à une maison de campagne (de Madame Taillet) occasionna, par son imprudence, une révolution à une Dame de la compagnie. Cette Dame se trouva si mal pendant plusieurs heures, qu'on crut qu'elle alloit mourir. On court tout effrayé chercher M. Ruellon. Il vient d'un pas

tranquille, regarde la malade, & dit en fou-
riant : *Ce n'eſt rien, j'en ai vû bien d'autres*, &
ſe retire. O l'homme incomparable qui eſt tout
à la fois, par le premier coup d'œil, le mé-
decin de l'ame & du corps ! Il y avoit à cette
campagne trois Demoiſelles, avec deux deſ-
quelles il aimoit fort à ſe promener ; & ſous
différens prétextes, il écartoit celle dont la préſence lui étoit incommode. Quelle éloquence
celle-ci ne fit-elle pas paroître ſur les vertus
de ce Directeur ! Une des deux Favorites étant
tombée malade, diſoit dans ſa maladie: « *Mon
» cher Abbé Ruellon, mon cher ami...* ».

Qu'une femme ſoit enceinte lorſque Dieu
lui enlève ſon mari, cela eſt commun. Qu'elle
le devienne dans ſon veuvage, cela eſt rare.
Qu'un Grand-Pénitencier ſe charge de la géſine d'une telle femme, c'eſt ce dont les Hiſtoriens ne font point de mention. Voilà cependant ce qui eſt arrivé au ſieur Ruellon. Une
Dame, ſon amie, devient enceinte pendant
ſon veuvage, il la place en ſecret près de lui
pour paſſer ſa géſine, va la voir, même en
habit de chœur, pluſieurs fois par jour, pendant tout le tems de ſa retraite, lui tient
des diſcours conformes à ſon état.... Le reſte
pour la ſauce-Robert.

Un mari ſéparé par banqueroute d'avec ſa
femme, a recours à Juſtice pour la contraindre de lui donner ſon néceſſaire qu'elle lui re-
fuſoit. L'affaire portée en 1757 au Bailliage de
Rouen, on avance que le ſieur Ruellon eſt
cauſe de la dureté de cette femme envers ſon
mari : que c'eſt par ſon conſeil que cinq Veu-
ves ont diſſipé beaucoup de bien en folles dé-
penſes, au lieu de le conſerver à leurs enfans

ou à leurs héritiers, & qu'il s'eſt trouvé dans toutes leurs parties de plaiſir... A ce beau début le frere du ſieur Ruellon, Conſeiller audit Bailliage, demande acte des inſultes faites à ſon Frère. Les faits démontrés par les piéces, le Conſeiller abandonne ſa demande, s'empreſſe d'étouffer cette affaire, & réuſſit.

Le ſieur Ruellon étant dans une partie de plaiſir, la femme d'un Magiſtrat, curieuſe de voir ſa figure ſous l'habillement de ſon ſexe, lui propoſe de ſe traveſtir. Sa complaiſance pour les Dames lui fait accepter la propoſition. Auſſi-tôt elle l'habille elle-même, le coeffe, le farde, lui applique des mouches, & le préſente à la Compagnie, avec laquelle il danſe pendant environ trois heures, & en fait l'agrément. Pluſieurs l'ayant reconnu, la femme du Magiſtrat les prie de garder le ſecret, qui n'a pas été fidélement obſervé. Le mari de cette Dame, un des plus ardens à condamner les Anecdotes, n'a t-il pas lieu de penſer, que quoique nous ne ſoyons bons cuiſiniers, nous ſommes en état de lui préparer un bon repas en gras & en maigre? Nous l'avertiſſons que nous n'avons point beſoin de pourvoyeurs, les mets ſont préparés, & même abondans, ſans qu'il puiſſe craindre l'indigeſtion.

Un Mercredi des quatre-tems de Septembre, feu M. Varembault, Curé de S. Vincent, fut chez M. Teſtard, négociant de ſa Paroiſſe, pour le conſoler ſur la mort de ſa Bru. Il y trouva le ſieur Ruellon qui déjeûnoit. On invita le Paſteur à faire de même. Le Pénitencier l'en preſſa plus que perſonne, & revint même à la charge en diſant: « *Déjeûnez avec nous, Monſieur le Curé, déjeûnez* ». Le Curé ſe con-

tenta de répondre ? « Il est le Mercredi des qua-
» tre-tems » : La faute étoit pardonnable pour
une famille accablée de chagrin ; mais un Prêtre, un Chanoine, un Grand-Pénitencier qui
avoit dû dire son Bréviaire, est-il excusable ?
Du moins devoit-il cesser de manger dans l'instant qu'il étoit averti. Point du tout, il continue.

Le Bréviaire, la nourriture de l'ame d'une
infinité de bons Ecclésiastiques, sert au sieur
Ruellon pour le parjure. Veut-il faire remettre
quelques lettres ou billets sans paroître les
avoir donnés, il dit à une amie : « Venez dans
» ma Chapelle à telle heure, vous verrez mon
» Bréviaire sur l'Autel, vous trouverez telle
» chose à tel endroit, vous en ferez tel usage,
» & si on me dit que je vous l'ai remis, je ju-
» rerai que non ». Il se vante néanmoins d'être
véridique, & pour peu qu'on laisse entrevoir
quelque doute sur sa sincérité, il entre en fureur. Se vanteroit-il de remplir ses devoirs dans
l'administration du Sacrement de Pénitence ?

Personne n'ignore que c'est dans le Confessionnal qu'il a suborné la Dame le Peu, dont
il est parlé art. XV des faits inouis, &c.

Une Dame raconte à qui veut l'entendre,
l'histoire qui lui est arrivée étant fille avec ce
Directeur du sexe. « Je m'accusai, *dit-elle*,
» d'avoir lû tel livre (nous croyons devoir en
» supprimer le titre) il me demande où il est.
» Je l'ai, *lui dis-je*, dans ma poche. Venez
» avec moi, me dit-il, je veux vous parler.
» Il me conduit dans la petite Sacristie de sa
» Chapelle, & me demande ce Livre. Sur mon
» refus, il se jette à tour de bras sur moi, ce
» qui me saisit de peur, & se met en devoir

» de me fouiller ; mais fentant fa main..... je
» lui dis, fi vous ne ceffez, je vais m'écrier ».
Ainfi fe termina cette fcène à laquelle nous
pourrions en ajoûter de plus graves, paffées
dans la même Sacriftie, qui lui étoit fort commode.

Une autre Dame l'ayant été voir au tems de
Pâques (en 1757) lui dit par dérifion : « Que
» vous avez de fatigue, Monfieur, dans cette
» quinzaine ! Oui, Madame, mais après ce
» tems, j'ai un peu de relâche, car je ne ren-
» voie prefque perfonne ». Le fait fuivant en
eft une preuve.

Une Demoifelle qui vouloit allier, il y a
quelques années, Jefus - Chrift & Bélial,
faire fes Pâques fans renoncer à fes amourettes, parce que cela, dit-elle, lui fait paffer
quelque-tems agréablement, s'adreffe à deux
Confeffeurs, qui, inftruits des règles de la pénitence, lui refufent l'abfolution. Une amie
intime à laquelle elle découvre fon état & fa
peine, lui dit : « J'ai votre affaire.... M. Ruel-
» lon.... Non, non, *dit la Pénitente en l'in-*
» *terrompant*, car on diroit que je vais aux cas
» réfervés. Point du tout, *reprend l'amie*, j'y
» vais moi-même & bien d'autres, puifqu'il
» ne veut point confeffer d'hommes ». La Demoifelle ayant fuivi cet avis, eft fi contente
du nouveau Directeur, qu'elle vient fur le
champ remercier celle qui le lui avoit enfeigné,
& lui dit dans fon enthoufiafme : « Je vais faire
» mes Pâques, & mon Confeffeur m'a fort
» invitée de l'aller voir ». Elle y a été, & en
peu de tems, ils font devenus fi amis, que la
Pénitente ayant été obligée d'aller à Paris, le
Confeffeur l'y a été voir. Entrée enfuite dans

une Communauté, ils ont lié ensemble un grand commerce de lettres, qui, ayant été arrêté par la Supérieure, a obligé sa pénitente de prédilection à revenir à Rouen, où elle est arrivée depuis peu. Il lui fait de fréquentes visites, les voisins jasent, &, selon les apparences, elle en sera quitte pour changer de quartier.

Une jeune Dame qui s'est adressée à lui pour faire ses Pâques, parce que son Confesseur étoit malade, a dit : « Il m'a fait des questions » sur mon nom, ma demeure, & les façons » que mon mari avoit pour moi : il m'a en- » suite interrogée sur ce qu'il y a de plus » obscène, ce qui m'a obligé de lui dire : Il » y a deux ans que je suis mariée, je ne sçais ce » que vous voulez me dire, & mon mari ne » m'a jamais rien dit de ce que vous me de- « mandez ». Cette jeune Dame fut si scandalisée de ses questions, qu'elle n'y a pas retourné. On en connoît d'autres qui l'ont quitté pour le même sujet.

Faut-il s'étonner que l'on entende dire : » Que vont donc faire celles qui mettent leur » confiance en un tel Directeur ? S'entretenir » sans doute de choses qui excitent en elles » des mouvemens libidineux ». Termes dont s'est servi dans sa déposition contre le Curé de S. Godard, Susanne Duhamel, qui avoit été servante chez le frere du sieur Ruellon. Aussi en voit-on qui ménent une vie scandaleuse, ou qui fassent leur unique occupation de toutes les parties de plaisir. « Voilà, *dit-on*, des » Pénitentes de l'Abbé Ruellon ». Avis aux peres & aux meres, & à celles d'une conduite rangée. On entend dire souvent : « Je ne vou-

» drois pas épouser une Pénitente de Ruellon ».
On connoît des Demoiselles qui ont été demandées en mariage & qui ont été délaissées par cet unique motif.

Sitôt que l'on eut appris la nomination de M. de la Rochefoucault à l'Archevêché de Rouen, le sieur Ruellon sentit bien que sous un Prélat dont on publioit tant vertus, il ne seroit pas conservé dans la Pénitencerie : craignant aussi qu'en la lui retirant, on ne lui donnât pas de pouvoirs pour confesser, il a cru devoir prévenir le Prélat en donnant sa démission, & les choses ont réussi comme il l'espéroit. On a cependant remarqué qu'il a été plusieurs jours très-mélancolique. En conséquence de sa démission, il a été obligé de quitter le Confessionnal, la Chapelle & la Sacristie qu'il occupoit. Mais toujours attentif à procurer à ses Pénitentes, sur-tout à celles du soir, toutes les commodités qu'elles peuvent desirer, il a choisi une petite Chapelle à côté de la porte des Maçons, par où l'on a dit dans les Anecdotes qu'elles entroient lorsque les portes de l'Eglise étoient fermées. Pour y placer un beau Confessionnal, il a fait creuser la muraille, que les Connoisseurs prétendent être beaucoup affoiblie. L'ayant fait lambrisser & orner à ses frais, du moins apparens, il a cru pouvoir gâter une des vîtres ; mais le Chapitre l'a obligé, dit-on, de la remettre dans son premier état. Tout y est beau pour y entendre des péchés féminins, aussi est-elle bien achalandée. Deux Dames & une Demoiselle ayant fait partie d'aller à confesse au sieur Ruellon, se transporterent vers la Toussaints dernière à la Cathédrale ; mais ayant vû ce Confesseur seul avec une jolie Demoiselle dans un coin, entre le Confessionnal & la clôture, où ils étoient assis très-serrés & cachés de côté par un rideau, elles en furent si indignées qu'elles dirent qu'elles aimeroient mieux mourir sans confession que d'aller à un tel homme.

Une petite pécadille du sieur Ruellon. Consulté par une femme blessée de ce que son mari en voit une autre, il décide que le mari ne doit point cesser, crainte de scandale, de continuer à voir celle qu'il aime concurremment avec sa femme....

Ce n'étoit point assez au sieur Ruellon que d'être connu tel qu'on vient de le dépeindre, il falloit qu'il apprît à toute la ville qu'au mépris du quatrième précepte du Décalogue, il a le talent de soustraire à l'obéissance paternelle les filles qui y sont soumises. Conduite qui tend à troubler le repos des familles. M. Delabéis, Marchand à Rouen, homme d'une probité reconnue, étant resté veuf avec plusieurs filles, a épousé en secondes nôces, une femme d'un aimable caractère, auquel la piété se trouve réunie. Cette femme a élevé ses belles-filles comme il convient à une mere Chrétienne, & les belles-filles répondoient si bien aux impressions de la belle-mere, qu'elles en recevoient toutes un applaudissement général. Le pere jouissoit tranquillement du fruit de ses travaux; la belle-mere de celui de son bon exemple, & les filles des douceurs de leur docilité, lorsque le loup a entré dans la bergerie, & y a mis tout en désordre. Le sieur Ruellon s'est emparé de l'esprit de deux de ses filles, dont une fort jolie, & leur a inspiré de se retirer dans un Couvent de Rouen (le Refuge, on y enferme les filles dont la débauche a éclaté) où il les a placées lui-même. (Le sieur Rose y avoit mis la Dame Tiret). Le pere & la mere ont mis tout en usage pour arrêter cette espèce de rapt; mais les deux filles instruites à l'école du sieur Ruellon, aidé, dit-on, de leur oncle, ont dit à leur pere : « Nous avons le bien de » notre mere, nous voulons entrer au Cou- » vent ». Le pere & la belle-mere ne cessent de gémir sur une telle séparation; tout le monde y est sensible : Ruellon seul s'en réjouit, dans l'espérance sans doute, de se comporter dans ce Couvent comme le sieur Rose avec la Dame Tiret, le sieur Fossard dans un autre avec la Demoiselle Bourlet, &c, &c, &c.

M. d'Osmond, Chanoine de la Cathédrale, & Grand-Vicaire de Lisieux.

Le sieur d'Osmond, Docteur de Sorbonne, Chanoine de Rouen, & Grand-Vicaire de l'Exemption de S. Cande-le-Viel, de laquelle l'Evêque de Lisieux perçoit sans peine en qualité de Doyen, quatorze à quinze mille livres de revenu, a voulu aussi, à l'exemple des Grands-Vicaires du Chapitre de Lisieux, qui ont donné un Mandement sur la mort de M. de Brancas, dont un Ecrivain a sçu apprécier le mérite, faire briller son éloquence dans un Mandement qu'il a composé sur le même sujet. Entr'autres belles & nombreuses phrases, on ne dit pas ingénieuses, on lit que *M. de Brancas sçut allier à la sévérité de S. Charles Borromée, la séduisante aménité de S. François de Sale.* N'en déplaise à ce Docteur Chanoine, on ne voit nulle part que ces deux grands Saints se soient distingués, comme le plus souvent le Prélat, par les bons mots & les quolibets qui ressentent si fort les gasconnades & la bouffonnerie.

M. Duval.

A la fin du mois de Septembre dernier, le sieur Duval, Chanoine & neveu de l'Abbé Bridelle, donna une scène assez comique qui divertit sans frais une multitude de personnes. Ce Chanoine, homme de génie, comme on va le voir, a loué à Mademoiselle de Mézières, une partie de sa maison Canoniale, & a gardé l'autre pour lui. On étoit convenu que le marteau seroit pour M. l'Abbé, & la sonnette pour Mademoiselle de Mézières. M. le Chanoine qui n'est point accoutumé à se lever matin, se trouvant incommodé du babil de cette imprudente sonnette, prend le parti de lui imposer silence malgré elle. En conséquence, il monte à l'échelle & se met en devoir de l'arracher. Mademoiselle de Mézières, pour lors en campagne, avoit laissé chez elle son homme d'affaires, qui, voyant M. l'Abbé en travail, lui demande pourquoi il veut arracher cette sonnette qui n'est point à lui. « C'est, » *dit le mortifié Chanoine*, qu'elle m'incom- » mode & m'empêche de dormir ; je la veux » absolument arracher. » Opposition de la part de l'homme d'affaires. M. l'Abbé se voyant contredit & ne pouvant venir à bout de son dessein, vomit beaucoup de sottises & d'injures, auxquelles il est répondu sur le même ton, en présence d'une infinité de personnes qui y accourent en foule. M. l'Abbé en homme prudent & modéré, saute au colet de l'homme d'affaires, qui, tenant alors un maillet, ne comprend pas comment il a été assez prudent pour ne pas fendre la tête à M. l'Abbé. Le Chanoine, hors de lui de ne pouvoir réussir, & ne se sentant pas le plus fort, envoie chercher la garde. La garde venue, M. l'Abbé dit qu'il veut parler au Sergent. La garde s'en retourne. Le Sergent vient. M. l'Abbé le fait entrer, cause long-tems avec lui, & en le conduisant, dit assez haut pour pouvoir être entendu : « Coquin, tu voudrois bien que je te » pardonne, mais tu ne le mérite pas ; tu mé- » rite bien d'être enfermé ». L'homme d'affaires à qui ces paroles s'adresserent, encore tout en feu, lui répond : « Je me F. de vous & de » votre pardon ». M. l'Abbé ayant sans doute trouvé dans ce Sergent un homme plus raisonnable que lui, va, dit-on, faire ses plaintes à M. de Bailleul, Président de la Chambre des Vacations, qui, dit-on, lui a lavé la coeffe de bonne importance. Enfin, voyant que toute satisfaction lui étoit refusée, & ne pouvant se la procurer lui-même, il se plaint de l'insulte qui lui a été faite à plusieurs Chanoines qu'il trouve assemblés dans la Sacristie ; mais il est aussi mal reçu ; car on lui dit qu'il est un étourdi, & que quelqu'affaire qui lui arrive, ses Confreres ne s'en mêleront jamais. Un Chanoine traité d'*étourdi*, quel crime ! Son unique recours est à présent dans des tracasseries qu'il suscite à Mademoiselle de Mézières, pour l'obliger à quitter cette maison. Il n'y a point de stratagême qu'il n'imagine pour y réussir.

Il croit être grand Musicien. Faisant un jour

dans la Sacriftie, théâtre ordinaire de ſes pol-
liſſonneries, l'eſſai de ſa voix, en montant &
en deſcendant, il demandoit à un de ſes Confreres, M. de Sauchay : « N'ai-je pas une
» belle voix ? Ce n'eſt pas d'aujourd'hui,
» *lui dit M. de Sauchay*, que je ſçais que vous
» avez du haut & du bas ». Quoiqu'il ſoit
Docteur Carcaſſien, ne pourroit-on pas dire
qu'il eſt bien pauvre d'eſprit ?

Ce n'eſt pas tout ; quelle charité pour le ſexe !
Il a une Gouvernante, qui, ſortant de chez
un de ſes Confreres, n'avoit rien. Dès ſon entrée chez lui, il l'a comblée de préſens de toutes eſpèces, comme argenterie, hardes, &c.
Il a pour elle toutes les complaiſances imaginables, on peut même dire extraordinaires.
Il eſt vrai que cette Demoiſelle ſçait fort bien
faire à manger ; qu'elle eſt très-adroite en toutes choſes, & qu'elle n'eſt pas déſagréable.
Auſſi a-t elle ſi bien gagné les bonnes graces
du ſieur Duval, qu'il l'a fait mettre ſur ce
que l'on appelle *le haut ton*.

M. Mareſcot.

Le ſieur Mareſcot, qui, depuis 1752 étoit
Curé de S. Sauveur, où il a vû avec tranquillité, pour ne pas dire permis, les abus ridi-
cules dont il eſt parlé page 112 des Anecdotes,
au ſujet des Saluts ſolemnels du S. Sacrement
qui ſe diſent dans cette Paroiſſe, vient d'avoir
un Canonicat de la Cathédrale. Il a laiſſé pour
Vicaire à S. Sauveur le ſieur Morel, qui n'a
aucun goût pour l'étude, dont toute la bibliothéque ne conſiſte qu'en quelques tomes dépareillés de l'Hiſtoire du Peuple de Dieu, & d'une

ignorance si crasse, que, malgré la facilité des Grands-Vicaires de M. de Tavanes à recevoir des Sujets tout-à-fait incapables, il a été refusé plusieurs fois pour les Ordres. Au surplus, c'est un homme soumis, & ce rare sujet a mérité les égards du sieur Marescot. Des Paroissiens faisant un jour des reproches à leur Curé sur son mauvais choix, il répondit : « Bon ! » si j'avois une condition meilleure, je la lui » donnerois. C'est mon homme de confiance ». Le Curé Esmangard a pour homme de confiance le sieur Saint-Ouen, il étoit bien juste que le sieur Marescot qui vouloit s'élever, marquât son goût & son discernement par le choix de gens de confiance. Digne Promoteur de l'Officialité ! On peut dire qu'il est Chanoine par vocation, car on le voit souvent dormir, rire ou causer pendant l'Office Divin.

Exemples d'édification.

Plusieurs Chanoines s'étant trouvés chez un Ami commun avec plusieurs Dames & Demoiselles, on chanta à tour de rôle, entre la poire & le fromage, de fort jolies Chansons, convenables au tems & aux circonstances. Un des Chanoines, le plus grave, & ci-devant Grand-Pénitencier, dit à un de ses Confreres : «L'Abbé, » vous devriez bien embrasser votre Voisine, » elle le mérite bien. C'est à vous, M. l'Abbé, » *répondit l'autre*, à qui cela appartient. Com- » me Directeur, la préférence vous est dûe ». L'édifiant entretien !

Il y a d'autres Chanoines qui, pour passer le plus agréablement que faire se peut le peu de tems qu'ils sont à Rouen, donnent très-souvent à souper à des Dames, passent une bonne partie de la nuit à danser en rond, à jouer avec elles au cul d'entendement & à Colin-Maillard. Qu'on juge s'ils ne sont pas de droit exempts d'aller à Matines; aussi ne les y voit-on pas souvent. Il n'y a pas long-tems qu'un de ces Chanoines *Ubiquistes*, jouoit à ces petits jeux avec d'assez jolies Dames, qui crioient souvent: « Finissez, Monsieur l'Abbé; finissez » donc, finissez ». Apparemment que M. l'Abbé alloit trop loin, ou s'y prenoit trop brusquement pour connoître son monde. Quel joli amusement quand il est bien pris! Que ces Chanoines sont éloignés d'imiter les Philosophes, qui, au rapport de Tertullien, se sont crevé les yeux! « Ceux-ci, *dit-il*, agissoient » de la sorte, parce qu'ils désespéroient de » pouvoir vivre chastement, tant qu'ils au- » roient la liberté de voir ces objets qui en- » flammoient leur cupidité ». Ceux là au contraire, craignant, sans doute, de perdre la vûe, & d'être privés des objets qui les flattent, s'exercent, les yeux bandés, à les trouver & à les connoître. Il n'y a donc point à craindre qu'ils employent les remèdes violens de ces Philosophes. Il y auroit long-tems que le sieur Terrisse & ses semblables, tant à Rouen qu'ailleurs, seroient aveugles, s'ils s'étoient crevé les yeux sitôt qu'ils ont senti leur concupiscence s'enflammer à la vûe de certains objets. Mais si, par un événement extraordinaire, cet accident arrivoit aux Ecclésiastiques livrés à ce vice, que de Bénéfices vacans, à commencer par ceux de M. Terrisse! Combien d'aveugles! On verroit sûrement, sans compter ceux de la campagne, plus que Quinze-Vingts dans la

Ville de Rouen. Elle seroit plus renommée que ne l'est Paris par ses Quinze-Vingts ; car ils n'ont pas à leur tête des Terrisse, des Rose, &c, accoutumés à faire des visites nocturnes, ni de vénérables Chanoines qui ont un talent merveilleux pour trouver & désigner à tâton, même avec le seul secours du derrière, les personnes qu'ils cherchent. Ces Grands-Vicaires, Chanoines & autres, espèrent-ils de la Sainte Vierge un miracle semblable à celui rapporté dans la Légende dorée, au jour de la Conception ?

Extrait de cette Légende, Edit. de 1531.

» Dans une contrée des Gaules, un certain
» Chanoine, Prêtre, ayant coutume de réciter
» les Heures Canoniales de la Bienheureuse
» Vierge Marie, revenoit d'une maison de
» campagne, où il avoit commis un adultère
» avec une femme, & se hâtoit de retourner
» à la Ville où il demeuroit. (c'étoit la Ville
» de Rouen). Comme il souhaitoit passer la
» rivière de Seine, étant entré seul dans une
» petite Nacelle, il commença, en traversant
» cette rivière, les Heures de la Mere du Sei-
» gneur : & lorsqu'il disoit l'Invitatoire, *Je*
» *vous salue, Marie pleine de grace, le Seigneur*
» *est avec*, & qu'il étoit déja dans le milieu du
» fleuve, tout-à-coup une grande troupe de
» Démons, le précipita avec son vaisseau dans
» le fond du fleuve, & entraîna son ame aux
» enfers : or, le troisiéme jour la Mere de Jesus,
» accompagnée d'un grand nombre d'Anges,
» vint au lieu où les Démons la tourmen-
» toient, & leur dit ; Pourquoi tourmentez-

» vous ainsi injustement l'ame de notre Servi-
» teur ? Les Démons lui répondirent : Nous
» devons l'avoir & avec justice, puisqu'elle
» a été prise en faisant nos œuvres : La Mere
» de Jesus leur repartit : Si l'ame de ce Cha-
» noine doit appartenir à celui dont elle fai-
» soit les œuvres, donc elle doit être à nous ;
» puisqu'il récitoit nos Matines lorsque vous
» l'avez fait périr, ce qui vous rend plus cou-
» pables, pour avoir ainsi agi avec nous avec
» si peu de considération. A ces paroles les Dé-
» mons de s'enfuir de toutes parts chargés de
» crainte & de honte. Aussi-tôt la Bienheureuse
» Vierge ramena l'ame du Chanoine dans son
» corps, & prenant par le bras cet homme
» doublement ressuscité, elle ordonna aux eaux
» de s'arrêter à droit & à gauche comme un
» mur, elle le ramena du fond du fleuve sain
» & sauf à bon port. Or, le Chanoine tressail-
» lant de joie, prosterné aux pieds de la Bien-
» heureuse Vierge, lui dit : Ma très-chere
» Dame, Vierge toute belle, Mere très-agréa-
» ble de Jesus mon divin Maître, que vous
» rendrai-je pour les bienfaits ineffables dont
» vous venez de me combler ? Vous m'avez
» délivré de la gueule du lion & mon ame
» des tourmens très-cruels de l'enfer. La Mere
» de Jesus lui répondit : Je vous prie de ne
» pas tomber dorénavant dans le péché d'adul-
» tère, de peur que votre dernière fin ne soit
» pire que la première ; je vous prie encore
» que dans la suite vous célébriez dévotement
» la Fête de ma Conception, le 8 Décembre,
» & que vous la fassiez célébrer par-tout.
» Aussi-tôt que la Bienheureuse Vierge Marie
» eut dit cela, elle monta en sa présence au
» Ciel ;

» Ciel ; & lui menant une vie d'Hermite, il
» raconta à tous ceux qui vouloient l'enten-
» dre ce qui lui étoit arrivé, & ensuite tant
» qu'il vécût il célébra, & autant qu'il le pût
» fit célébrer cette Fête solemnellement par
» tous les endroits & contrées qu'il connoif-
» soit «. C'est pour cela que cette Fête est appellée la Fête des Normands, & pour transmettre cette histoire à la postérité la plus reculée, on l'a représentée dans la seconde des vîtres au-dessous d'un Autel de l'Eglise de Saint-Jean de Rouen, au côté droit. On y voit au milieu d'une riviere un vaisseau prêt à faire naufrage, un homme qui va tomber dans l'eau, une femme de l'autre côté du rivage assise sur le seuil d'une maison ; sur la surface de l'eau, la Sainte Vierge tenant une figure humaine, & le Diable qui, la tenant aussi, pousse, pour l'avoir, ses griffes contre le ventre de la Sainte Vierge, de la bouche de laquelle, ainsi que de celle du Diable, sort une partie du Dialogue ci-dessus, & dans l'air Jesus-Christ qui prononce la décision de la dispute : mais on n'y voit point que ce Chanoine ait été ressuscité. Les personnes qui ont examiné de près le dialogue, & celles qui sçavent l'Histoire des Antiquités de Rouen, disent que c'étoit un Chanoine de la Cathédrale, qui, allant voir la femme avec laquelle il commettoit le péché d'adultère, fut surpris d'une tempête & noyé ; que le Diable & la Sainte Vierge s'étant trouvés pour recevoir son ame au sortir du corps, ils prétendoient l'une & l'autre qu'elle leur appartenoit ; que s'en étant rapportés au jugement de Jesus-Christ, il avoit décidé qu'elle appartenoit à sa Mère ;

enfin, que ce Chanoine ne s'étant point rendu auprès de sa maîtresse à l'heure qu'il avoit coutume de la venir voir, elle s'étoit assise sur le bord de sa porte pour l'attendre.

On vient de voir en abrégé la conduite de quelques Grands-Vicaires & Chanoines de la Cathédrale. Disons deux mots de la conduite du vénérable Chapitre de cette Métropole de la Normandie ; mais donnons avant quelques réflexions sur l'origine des bancs introduits dans les Eglises, & l'abus des chaises.

Ceux qui ont quelque connoissance de l'Histoire de l'Eglise, n'ignorent pas que l'usage des bancs dans les Paroisses, n'est établi que depuis quelques siècles, & qu'il n'a eu lieu que pour augmenter le revenu des Fabriques. En différens tems on a voulu réformer cet abus, mais l'usage a prévalu, & les bancs sont restés comme autant de monumens de l'avarice des Fabriques. Il est certain que tous les Peuples, soit Idolâtres, soit Juifs, avant la venue du Messie, & depuis cette heureuse époque les Chrétiens, n'ont jamais cherché leurs commodités dans les Temples élevés à Dieu, ou dans ces Edifices superbes consacrés aux Idoles. Les siéges, les oreillers, les tapis étoient faits pour y poser les Idoles, & non pour servir aux Assistans dans les Temples. Quand il fut permis de bâtir des Eglises & des Autels à Jesus-Christ, on y étoit debout. Y vit-on des Chrétiens ambitieux & remplis de faste chercher à s'isoler de leurs frères, & à se retrancher commodement dans des espaces séparés, fermés de toutes parts & inaccessibles aux autres : S'il se trouvoit quelques siéges, ils étoient de pierre, pratiqués contre les murs & dans les recoins écartés, afin que les infirmes & les convalescens pussent s'y reposer un peu. Voilà quels étoient les premiers usages. Trop d'indulgence a tout corrompu. Un vil intérêt, les besoins de la décoration de nos Temples, ont écarté les bienséances & ouvert la porte à la licence. Si l'on voit aujourd'hui des Sacristies pleines d'ornemens dorés & superbes, portés moins pour honorer Dieu que pour contenter la vanité & l'ostentation de ceux qui en sont revêtus, nos Eglises sont d'une malpropreté affreuse, remplies de poussière & d'ordures, dans un état qu'il n'y a point de Particulier qui n'eût honte de voir sa boutique, sa sale, ou sa chambre aussi puante ou aussi négligée. « Ce n'est pas là tout, *dit un célèbre Auteur de nos jours*, ce qui me scandalise, c'est de voir tous les jours des personnes de tout sexe, de tout âge, de tout rang prendre une chaise pour entendre, non pas une grande, mais une basse Messe. On la commence, ils s'agenouillent à l'Introït, cet instant passé, ils sont assis jusqu'à la Préface, & presque toujours, il faut qu'une sonnette les avertisse de l'instant où l'on élève le corps de Jesus-Christ. Ils se mettent à genoux. Est-ce à terre ? Non : c'est sur le bord de leur chaise, où leurs genoux sont tant soit peu appuyés ; après cela ils reprennent leurs places jusqu'au moment de la dernière bénédiction. Pendant le quart-d'heure qu'à duré tout au plus cette messe, ils n'ont souvent fait autre chose que causer ou prendre du tabac. Sont-ils sortis, on les voit debout pendant des heures entières dans les places publiques parler de nouvel-

» les, ou s'entretenir au moins de choses inu-
» tiles & fort indifférentes ».

Cette description est trop critique, nous va-
t'on dire, nous convenons que les bans fermés devroient être bannis des Eglises : bien
des désordres seroient ignorés & abolis ; mais
on ne peut pas dire la même chose des chaises. N'est-il pas commandé d'écouter les Sermons & les Instructions ? S'acquittera-t'on de
ce devoir étant debout ? Quelle gêne ! nos
pères le faisoient. Devons-nous être plus délicats qu'eux ? Mais en tolérant les chaises dans
les Eglises ; faut-il souffrir en même-tems le
commerce criminel & coupable qui s'exerce
dans la Maison de Dieu à l'occasion de ces
chaises ? Jesus Christ chassa du Temple ceux
qui y vendoient ; encore n'étoient-ils placés
que dans le parvis & à l'entrée. Il leur dit :
*Ma maison est une maison d'Oraison, & vous
en faites une caverne de voleurs.* Aujourd'hui
son Temple véritable, dont celui de Jérusa-
lem n'étoit que la figure, devient le théâtre
de l'avarice & de l'ambition. Des Marguillers,
des Curés & des Chanoines sont les Marchands, les Vendeurs, &c. Ils font les uns &
les autres de la maison de Dieu une caverne
de voleurs.

Nous ne ferons pas ici le dénombrement
des Eglises Paroissiales de Rouen qui gémissent sous la tyrannie de cette avarice sordide
& honteuse. Nous parlerons encore moins de
ces voies sourdes & iniques pratiquées, auto-
risées mêmes par des Arrêts des Parlemens,
pour parvenir à la location des chaises en plusieurs Eglises. Gémissons seulement sur ce qui se

passe à la Cathédrale de Rouen par rapport aux chaises. Transportons-nous dans cette grande Eglise, & voyons-y autant de Marchands & de profanateurs qu'il y a de Chanoines. Que dire du prix qu'on doit payer pour avoir des chaises, aux jours & Offices indiqués dans certaines Pancartes ? Cela nous meneroit trop loin. Mais il faut que ce prix soit exhorbitant, puisque la location des chaises doit monter à cinq mille livres, la dernière année du bail. Si cette somme revient au Chapitre, la Locataire doit au moins tirer un tiers en sus pour ses peines. Quels moyens ne faut-il donc pas employer pour tirer, extorquer cette somme ? Les mêmes à peu près qu'emploient les Traitans, ces pestes & ces sangsues publiques qui se nourrissent & se rassasient du sang des Citoyens. Rouen, la Normandie entière, ne pouvoient fournir une personne douée des qualités requises pour prendre une Ferme si pleine d'iniquité. Une quatrième furie, instruite à l'école de la Place Maubert, une femme, dont la hauteur & la dureté font le véritable caractère, étoit digne à tous égards de gagner la confiance du Chapitre de Rouen. Quels murmures de la part du Peuple ! quelles irrévérences ! quelles profanations ! Combien de fois n'en est-on pas venu aux coups de poings & de pieds, &c ? On se souvient encore qu'un jour de Dimanche, pendant le sacrifice de la Messe, elle frappa plusieurs Paroissiens de S. Etienne la grande Eglise, dont l'Office Paroissial se fait dans la Cathédrale, bâtie sur le fonds & en la place de l'ancienne Eglise de S. Etienne, parcequ'elle vouloit faire payer chaque chaise sur le nouveau tarif. On sçait aussi que le Sieur de Louvres, qui est de la Congrégation des Messieurs chez les bénis Péres, Avocat au Parlement, & Bailli du Chapitre, devant lequel cette affaire fût portée en première instance, au lieu de réprimer & de punir l'insolence de cette Mégère, fit perdre par Sentence la cause des Marguilliers de S. Etienne. Ils en appellèrent au Parlement, qui, par Arrêt, maintint & conserva les Paroissiens dans la possession où ils étoient de ne payer plus grande somme qu'auparavant, (trois deniers). Cet Arrêt faisant droit sur les plus amples conclusions du Procureur-Général, ordonne que le nouveau Tarif sera remis entre les mains dudit Procureur-Général pour voir sa parité ou disparité avec l'ancien Tarif, pour sur son rapport fait, être par la Cour statué ce qu'il appartiendra. Mais cette dernière disposition de l'Arrêt est encore à exécuter. M. le Procureur-Général est trop ami des Grands-Vicaires & des Chanoines pour rendre justice aux Habitans de S. Etienne, qui, depuis cinq ans, l'attendent inutilement. Il ne faut pas s'imaginer que la location de ces chaises qu'on pourroit tolérer, si elle étoit modique, ne cause que ce désordre dans la Cathédrale. Aujourd'hui il n'est plus permis aux pauvres d'écouter la parole de Dieu, même debout. La Chaisière les jette dehors pour placer ses chaises. Cet exemple pernicieux a gagné dans les autres Eglises où les pauvres Paroissiens sont également repoussés, insultés, battus & jettés pareillement dehors par les Chaisières.

Il y a des Eglises, & telles sont celles des Lazares, le Séminaire Archiépiscopal, le Noviciat des Jésuites, les Ursulines, le second Monaſtère de la Viſitation, & des Egliſes Paroiſſiales où il n'y a pas un ſeul banc pour aſſeoir les pauvres, qui, par néceſſité, ſont contraints de s'aſſeoir ſur les marches de l'Autel, & de tourner ſcandaleuſement & indécemment le dos au corps adorable de Jeſus-Chriſt qui ſe trouve trop ſouvent expoſé dans ces Egliſes. Les anciens bancs, nommés vulgairement formes, qu'on voyoit il n'y a pas encore quarante ans dans grand nombre d'Egliſe, ont diſparu. Il n'y a plus que S. Jean & quelques autres Paroiſſes qui les conſervent encore. Les Chaiſières ont d'abord fait leurs efforts pour les caſſer, & en ont fait diſparoître les morceaux pour ſe procurer la place d'un plus grand nombre de chaiſes. Abus effroyable, qui n'eſt en vigueur dans aucune Religion du monde, & que le Paganiſme a détesté. Abus que le Parlement par inadvertance a ſemblé ſans doute autoriſer dans l'Arrêt rendu en 1751, pour les Fabriques, ſur le requiſitoire du Procureur-Général, dans lequel Arrêt on voit que le prix des chaiſes ſera affiché à la porte des Egliſes.

Mais, dira-t-on, c'eſt actuellement un uſage introduit, & il faut, malgré que l'on en ait, permettre ce que l'on ne peut empêcher. Nous ne penſons pas ainſi. Nous devons élever nos voix ; & le reſpect qui eſt dû à Dieu, ne nous permet pas d'être muets & de fermer les yeux ſur de pareilles impiétés, & des irrévérences auſſi ſcandaleuſes & auſſi choquantes. Soyons ſaiſis d'étonnement & d'horreur ; ce que les Turcs, & autres Nations infidèles, craindroient de faire dans leurs Moſquées & dans leurs Temples, les Chanoines de Rouen ne rougissent pas de le laisser commettre & de le faire eux-mêmes dans le Temple du vrai Dieu. Ces Ecclésiastiques croyent-ils donc à la présence réelle d'un Dieu, qui par amour est toujours présent, & veut venir lui-même habiter parmi nous ? Ces grandes sommes d'argent, qu'on pourroit en quelque façon appeller le prix du sang du Fils de Dieu, à quoi sont-elles employées ? Est-ce à soulager les membres de Jesus-Christ ? Est-ce pour fournir gratis à la sépulture des fidèles, ou pour contribuer à l'embellissement de l'Eglise ? (Ce qui ne seroit pas même permis.) Non : ces cinq mille livres rassemblées, extorquées, pillées avec tant de scandale & de dureté, sont la récompense & le prix de l'insolence & de la paresse des Chanoines. A la fin de chaque année, cette somme est séparée, qualibitée entr'eux. Quel usage en font-ils? Les Terille, les Rose, les Tossards, les Gresl, les Ruellon, les Duval, &c. sont en état à toute heure & jour de satisfaire les curieux & de résoudre la question.

Entr'autres expédiens qu'ils ont imaginé pour paroître généreux, & cependant satisfaire leur avarice, en voici un qui mérite l'attention du Lecteur. Ils ont un Secrétaire ; c'est un bon Prêtre qui mérite pour ses peines & son travail un honoraire honnête : il en attendoit depuis long-tems une légitime augmentation ; sa patience a été récompensée. Ils lui ont permis d'augmenter le prix des différens Actes qu'il délivre au Public, comme les dispenses de Mariage, les *Visa*, ou Institutions Canoniques pour les Chapelles ou Bénéfices qui font à leur préfentation ou collation. Il n'exigeoit que quatre livres dix fols pour chacune de ces dernières pièces ; actuellement en vertu de la permiffion du Chapitre, il prend neuf à dix livres. Il feroit bien long de rapporter en détail les autres traits de leur fçavoir faire. Les Jéfuites de Marfeille ne faifoient pas mieux valoir le Secrétariat de M. de Belfunce, nous ofons l'affurer. Quel dommage que M. de la Rochefoucault ne donne pas le Secrétariat de l'Archevêché à de fi bons Fermiers, pour le régir.

Si l'on eft indigné de ces traits odieux, comment regarder de bon œil ces bancs ou formes qu'ils fe font fait faire il y a quelques années, pour affifter au Sermon ? De tout tems il n'y avoit eu dans l'Eglife que des bancs, ou formes, qui étoient rangés dans la Nef vis-à-vis de la Chaire ; ils fervoient aux anciens Chanoines, les Cardinaux d'Amboife, de Bourbon & autres Prélats n'avoient pas même dédaigné de s'y affeoir pour écouter la parole de Dieu, avec les Chanoines & tout le Clergé indiftinctement. Nos Chanoines modernes n'ont pû fouffrir cette promifcuité & ce pêle-mêle. L'Abbé Bertaut, un d'eux, imagina les bancs à doffier & à marchepié que l'on voit aujourd'hui, pour placer fes vénérables Confrères que la reffemblance des habits pouvoit confondre avec les Chapelains, foit de chœur, foit titulaires. Il propofa fon projet au Chapitre ; il fût trouvé admirable, unanimement approuvé & auffi-tôt exécuté. Il ne fut plus permis à autres qu'aux Chanoines de s'affeoir ou de dormir fur ces bancs pendant le Sermon. Néanmoins, de cet arrangement, il en est résulté un autre inconvénient, les Chanoines ne viennent le plus souvent qu'en très-petit nombre, & ceux qui ne paroissent pas sont plus remarqués. Le Public malin, quoique dévot, ne peut s'imaginer qu'ils soient occupés à la prière vocale ou à la méditation.

Quel zèle pour le salut de leurs Confrères ! Ils ont fait célébrer un Service solemnel pour le repos de l'ame de l'Abbé Taliebot, mort hors la Ville de Rouen. Ce digne Chanoine, fils d'un Menuisier, avoit un Canonicat fort médiocre, il ne lui rapportoit que deux mille quatre cens livres. Un revenu si mince n'étoit pas à beaucoup près suffisant pour faire vivre un homme de son extraction & de son rang. Il a donc fallu que plusieurs personnes ayent contribué à son bien être. Marchands de vin, Cuisiniers, Pâtissiers, Merciers, Miroitiers, Drapiers, Bonnetiers, &c. se sont unis pour une si bonne œuvre. Mais au milieu de ces prospérités, l'homme de Dieu a été enlevé du monde, chargé envers tous ces Particuliers de plus de quinze mille livres de dettes. Ah ! si le Ciel lui avoit accordé de plus longs jours, il seroit mort comme M. l'Archevêque de Tressan, ou quelqu'autre gros Bénéficier. Les articles suivans font voir combien il faisoit un bon usage de son revenu. Il ne devoit que six cens livres à un Pâtissier, sept cens livres à un Marchand de vin, environ cent vingt livres à un Bonnetier, pour avoir fourni des bas à homme & à femme. A son inventaire, quel concours ! Les uns venoient rechercher leurs tableaux, d'autres leurs miroirs & leurs glaces...., les Libraires seuls n'ont point paru

Quel soin le pieux & consciencieux Abbé Gresil & le fameux d'Osmond son Confrère ne se font-ils pas donné en cette occasion pour se faire adjuger à bon marché les meubles qui leur convenoient ? Une si bonne œconomie, devant & après la mort, n'a laissé l'Abbé Tallebot redevable que de la somme d'environ dix mille livres qui ne seront jamais payées. Dans pareilles circonstances le Chapitre, aux mains duquel il restoit environ cent soixante livres, appartenant à l'Abbé Tallebot, & conséquemment à ses Créanciers, n'a-t'il pas mieux fait de faire dire un Service solemnel, & d'engager par-là tous les gens de bien à prier pour lui ? Quelques vieux Jansénistes ne seroient pas de cet avis, mais Escobar, Tambourin, Vasquès & tous les Docteurs graves de la Société pensent différemment. N'en est-ce pas assez pour autoriser la décision des membres composant le vénérable Chapitre de Rouen ?

Donnons une idée de la manière avec laquelle on procéde à la réception de chaque Chanoine & Chapelain. Après avoir examiné les titres & capacités du Candidat, on fait entrer l'Huissier du Chapitre, qui, avant toutes choses, a été garni de cent & tant de livres de bougie qui doivent être distribuées aux Chanoines, & on lui demande s'il est content. Après la déclaration de l'Huissier, le Postulant est reçu. On taxe cette exaction de simonie ; cependant sur cinquante Chanoines, quelque scrupuleux qu'on les suppose, M. Davoult, Grand-Chantre, qui édifie tout le monde par sa modestie & sa piété, est le seul qui ne veut pas prendre de bougie.

O vj

Si on verse aujourd'hui des larmes sur la conduite de plusieurs Grands-Vicaires & de plusieurs Chanoines. Si on est attendri sur l'esprit d'intérêt qui anime le Chapitre ; on ne peut qu'être édifié, quand on lit & que l'on se rappelle ce qui étoit autrefois pratiqué dans cette Métropole.

» La coutume a duré long-tems, *dit un*
» *pieux Auteur*, dans plusieurs Eglises cathé-
» drales de notre France, que le Chanoine qui
» faisoit l'Office à son tour, étoit retiré pen-
» dant toute la semaine dans une maison par-
» ticulière joignant la Cathédrale. On appel-
» pelloit cette maison *la Retraite*, ou la mai-
» son *de l'Hebdomadier* : il restoit encore à la
» fin du dernier siècle quelques vestiges de
» cette belle & sainte antiquité dans l'Eglise
» de Rouen, que les anciens Chanoines avoient
» voulu être conservée contre les entreprises
» des jeunes : les prières que l'on faisoit sur ce
» Chanoine Hebdomadier prosterné au bas du
» grand Autel, avant que d'entrer en Office,
» nous font voir ce que l'Eglise attendoit de
» ce Prêtre durant la semaine. Tout le Chœur
» prioit pour lui & sur lui, & après plusieurs
» prières, il étoit conduit, avec tout le Cler-
» gé de l'Eglise Cathédrale, dans la maison
» qui étoit préparée pour celui qui devoit être
» l'intercesseur auprès de Dieu pour tout le
» Diocèse. Il ne parloit à personne durant ces
» huit jours ; il ne se méloit d'aucune affaire
» temporelle ; il ne sortoit de cette maison
» qu'avec le Clergé qui l'accompagnoit pour
» venir à l'Eglise, soit pour faire l'Office, soit
» pour l'administration des Sacremens, car il
» étoit Curé du Chapitre pendant la Semaine :

» en cette demeure-là, on lui fournissoit à boire
» & à manger aux frais du Chapitre ; mais cet
» usage si pieux est aujourd'hui changé en ar-
» gent, ce qui fait pour lui une somme de vingt-
» deux livres, outre ce qu'il gagne comme un
» autre «.

Qu'il seroit à souhaiter que ces anciennes pratiques se rétablissent ! Quel respect n'inspireroient-elles pas pour les fonctions saintes du Sacerdoce ! Quelle idée ne feroient-elles pas concevoir de la grandeur & de l'excellence du sacrifice redoutable de nos Autels ! O que le S. Sacrement seroit honoré, si ceux qui disent la Messe vivoient retirés de cette sorte, dans tout le tems qu'ils approchent des Autels ! Mais quelle est la conduite de la plûpart ? Nous allons l'exposer le plus succinctement qu'il sera possible. Hélas ! depuis long-tems l'Eglise de Rouen gémit sur la dissipation qui remplit le cœur & l'esprit de ses Ministres. Que cette tendre Mère essuie ses pleurs & tarisse ses larmes ! Le Pontife que Dieu, dans sa miséricorde, lui donne pour époux, va renouveller par ses exhortations, & plus encore par ses exemples, la face de son Diocèse, faire fleurir la piété, donner à tous les fidèles la connoissance du salut, éclairer ceux qui habitent dans les ténèbres & dans l'ombre de la mort, enfin conduire leurs pas dans le chemin de la paix & de la béatitude.

Qui croiroit que le P. Giraud, Supérieur de l'Oratoire, s'efforce de donner des impressions contraires sur la conduite du Prélat ! Ce Supérieur, apparemment fâché de se voir dans les Anecdotes, n'a trouvé d'autre moyen de s'en venger qu'en disant à plusieurs personnes :

» Voyez quel cas M. l'Archevêque fait des
» Anecdotes, il vient de donner une Cure à
» M. Saint-Ouen «. Le sieur Saint-Ouen est
un Prêtre dont on a parlé avec beaucoup de
retenue dans les N. E. du 17 Septembre 1756.
Nous en avons usé de même dans les Anecdotes. Il est connu dans le Diocèse de Rouen pour
ne rougir d'aucuns désordres. Revenant il y a
quelques années de basse Normandie, où il
avoit passé la vacance avec un de ses compagnons de débauche, Chantre à la Cathédrale,
il arriva sans argent pour coucher au Ponteaudemer, petite Ville distante de Rouen de onze
lieues. Que fit-il pour s'en procurer ? Il va
chercher de la crote de brebis, se fait apporter dans sa chambre de l'huile & du sucre,
compose avec ces trois ingrédiens une espèce
d'onguent qu'il divise en petits paquets, & se
produit en Charlatan dans une Foire qui se
tient le lendemain. Sa figure grotesque & les
termes extraordinaires avec lesquels il s'exprime, & qu'il accompagna de quantité de
mensonges, lui attirerent un grand nombre
d'Acheteurs qui lui fournirent dix-sept livres
qu'il dissipa dans la même journée. On lui en
a fait des reproches, & a dit : » Je m'étois
» B.... diverti, je n'avois plus d'argent... ».
Le désir du P. Giraud de se donner pour un
homme d'importance, ne devoit pas avec autant d'assurance que d'affectation, ce semble,
lui permettre de faire faire à notre digne Prélat, choix d'un sujet tel que le sieur Saint-Ouen. L'événement n'a que trop fait connoître le peu de prudence du P. Giraud. Le sieur
Saint-Ouen n'a point été & ne sera jamais
nommé Curé par M. de la Rochefoucault. Ce

bruit accrédité pendant quelques jours par ce Supérieur, donna de fort mauvaises idées du Prélat. Quel fond doit-on faire encore une fois sur le P. Giraud que l'on a souvent vu en contradiction avec lui-même ; parler avec de certaines personnes contre la Bulle, & soutenir à d'autre avec chaleur qu'on doit la recevoir, parce que les Evêques l'ont reçue. Il a eu en bonne compagnie de vives altercations qui l'ont réduit au silence & couvert de honte. Réservons ce détail pour la sauce-Robert. Passons à l'abrégé de la conduite de quelques Curés.

ANECDOTES
de plusieurs Curés de la Ville, Fauxbourgs & Diocèse de Rouen.

Le Curé de S. Pierre l'Honoré.

QUI auroit pensé trouver dans la conduite de M. Gaudion, Curé dès 1724 de S. Pierre l'Honoré, des traits différens de ceux rapportés dans le Calendr. Eccles. Edit. de 1757, en Juin 1744, Avril 1745, & dans les N. Ec. des 14 Septembre 1745 & 30 Octobre 1746, où on voit que ce Curé ne voulut pas permettre à M. Perchel, Docteur de Sorbonne, Appellant & Curé de Canreleu, de dire la Messe dans son Eglise le jour que l'on y offroit le saint Sacrifice pour le repos de l'ame d'un des amis du sieur Perchel, qui, peu d'années avant, avoit fait officier dans la sienne le sieur Gaudion, le jour de S. Martin, Patron de Canteseu; M. Perchel fit beaucoup d'inſtances pour ſçavoir les raiſons d'un tel refus. Comme elles n'étoient fondées que ſur les maximes d'Eſcobar, elles furent détruites ſans peine, & le ſieur Gaudion fut mis au pied du mur, ſans que M. Perchel pût obtenir de dire la Meſſe. On y voit auſſi un Extrait de ſes Prônes, qui ne reſpirent que le ſchiſme & les erreurs de Pélage ; où, pour appuyer ſon ſyſtême, il ſe ſert d'un paſſage, tiré de Julien défenſeur de l'héréſie Pélagienne, qu'il dit être de S. Auguſtin. Nous avons des Mémoires beaucoup plus étendus ſur différens Prônes faits par ce Curé, dans leſquels il s'eſt toujours montré le même ; nous n'en ferons point uſage, afin de ne pas préſenter les mêmes objets dans des circonſtances différentes, & nous nous contenterons de dire que le zèle du ſieur Gaudion ne ſe borne pas à ſa Paroiſſe. Il tient des Sanhédrins chez les Jéſuites ſes très-chers Pères, chez le Prieur de S. Ouen & autres, où il débite mille calomnies, où, avec un air béat qui lui eſt comme naturel, il dénonce les gens de bien. Se trouve-t-il avec une Dame à lui connue, il n'eſt plus queſtion de Janſéniſme, des objets plus preſſans le lui font oublier. Nous pourrions à ce ſujet emprunter les couleurs du Public, pour donner quelques traits au portrait du ſieur Gaudion ; mais elles ſont trop vives. Diſons ſimplement. Ce Curé faiſoit de fréquentes viſites à une Dame qui lui en rendoit encore de plus fréquentes. Ils vivoient enſemble dans la plus parfaite concorde, lorſqu'il a plu à l'homme ennemi de ſemer de la zizanie entre le mari & la femme, à laquelle celui-là a interdit l'entrée du Presbytère d'un ton si absolu qu'il a fallu s'y soumettre. Cet interdit imprévu & irrévocable a plongé le Curé & la Dame dans une profonde tristesse; mais il a mis Marie (sa Servante) au comble de sa joie. Un certain public sans étude, parle avec éloquence & d'une manière énergique de cet événement. Les Paroissiens oubliant la charité que le Curé leur recommande dans ses Prônes, disent clairement.... *& il est bien digne d'être l'Apologiste outré des Jésuites & l'ami intime du Prieur de S. Ouen.* Si quelqu'un veut disputer avec lui & réfuter ses opinions erronées, il entre en furie & dit: « *Pour moi je ne suis pas comme les Jansénistes, je me tiens au gros de l'arbre* ». Mais malheureusement son arbre ne produit que des fruits amers & empoisonnés. Cependant il a une propriété particulière, car c'est où se trouvent les plus grosses buches. Ce scientifique Pasteur peut à lui seul donner la *buche de Noël* pour les veilles.

Le Curé de S. Nicolas.

M. de Beaumont, dont il est parlé page 87 des Anecdotes, Curé de S. Nicolas depuis 1729, anciennement connu dans la Ville par une passion si forte pour le jeu, qu'au défaut d'argent, il faisoit des billets, au payement desquels il a eu beaucoup de peine à satisfaire; & connu aujourd'hui par toutes les vieilles rapsodies qu'il débite tous les jours à la Prière qui se fait dans son Eglise, s'avisa un jour, prêchant sur Sainte Jeanne, Reine de France, femme de Louis XII, de s'exprimer ainsi: « Combien pensez-vous, *mes Frè-*

» res, que Sainte Jeanne se congratule, main-
» tenant qu'elle est dans la gloire, d'avoir
» supporté patiemment la répudiation de son
» mari ? Et combien pensez-vous au contraire
» que Louis XII, son mari, maintenant qu'il
» brûle en Enfer & qu'il est condamné à des
» châtimens éternels pour l'avoir répudiée,
» se repente & se désespère de cette action » ?
Il faut être bien ignorant pour parler de cette
sorte de Louis XII, qui a été surnommé *le
Père du Peuple*, & dont tous les Historiens
font le plus grand éloge.

On sçait les amendes honorables qu'il fait
toutes les semaines au Sacré Cœur. Tout chez
lui est tourné en Sacré Cœur. Il ne faut pour
s'en convaincre que celui que l'on met au portail de son Eglise avec une certaine Bulle d'Indulgences, le jour même de la fête de sa Paroisse, au bas duquel est un Serpent qui veut mordre & dévorer ce Sacré Cœur. On lui a demandé ce que signifioit l'emblême de ce Serpent. « C'est, *a-t-il répondu*, les Jansénistes,
» qui de tout tems ont vomi rage & flamme
» contre le Sacré Cœur ».

Ce Curé, comme il est dit dans l'Ouvrage cité ci-dessus, a compilé plusieurs Livrets. Voici un échantillon de ses expressions, il est tiré de la feuille des N. E. du 27 Mars 1750, où se trouve une ample analyse de celui de l'imitation de la Sainte Vierge dont il se dit Auteur. « Marie, *dit-il*, étoit aux pieds des
» Autels..... L'ardeur dans son travail étoit
» singulièrement pour la décoration des Au-
» tels..... Le principal soin de Marie & de Jo-
» seph étoit de former ce divin Enfant selon
» le cœur de Dieu ».

En 1757, la veille du Synode, il fit afficher l'annonce d'un de fes Livrets, pour en procurer le débit aux Libraires qui en étoient chargés ; mais ce qui eft dit dans les Anecdotes, fur les plaintes des Libraires, s'étoit vérifié à la lettre fur fes ouvrages ; car paffant un jour dans la Cour du Palais, il courût à la boutique d'un Libraire, qui depuis long-tems en avoit grand nombre d'exemplaires, pour lui demander s'il en faifoit un grand débit. Le Libraire ayant commencé par lui répondre qu'on ne lui en avoit point encore demandé un feul, il ne voulut pas en entendre davantage & tourna le dos.

Une autre follicitude de M. de Beaumont, TRÈS-DIGNE CURÉ DE S. NICOLAS, (c'eft ainfi qu'en 1757, il fut annoncé dans les affiches pour la Fête de Sainte Claire, dont il fit le Panégyrique aux Gravelines) eft d'allouer des Servantes & même de les marier à de bons Marchands, quand il peut y réuffir. Dès qu'il fçait qu'il y en a une de malade ou de morte dans une maifon où il a quelqu'entrée, comme il en a toujours nombre à placer qui font de fes pénitentes, il va les offrir & en fait de grands éloges. Mais n'étant pas plus habile à connoître leur intérieur, qu'à leur infpirer les devoirs de leur état, il eft fujet à tromper ceux qui en prennent de fa main. Entre plufieurs exemples que nous pourrions citer, nous nous bornerons à ces deux-ci. L'année dernière, il en plaça une chez un Bourgeois de Rouen. Cette fille, apparemment complaifante, s'eft fi bien attiré les bonnes graces de fon Maître qu'il a voulu l'époufer, & fur l'oppofition de la famille, elle eft allée courir avec lui à

Paris. Une autre a avoué ingénuement à sa Maîtresse que ce Curé lui avoit dit qu'il n'y avoit point de péché de prendre modique chose, pourvu que cela ne fut point à trois livres, & qu'on en fît un bon usage. Il est trop initié chez les bénis Peres pour ne pas suivre leur morale.

M. de Beaumont entreprit cependant autrefois de convertir le grand Colbert, Evêque de Montpellier, & lui écrivit une Lettre à ce sujet : il est vrai que le Prélat ne lui répondit que par le mépris qu'il méritoit, en lui renvoyant sa Lettre sans réponse. Du vivant du Cardinal de Fleury & de M. de Mirepoix, pour persuader qu'il étoit en relation avec ces Prélats, on voyoit presque toujours chez lui des Lettres à leur adresse, qu'il avoit grand soin de faire remarquer à ceux qui le venoient voir. On a remarqué aussi que souvent ces Lettres ne partoient point.

On a eu occasion de parler de la Mission que ce Curé fut faire il y a plusieurs années en Basse Normandie, à un quelqu'un du Pays qui a dit : « Le Curé de S. Nicolas est un très-
» bon homme ; il confesse au mieux ; j'y ai
» été moi-même, il ne refuse personne, y
» eût-il vingt ans qu'on n'eut été à confesse
» *Dem.* Donne-t-il l'absolution aussi-tôt qu'on
» s'est confessé ? *Rép.* Oh ! pour cha, oui. Ceux
» qu'il y a long-tems, il les renvoie pour
» quelques jours, ensuite ils communient.
» Quelques péchés que l'on ait commis, il
» vous reçoit : j'avons même communié plu-
» sieurs fois. *Dem.* Depuis la Mission & tant
» de communions, en est-on meilleur ? *Rép.*
» Ah ! pour cha, nennin ; mais cha ne fait

rien, on a fait sa Mission ». La même chose vient de se passer au Neufchatel en Bray, où les Jésuites en ont fait une suivant leur usage ordinaire. Nous en avons tout le détail ; mais il est trop long pour le rapporter ici. Nous dirons seulement ce que nous craignons pour nous-mêmes ; car J. C. nous dit à tous : *Si vous ne vous convertissez.... vous n'entrerez point dans le royaume des Cieux.* Et ces Confesseurs veulent faire entrer dans le Ciel les plus grands pécheurs, sans les obliger de faire d'autre pénitence que de dire leurs péchés à un Prêtre, qui les absout aussi-tôt qu'ils les ont déclarés fort cavalierement. « Oh ! que de » Confesseurs dans l'Enfer avec leurs Péni- » tens », dit le Cardinal Bellarmin. Et S. Augustin : « Agir ainsi, c'est faire un masque de » pénitence ».

Le Curé de S. Hilaire.

Filliucius, Jésuite, dit : « qu'une mauvaise » intention jointe à celle d'entendre la Messe, » comme l'intention de regarder impudique- » ment des femmes, n'est point contraire au » Commandement ». Quest. moral. tom. 1, pag. 128. Son confrère Escobar dit la même chose ; mais voyons le Père Lacroix, Commentateur de Busembaum. Voici comme parle ce chaste Jésuite : « Si vous voulez, dit-il, » entendre la Messe...., vous divertir à re- » garder impudiquement une fille qui est pré- » sente, vous accomplissez le précepte..... C'est ainsi que l'ont décidé vingt Auteurs très-graves, Jésuites. A ces impiétés, il ajoûte le blasphême suivant : » On honore

» Dieu à qui le sacrifice est offert par le Prê-
» tre & par ceux qui y assistent ». Nous ne
dirons pas des Chrétiens, mais des Payens,
loin d'enseigner ces maximes monstrueuses,
en sont saisis d'indignation. « O ames basses
» & terrestres, *s'écrie Perse*, que vous êtes
» éloignées des sentimens des Dieux ! A quoi
» bon faire paroître, dans les Temples mê-
» me, le désordre & la corruption de nos
» mœurs ».

Il nous semble que le sieur Avesnel, Curé,
en 1734, de S. Hilaire, pourroit être placé
dans la même cathégorie que les bénis Pères,
lui qui, au Jubilé de 1759, dans un Sermon
qu'il fit à la Cathédrale, avança une proposition de galanterie, rapportée dans les Anecdotes, dont les oreilles chastes furent blessées.
Des gens à portée de le bien connoître, & qui
étoient à son Sermon, ont dit qu'il parloit en
homme pénétré de sa matière. Est-ce là un
fait sans preuve ? Ceux que nous allons rapporter ne sont pas moins constans ; mais nous
ne les attribuons qu'à la morale des Jésuites
que ce Curé a sucée dès l'enfance, & dans
laquelle ces Pères l'entretiennent par la liaison
intime qu'il a avec eux. Il donne fréquemment
de beaux repas, où se trouvent toujours quelques Jésuites. Le P. Mamachi, banni par Arrêt
du Parlement, étoit un des plus assidus de ses
Commensaux, aussi le Curé en faisoit-il par-
tout de grands éloges. Les Jésuites de leur
côté ne manquent pas de lui rendre le réci-
proque. Son Presbytère est le rendez-vous des
grands Fanatiques, tels que les Curés de S.
Nicolas & autres. Le Fauxbourg de S. Hilaire
étant le plus éloigné du centre de la Ville, la

générosité du sieur Avesnel, ou l'honneur qu'il s'imagine recevoir par ces visites, lui fait faire de la dépense, qui, jointe aux repas dont nous avons parlé, l'ont accablé de dettes. Mais à l'exemple de ses Maîtres, il a le secret de payer ses Créanciers, sans bourse ouvrir. Son Domestique est dans l'usage de leur dire : « M. le Curé n'y est pas ». Souvent on lui en donne le démenti, parce qu'on apperçoit le Débiteur. Alors le Créancier veut entrer ; mais le Curé armé d'un bâton, il en a même fait usage, le met à la porte en disant : « Si vous faites du tapage en sortant, je pren- » drai des témoins comme vous êtes venu » chez moi pour m'assassiner ». Nombre de ses Paroissiens sont en état d'en rendre bon témoignage, sur-tout les Commis de la porte de S. Hilaire, qui ont vu des Créanciers sortir de chez lui, & qui leur ont entendu faire à haute & intelligible voix son éloge, avec des termes que l'on nous dispensera de rapporter. Que de plaintes des plus amères contre ce Curé de la part de ses Paroissiens qui sont dans l'indigence !

Les Prêtres des Payens tiroient un grand tribut de la superstition des Peuples. Combien de Ministres de J. C. nourrissent le Peuple dans la superstition ! Eh ! ce qui est bien étonnant, c'est que la Cathédrale en montre l'exemple, comme on l'a vu depuis quelque-tems dans les N. E. Mais peut-on la pousser plus loin que le Vicaire de S. Hilaire ? On va en pélerinage à cette Paroisse pour les enfans *termés*, & ce pélerinage, qui est fameux, est appellé, par la populace, *aller à S. Termes*. Pour le faire avec fruit, trois choses sont absolument essentielles. Il faut aller la veille du jour que commence la neuvaine, payer la Meſſe & la neuvaine au Vicaire ; convenir avec lui de l'heure ; aller & retourner chez ſoi ſans parler à perſonne. Ce Vicaire a grand ſoin de recommander qu'on apporte un cierge au Saint, & d'inſinuer qu'il faut mettre ces trois choſes en pratique. Les femmes, naturellement portées à la ſuperſtition, s'en acquitent avec exactitude; & le Vicaire n'a pas plutôt reçu l'argent & le cierge qu'il s'en réjouit avec le Curé & les bénis Pères, qui, tous enſemble, ſe moquent de la ſimplicité du Peuple. Quel heureux changement on verroit dans ce Paſteur, ſi, ouvrant les yeux ſur ſa conduite, il faiſoit un bon uſage des talens que Dieu lui a donnés & du revenu de ſa Cure ? Il payeroit ſes dettes, ſoulageroit ſes pauvres & inſtruiroit ſolidement ſes Paroiſſiens.

Le Curé de Sainte Marie-la-petite.

Nous ne pouvons mieux comparer le ſieur Pion, Curé, en 1737, de Sainte Marie-la-petite, qu'à M. Séhier. Il faut être bien au fait des minauderies pour ſçavoir lequel s'entend mieux en patelinage. Un de ſes grands talens, *ad inſtar* des bénis Pères auxquels il eſt fort dévoué, eſt de ſe faire donner au lit de la mort de bonnes ſommes d'argent par ceux qu'il ſçait en avoir. Alors il ne manque pas de leur faire des viſites fréquentes. Rapportons à ce ſujet une hiſtoire qui, ayant fait beaucoup d'éclat dans Rouen, ne peut être révoquée en doute. Le ſieur Pion ſe fait donner par une perſonne mourante près de douze mille livres.

Les Héritiers, qui sçavoient qu'elle avoit de l'argent, très-surpris de n'en point trouver après sa mort, font plusieurs recherches, & découvrent que le Curé s'en est emparé. Ils font part de leur découverte à une Dame de piété, laquelle a recours à des Magistrats qui l'obligent, à sa honte, de rendre neuf à dix mille livres; cependant il fait si bien qu'il lui en reste une partie. Nous en sçavons d'autres de même nature, où il s'est pris plus finement & n'a rien rendu. Pourquoi l'argent est-il si aimé? S. Augustin en donne la véritable raison. ,, C'est, *dit-il*, que l'argent est le moyen de ,, satisfaire à toutes ses passions ,,. Mais il est surprenant que des Chrétiens, sur-tout des Ecclésiastiques, cherchent à s'emparer, au mépris de toute justice, de celui qui appartient à leurs frères, tandis que les Payens mêmes se sont déclarés ennemis de toute injustice. ,, Il ,, est, *dit Cicéron*, de l'équité d'un bon Ci- ,, toyen de défendre ses Concitoyens, & de ,, veiller à la conservation de leurs biens ,,. La tromperie est pour les Renards; mais l'homme, sur-tout un Pasteur, doit avoir en horreur tout ce qui est contraire à l'Evangile.

Le Curé de S. Lo.

La Paroisse de S. Lo est gouvernée, depuis 1741, par un Curé qui est constamment de bonnes mœurs & charitable, dit-on, envers les pauvres. Voyons ses autres qualités. Il n'aime point à manger hors de chez lui. Il est ennemi des beaux & longs repas; on se rappelle à ce sujet celui où il se trouva un jour de l'Ascension. La douceur est peinte sur son visage. Il n'a pas moins d'humilité, la preuve s'en trouve dans le grand portrait qui le représente, qu'il a fait placer dans la Sacristie de son Eglise, & dont la beauté a servi plusieurs fois de préparation à des Prêtres qui alloient dire la Messe, & de conversation aux autres, tandis qu'ils se revêtoient des habits sacerdotaux. Une personne à laquelle ce Curé fit voir son grand portrait avant qu'il fût placé dans cette Sacristie, lui ayant demandé le lieu de sa destination. » Je ne l'ai pas fait faire, *dit-il*, » pour mettre dans mon grenier ».

Lorsque ce Curé entra dans cette Paroisse, il y trouva un excellent Vicaire dont il se défit. Il s'en est repenti bien des fois. Le sieur le Sage, un des grands fanatiques du Diocèse, mais qui ne veut pas, dit-il, d'affaires avec le Parlement, s'étant présenté de la part de M. le Procureur-Général, il le reçut sans nulle information. Des personnes qui conversent avec ce Vicaire, nous ont fourni des Mémoires dont nous n'allons donner que la substance. Selon ces Mémoires, le sieur le Sage a fait un mal infini dans le Clergé de S. Lo. Il a gâté, par ses sentimens, plusieurs Ecclésiastiques, sur-tout les deux Chappiers, bons sujets, dont il a fait deux Molinistes. En 1758, il fit dans le Carnaval, un Prône contre ceux qui vont au bal, & se servit de termes si obscènes pour en faire le portrait, que ceux qui y vont, disoient: « Il en dit bien plus qu'il n'y en a; » il faut que cet homme.... ». Prêchant un jour en présence de M. de Pontcarré, qui s'approcha du Curé pour l'entendre, il lâcha une proposition hérétique. Le Curé dit en souriant, au Magistrat; « Voilà une proposition Péla-

» gienne ». Ce Vicaire a un oncle plein de mérite, ancien Docteur de Sorbonne & Curé dans le Pays de Caux, qui sçachant combien son neveu, quoiqu'il ait de l'esprit, est incapable, vû sa façon de penser, de conduire les ames au bien, a porté de vives plaintes au Curé de S. Lo, & a fait tout ce qu'il a pu pour l'engager de s'en défaire. Un digne Magistrat s'y est aussi employé, sans que les bonnes & solides raisons de l'un & de l'autre ayent pu rien gagner sur l'esprit du Curé; en conséquence l'oncle a cessé de voir son neveu, qui, par ses grades, vient d'avoir une très-bonne Cure, celle de Tourni, près de Gaillon. On doute s'il en jouira, car la joie d'être Curé pourroit bien occasionner quelque révolution. M. l'Archevêque, avant de le nommer à cette Cure, s'en est informé à ses Grands-Vicaires, qui, assure-t-on, lui en ont rendu bon témoignage. Si le Prélat s'en rapporte à eux, il nommera bien d'autres sujets indignes. Qu'on juge de la piété du sieur le Sage par les traits suivans. Entre-t-il dans l'Eglise? Il court à la Sacristie sans faire la moindre inclination au Tabernacle. Célébre-t-il les SS. Mystères? C'est avec une très-grande précipitation accompagnée d'attitudes indécentes. Qu'on jette les yeux sur ce qui est dit de ce Vicaire, pag. 415-416, du Calend. Eccl. de 1757, il y est caractérisé de Déiste décidé, & on y lit : « Dans le tems que le Parlement
» étoit assemblé pour les affaires du schisme
» & qu'on enlevoit de ses Membres...., on
» voyoit ce Vicaire dans le Palais..... avec
» deux ou trois brulots de sa clique (tels que
» les Capentier, les Lot & autres) la joie peinte
» sur le visage, il ne pouvoit se contenir ni

P ij

cacher le plaisir qu'il ressentoit...». Le Parlement étant assemblé, comme nous l'avons dit dans notre Apologie, lorsque M. le Procureur-Général présenta son Requisitoire contre les Anecdotes, il obligea le Magistrat de se retirer. A peine fut-il sorti, qu'on vit le sieur le Sage à la porte de la chambre, son visage collé sur le trou de la serrure, d'où, après y avoir resté quelque-tems fort attentif, il court d'un air gai au Parquet pour y faire part de ses précieuses découvertes au Procureur-Général. Le Calendrier Ecclésiastique que nous venons de citer, nous fait souvenir que M. de Folleville n'en a pas requis la condamnation ; il y est cependant dit, page 416, que l'on a des Mémoires qui ont pour titre : *La profondeur du mensonge.... du Procureur-Général..... les intrigues dont il s'est servi pour perdre sa Compagnie*, &c. & il s'y trouve, page 435, un sommaire de sa conduite, de celle des Grands-Vicaires & autres Ecclésiastiques à l'égard de la Perchey & de la Duchêne, calomniatrices, &c. moins gracieux que ce qui en est dit dans les Anecdotes. Mais revenons au Curé de S. Lo.

Ce Curé a choisi pour Clerc des Sacremens, un Ecclésiastique nommé Blaiset, qui remporteroit le prix, si on en proposoit pour l'ignorance. Ce Clerc a néanmoins tant de passion pour le Confessionnal, qu'à force de quêter de tous côtés des pénitens & pénitentes, il est parvenu à s'en faire un très-grand nombre. Il est au comble de sa joie, lorsqu'il voit sa boutique, comme il l'appelle, bien assortie. Avant que d'y entrer, il lit à l'un & cause avec l'autre. Si une Dame est pressée, il la fait mettre à genoux dans l'endroit de l'Eglise où il se trouve, lui met la main sur les épaules, & en un instant tout est fait. Ses exhortations ne sont pas plus longues au Confessionnal. Quelle facilité pour ses Pénitens d'élite ! Afin de leur éviter la honte de se présenter à l'Eglise pour y faire l'aveu de leurs fautes, il les assemble dans sa chambre, & tandis qu'il en confesse un, les autres s'y préparent à sa fenêtre, en causant, examinant & contrôlant les passans. C'est lui qui assiste ceux qui sont condamnés au supplice. Bien des Conseillers ne veulent pas lui confier ce soin. Lorsqu'il est sur l'échaffaud & qu'on met le patient sur la croix, il lie conversation avec les Bourreaux. Il a manqué plusieurs fois d'être accablé de pierres par la populace. Si on accorde au patient la grace d'être étranglé avant que d'être rompu, ce grave Directeur met, avec les Bourreaux, la main sur le cœur & décide s'il est tems de le rompre. Est-il dans des boutiques avec ses pénitentes ? Il leur tient des discours peu convenables à son état. Il joint à ces qualités une précipitation pour le moins aussi grande que le Vicaire à dire la Messe.

Il y a aussi dans cette Paroisse un autre Prêtre dont le Curé fait l'éloge, parce qu'il est de bonnes mœurs ; mais qui célèbre les SS. Mystères d'une manière qui scandalise tous ceux qui y assistent. Voici quelques faits entre les plus notables. On le voit très-souvent rire en disant la Messe. Si c'est un enfant qui lui présente l'eau pour laver ses doigts, il le caresse & lui dit qu'il est bien gentil : s'il asperge le peuple, il rit aux uns & fait des grimaces aux autres. Il lui arriva un jour de laisser tomber une parcelle de la Sainte Hostie, le Répondant l'en avertit, & loin d'en être effrayé, il la couvre de son pied. Au reste, les œuvres prouvent la foi. Il a osé dire dans une compagnie, qu'il ne pouvoit croire que J. C. fût sous la figure d'un morceau de pain. On avoit dénoncé ce Prêtre à M. Marescot qui étoit prêt d'informer, mais le sieur Ruellon a parlé en sa faveur ; la procédure a été arrêtée, & le Prêtre continue de célébrer les SS. Mystères.

Le Curé & Doyen de Notre-Dame de-la-Ronde.

Le sieur Pain des Essarts, Curé & Doyen de Notre-Dame de-la-Ronde, dont il est fait mention dans les N. E. a passé, en 1748, de la Cure de S. Vigor de Rouen, à celle de cette Paroisse qui vaut beaucoup mieux, & où il y a une Collégiale dont le Doyen est en même tems Curé. Nous n'assurerons pas que ce soit auprès des Jésuites directement qu'il a fait tant de démarches, qu'enfin il a trouvé le moyen de s'y faire nommer par le Roi ; mais sa conduite le fait présumer. Il est le fidèle écho de ces Pères ; il les imite en bien des choses, sur-tout en ce qui regarde l'Office Canonial qui se fait tous les jours dans cette Paroisse, dont il se dispense, comme les Jésuites, de la récitation publique du Bréviaire, non pour vaquer comme eux à l'étude, mais sans doute aux besoins de sa Paroisse & aux affaires de son Chapitre ; car on le rencontre sans cesse dans les rues avec un air empressé & comme un homme continuellement affairé. Ses occupations sont si nécessaires à ses Paroissiens, & si avantageuses à son Chapitre, qu'il se fait payer des Offices comme présent. Nonobstant ses occupations, il dit la grand'Messe de Paroisse, mais avec tant de promptitude que des Paroissiens, sortant de l'Office, tiennent des propos si déplacés sur la manière dont il célèbre les SS. Mystères, que nous croyons devoir les supprimer.

Tout le monde traite le pain béni avec respect ; mais ceux qui agissent ainsi sont *simples*, Laïcs ou seulement Prêtres. Le Curé de la Ronde n'est pas de cette cathégorie. Revenu de l'Eglise, on l'a vu plusieurs fois prendre son morceau de pain béni, le tremper dans du bouillon & le donner ensuite à son chat. Nous oserions assurer sans crainte qu'il n'y a point de Chrétien qui ait un tel mépris pour un pain, simbole de la Sainte Communion. Pourroit-on dire qu'il se trouveroit encore un Curé aussi irreligieux ?

Sitôt que M. Pain des Essarts fut Doyen & Curé, il crut que son mérite s'étoit accru à proportion de ses dignités. Il s'agissoit de donner un nouveau lustre à ce mérite. Voici comment il s'y prit. Il prétendit avoir une des plus belles chasubles de l'Eglise, pour dire ses Messes quotidiennes. On lui représenta que cela ne se pouvoit, parce que l'accompagnement de cette chasuble, sçavoir les tuniques, les dalmatiques, &c. étant très-propres, la chasuble se trouveroit gâtée en servant si souvent, & que conséquemment l'ornement se trouveroit ainsi incomplet. Remontrances inutiles. On se brouille, on dispute, on s'oppose ; enfin, lui dit-on, des ornemens dépareillés & fort propres peuvent vous servir. Raisons hors de mise, un homme de sa volée ne les écoute pas ; il se servira de la chasuble, il l'usera, dussent en gronder tous les Prêtres, les Marguilliers & les Paroissiens, la Fabrique de son Eglise en dût-elle souffrir.

Quoique ce Curé donne à chaque instant des preuves de son incapacité dans la décision des moindres affaires, & qu'il soit tombé dans des bévues grossières dont il auroit eu lieu de se repentir, si on les eût relevées ; il se persuade néanmoins avoir du talent. Il a entrepris & tracassé à la mort des gens de mérite, pour leur faire recevoir la Bulle. N'ayant pu y réussir, en vrai disciple d'Escobar & de toute sa séquelle, il a osé avancer qu'ils l'avoient reçue. Mensonge manifeste. La crainte de tomber entre les mains d'un Parlement toujours surveillant, lui a fait ralentir l'ardeur d'un zèle qu'il auroit bien voulu pousser plus loin ; mais il s'en dédommage dans son Sanhédrin, où il damne sans miséricorde tous les Jansénistes, & dans lequel il crie : « Il faut » enfermer tous ces fous là, les galères se» roient encore trop peu pour eux ».

Il s'est fait cette année (1760) une vente de Livres chez le sieur Mullot, son Paroissien, où on exposa en vente le Nouveau Testament du P. Quesnel. Le zèle de l'éclairé Pasteur s'enflamme à la vue de ce Livre ; il fait bien du tapage, en criant qu'on ne doit point exposer un livre si pernicieux. Il interpelle les Gardes-Libraires d'en arrêter la vente : leur silence le fait entrer en furie & l'oblige d'en porter ses plaintes à l'Huissier, son Paroissien, qui en faisoit la vente. Il croyoit trouver une brebis docile à la voix de son Pasteur : mais quelle fut sa surprise ! Cette brebis, d'une es-

pèce difficile à convertir & à soumettre, lui résiste en face, & lui dit : « Je ne connois point ce Livre ; je ne suis point fait pour le connoî-
» tre ; je dois vendre tout ce qu'on m'apporte
» & tout ce qui a été saisi ». Tout le monde rit de la réponse de l'Huissier. Le Curé qui, malgré tous ses talens, n'a pas le don de persuader, resta tranquille en murmurant tout bas & en regardant autour de lui, mais inutilement, s'il ne trouveroit personne qui approuvât son zèle. Sa tristesse se change en joie, sa bile s'appaise & on lui met du baume dans les veines, lorsqu'on fait paroître le Nouveau Testament du P. Berruyer. A l'aspect de ce Livre, antidote capable, selon les apparences, de calmer les plus violentes passions, son visage devient riant ; & quoiqu'il sçache que ce Livre a été condamné par plusieurs Papes, & très-sçavamment censuré de nouveau par M. l'Evêque de Soissons, il se garde bien d'en parler ; il en voit au contraire faire l'adjudication avec plaisir, peut-être bien, s'il eût osé, en auroit-il félicité l'Acquéreur ?

Le Lecteur nous permettra d'abandonner un moment le sieur des Essarts pour lui faire part de ce que nous avons entendu dire des ouvrages de ce Jésuite, à un homme d'un rang distingué, plein de sagacité, de probité, de piété & d'érudition, à qui Dieu a fait la grace de connoître le vuide des mauvaises lectures, ayant lu autrefois tout ce qu'il a pu trouver, en fait de Livres, de plus obscène, & contre la Religion. Il n'a jamais vu, dit-il, d'ouvrage si dangereux que l'Ancien Testament du P. Berruyer ; où le poison de l'impureté soit insinué avec tant d'art & tant d'adresse ; qui soit écrit d'une manière plus séduisante & plus capable de corrompre les mœurs. Il n'y a point, ajoûte-t-il, d'hérétique ni d'impie qui ait travesti toute l'Ecriture avec tant d'élégance que ce Jésuite. Tous les dogmes de la foi & les principes de la morale y sont sappés par les fondemens. L'Auteur a trouvé le moyen d'y faire entrer les systêmes des incrédules, des impies, des hérétiques adoptés par la Société. Enfin cet homme sage aimeroit mieux voir le plus infâme de tous les Romans entre les mains d'une jeune personne que d'y voir ce Livre ; parce que cette jeune personne pourroit être détrompée, en lui faisant voir par l'autorité de l'Ecriture, &c. combien la lecture d'un mauvais Roman est dangereuse : mais si elle a le cœur corrompu par la lecture du Livre du P. Berruyer, passant pour Ecriture Sainte, de quelle autorité pourra-t-on se servir pour la détromper ? C'est cependant le Livre favori du Doyen de-la-Ronde. Eh ! de combien d'autres.

Ce même Doyen achete dans les ventes & pousse à l'enchère des Livres réfutés par des Sçavans, qui ont démontré que ces Livres contiennent des principes monstrueux. Nous en pourrions donner plusieurs preuves. Est-ce ignorance de sa part ? ou est-ce.... ? Mais cela est bon à mettre dans notre sac aux réflexions avec d'autres faits pour le moins aussi graves que ceux que nous venons de rapporter.

Le Curé de S. Martin-du-Pont.

On a vu dans les Anecdotes le tableau ébauché de ce Curé & de celui de ses servantes, désignées par Mademoiselle & Marie. Bien du monde a trouvé, malgré le Requisitoire qui nous accuse de calomnie, que ces tableaux ne sont que croqués. Quoiqu'on en dise, nous n'avons garde d'y donner les derniers coups de pinceau. Nous pourrions cependant les perfectionner, mais ils seroient trop hideux; contentons-nous d'y ajoûter quelques traits légers.

Le sieur Outry, Curé, en 1748, de S. Martin-du-Pont, étoit à peine en possession, qu'il voulut faire paroître son zèle pour tracasser les gens de bien. Quelqu'un sensible sans doute à ses intérêts, lui dit: « Vous allez, Monsieur, vous faire haïr & méprifer ». Mais ayant reçu cet avis charitable d'un air de mépris, on ajoûta: » Le Parlement ne manquera » pas de sévir contre vous ». Ceci lui a fait impression & même peur, car il n'en a pas fallu davantage pour l'empêcher de faire des coups d'éclat. Il s'en dédommage autant qu'il peut, en agissant dans sa Paroisse en maître absolu. Il a pris un tel empire sur son Clergé qu'il le conduit comme des esclaves. Aussi les Prêtres sans habitude ne veulent-ils pas y porter le surplis. Il a trouvé le moyen de se faire parmi la lie du peuple, nombre de Marguilliers, qui lui sont dévoués servilement; mais il y en a de notables & de probité qui font échouer ses desseins. Actif pour augmenter son casuel, plusieurs Paroissiens s'étoient engagés de payer de bonne volonté une somme par tête pour faire célébrer des Saluts du S. Sacrement: lorsqu'il a vu les Saluts bien établis par l'exactitude du payement, il s'est imaginé de faire de cet acte volontaire un acte d'obligation, en délivrant des quittances à chacun des con-

P vj

tribuans. Plusieurs ont évité de tomber dans le piége en refusant de payer à cette condition, & le Curé a gardé sa quittance. Zèlé en apparence pour ménager les fonds du trésor, il s'étoit chargé d'entretenir la lampe de l'Eglise. Comme il passoit dans ses comptes près de cent livres par an, pour l'huile de cette lampe, on a été aux informations dans les plus grosses Paroisses de la Ville, & il s'est trouvé qu'on n'y en consume que pour quarante à quarante-cinq livres. Cette méprise de sa part a occasionné beaucoup de *dictums* qui ne lui font pas d'honneur.

A l'égard de ce qui est dit de ce Curé dans les Anecdotes & de ce que nous allons ajoûter au sujet de Mademoiselle, &c. nous avons pour garants, le frère du Curé qui a démeuré chez lui; son beau-frère; les domestiques du Curé même, garçons & servantes, qui tous l'ont débité dans la Ville; mais son frère a encore encheri sur les autres, en disant qu'il alloit l'attaquer en Justice réglée pour son inconduite. Cependant le Vicaire a voulu justifier son Curé; mais sa prétendue apologie a fait plus de tort à celui dont il a pris la défense que s'il se fût tû. Tout le monde sçait que le mérite de ce Vicaire ne consiste que dans un entier dévouement aux Jésuites & à leur morale, accompagné d'un applaudissement sans bornes aux idées capricieuses de son Curé. Trop occupé à prodiguer par-tout des louanges à son Pasteur, il ne va jamais voir les malades. Belle qualité pour un Vicaire! Quant au Curé, sa conduite prouve qu'il a fait une étude particulière des Ouvrages de Sanchès, Filliucius, Layman, &c, &c, &c; que les principes impies de ces nouveaux Casuistes ont étouffé en lui les préceptes de la Loi, qui ont dû lui être suggerés dès l'enfance, & les sentimens des Payens, qui ont dû lui faire impression dans le cours de ses Humanités. « Nous n'avons » point, *dit Tite-Live*, tant à craindre des » ennemis armés que de toutes les voluptés » qui nous environnent de toutes parts...... » La sagesse & l'honnêteté, *dit Platon, au » rapport de Cicéron*, est, de toutes les beau- » tés, celle qui enflammeroit davantage le » cœur, si elle étoit visible aux yeux du corps ». Quel éclat n'a point fait dans Rouen l'Histoire suivante ?

Un homme parti pour un long voyage, revient après plus d'un an. Arrivé chez lui, il entre en furie contre sa femme de ce qu'elle étoit en état de supporter les embarras d'une retraite. Environ huit mois écoulés, lui avoient donné les talens nécessaires pour embrasser cet état. Elle s'étoit embarquée, n'ayant pas sans doute prévu les obstacles d'un état qui attire quelquefois des suites fâcheuses. Son mari rentré en lui-même, promet de la traiter doucement, si elle avoue ingénuement les choses. Elle le promet, les dit. (Il faut qu'une femme soit bien en presse pour convenir de certains secrets). Elle avoue que c'est le Curé de S. Martin-du-Pont qui lui a fait des instructions si pathétiques, qu'elle n'a pu se refuser d'entrer au Noviciat pour embrasser la retraite. Le mari a tenu parole à sa femme, la retraite finie, il l'a mise au Couvent. Le Public avoit beaucoup jasé sur l'attrait de cette femme pour la retraite ; il avoit remarqué qu'elle aimoit à entendre parler le Curé & à le voir ; on l'avoit vue plusieurs fois aller entendre sa Messe pour converser ensuite avec lui; lorsqu'on la sonnoit, elle y alloit avec tant de zèle, qu'on l'avoit vue maintes fois dans la rue y courir nues jambes, &c. On dira peut-être, comment cette femme discernoit-elle, par le son des choches, la Messe du Curé d'avec celle des autres Prêtres? C'est que les Curés de Ville sont dans l'usage de faire sonner leur Messe différemment.

Que ne pourroit-on pas dire de ce Pasteur avant qu'il eût Mademoiselle! Moins d'éclat seroit bien salutaire. Au printems dernier, on vit cette Demoiselle venir assiduement aux Offices, revêtue d'une belle cappe de soie, fort commode pour le tems & la saison, afin de se préparer, comme une autre Vestale, à un voyage & à une retraite qui ont calmé toutes ses inquiétudes & toutes ses peines. On dit en proverbe: Deux Pies ne couvent pas dans le même nid. Cependant il se trouve faux chez ce Curé. Mademoiselle & Marie restent ensemble, malgré la discorde qui a éclaté entr'elles. La Pie ancienne, Mademoiselle, à qui le nid appartient de droit, n'ose néanmoins en chasser la jeune Pie, Marie, qui, suivant les apparences, ne manque pas de caquet; car l'an passé, balayant en plein jour dans la rue, Mademoiselle vient avec un air empressé & d'un ton impérieux lui chanter une gamme. Marie, qui sans doute ne sçait pas la musique, prend un ton dissonant, & reproche à Mademoiselle, en présence des voisins, son inconduite avec le Curé, en des termes que nous n'osons rapporter. Ce changement de gamme met Mademoiselle hors de sa reprise & totalement déroutée, elle se retire modestement les yeux baissés sans mot dire. Les voisins de rire à gorge déployée. Le bruit s'en étant répandu, on s'attendoit voir bientôt Marie à la porte ; mais Marie est restée.

Lorsque ce Curé mange en Ville, qu'il trouve le vin bon & des Dames, dont la voix s'accorde avec la sienne, il chante avec elles les chansons les plus obscènes, instruit par Filliucius, Jésuite, que « les discours sales, » c'est une chose d'elle-même indifférente ».

Le Curé de S. Eloi.

Quoique les Anecdotes ayent été condamnées comme un Libelle pernicieux..... on ne peut leur refuser la louange d'avoir empêché un voyage de trois mois que le sieur Tissot, Curé, en 1749, de S. Eloi, avoit résolu de faire à S. Germain en Laye, pour voir les Demoiselles Godet ; & de là à Paris, pour renouveller la connoissance d'un nommé Selisne, autrefois célèbre Décroteur de souliers, ayant porté, pendant plus de quatre à cinq ans, la sellete sur son dos, & maintenant Domestique. On s'étonnera peut-être d'une pareille entrevue ; mais ce Curé a, dans le secret de sa sage politique, des motifs qui l'engagent à capter les bonnes graces du sieur Selisne. En voici la cause.

La Dame Tissot, en quittant Torcy pour venir demeurer avec son fils au Presbytère de S. Eloi de Rouen, avoit amené avec elle une jeune fille, sœur dudit Selisne. Cette bonne Dame touchée de compassion pour cette pauvre famille de Torcy, pria son fils de recevoir cette pauvre enfant chez lui. Le Curé l'ayant acceptée, elle fut servante du Presbytère, & a toujours continué de remplir cette fonction jusqu'à la mort de la Dame Tissot. Après son décès, le Curé a trouvé tant de graces & de mérite dans cette jeune servante, qu'il a cru devoir en faire sa Demoiselle de compagnie; ensorte que cette Demoiselle, dont on a caché le nom, fait tous les honneurs du Presbytère, reçoit les visites, mange à table avec le Curé & les conviés, & fait l'agrément universel du sieur Tissot. La joie est peinte sur le visage du Pasteur, lorsqu'il a certains convives, qui tant que dure le repas, étalent les graces de Mademoiselle. Un jour, dit-on, quelqu'un lui dit malignement : « M. le Curé, » si Mademoiselle se métamorphosoit en hom- » me, & qu'elle eût fait ses études, par le » canal de M. Terrisse, Mademoiselle seroit bien- » tôt Curé ». *J'en serois bien fâché*, dit-il, *Mademoiselle a des graces pour son sexe qu'elle n'auroit pas si elle devenoit homme.* Le Curé, pour produire par-tout cette rare beauté, a jugé à propos de la mener à son Prieuré, de lui faire voir la Ville du Mans, de l'accompagner à Torcy, où, dans la crainte de perdre ce riche trésor, il a acquitté les dettes du père Selisne, & il se préparoit, comme nous l'avons dit, à partir avec elle pour plusieurs mois, lorsque les Anecdotes ont paru. Elles lui ont fait impression; car il s'est rabattu à S. Victor, pour y consoler son fidèle ami. Si cette Demoiselle mouroit, il faudroit que toute l'Eglise fût tendue en blanc pour plus grande marque de virginité, d'autant plus que le Curé dit lui-même que c'est une *Vestale*. Une telle tenture lui feroit pour le moins aussi-bien due qu'à Mademoiselle Bosquet. Voyez les Anecdotes.

Le Curé de Berville ayant invité à sa fête de Paroisse le sieur Tissot, ainsi que d'autres Curés, ceux-ci furent d'autant plus surpris de ne point voir le sieur Tissot à la Messe, qu'il s'étoit trouvé avec plusieurs d'entr'eux, & se demandoient où il étoit. Quel fut leur étonnement, lorsqu'ils apprirent qu'on l'avoit vu pendant ce tems jouer à la blanque, jeu de hazard inventé par certains Escamoteurs qui courent les foires, lesquelles, contre la décision des SS. Pères & des Conciles, se tiennent ordinairement à la campagne le jour des fêtes de Paroisse, ou, par un abus encore plus déplorable, le Dimanche qui les suit. Si le sieur Tissot lisoit ces ouvrages, il y trouveroit sa condamnation. « Nous devons cependant, disent plusieurs Conciles, suivre les Decrets des SS. Pères, comme des lampes ardentes qui ne s'éteignent point & qui luisent toujours dans l'Église ». C'est ainsi que s'est exprimé le VIII Concile de Constantinople. Quand on refuse de prendre ces lampes pour se conduire, on mérite de marcher dans d'épaisses ténèbres. Nous serions bien charmés d'entendre un Prône sur les jeux de hazard prononcé par le Curé de S. Eloi, qui a un si grand goût pour la chaire & un si grand talent pour inculquer ce qu'il y dit, que jamais ses Paroissiens n'oublient ce qu'il leur préche. Pour traiter ce sujet, comme il convient, & sans se donner la peine de puiser comme nous dans l'antiquité, il peut se servir d'une Dissertation que le P. Ménestrier a fait imprimer à Lyon en 1710. Ce Jésuite s'y déclare l'Apologiste ardent de ces sortes de jeux condamnés par les Canons de l'Eglise, les SS. Pères, &c.

Un autre sujet de Prône encore plus intéressant, seroit de l'entendre tonner en chaire contre ceux qui fabriquent les faux témoins, même dans un Cimetiere, &c. &c. Le sieur Tissot est en état de donner du neuf dans ces deux Prônes. Il doit posséder sa matiere étant au fait par la pratique: si cependant elle lui manquoit, M. Terrisse, son ami de confiance, ne refusera pas de l'aider, ayant donné des preuves constantes de sa capacité.

Enfin le sieur Tissot est un Pasteur si bon, si compatissant, si indulent, sur-tout pour quelques Particuliers de sa Paroisse, que, sur les avis qui lui ont été donnés que dans telle maison il y avoit des femmes prostituées.... & qu'il devoit y mettre ordre, il a répondu: *Il faut qu'un chacun vive de son métier.*

Le Curé de S. Etienne, la grande Eglise.

Le vénérable Chapitre de Rouen a donné, en 1760, cette Cure au sieur Bourgeau, qui réunit à un air béat un zèle des plus schismatiques. Preuve du bon & juste discernement des Chanoines. Ce Curé, invité d'aller voir un de ses Paroissiens, noté de Jansénisme, qui étoit malade, s'en excusa sous prétexte d'une colique. Mais dans l'accès de sa douleur, le masque tomba, & il dit tout en colère: » *M. de Tavanes auroit bien dû imiter le zèle* » *de M. de Beaumont, un des grands Evêques* » *de France & l'Athanase de nos jours* ». C'est par une comparaison aussi juste qu'il ne peut souffrir qu'on appelle les partisans de la doctrine de S. Augustin *Jansénistes*, & qu'il veut qu'on les nomme *Cabalistes*.

Le Curé de S. Gervais, lès-Rouen.

On a été étonné avec raison, vû l'abondance de la matière, qu'on n'a point parlé dans les Anecdotes du sieur Bernard, Curé de S. Gervais. Ce Curé étant de l'exemption de Fescamp & protégé du P. de la Riviere, Prieur de S. Ouen de Rouen, n'a rien à craindre de l'Archevêché, & sa volonté fait sa loi. Quoique la Paroisse de S. Gervais soit très-étendue, il n'y a point d'heure fixe pour l'Office. Un premier jour de l'année qu'il faisoit très-froid, le Clergé & les Chantres étant venus pour Matines, attendirent le Curé plus d'une heure. Ils lui représenterent qu'ils étoient pénétrés de la rigueur de la saison, & lui dirent : « Si vous » voulez, Monsieur, nous marquer une heure » fixe pour l'Office, vous nous feriez plaisir. » Oui-dà, Messieurs, *dit-il d'un ton ironique* : » eh bien ! quand vous serez prêts, vous n'a- » vez qu'à me l'envoyer dire, & je partirai » sur le champ ». Puis prenant aussitôt son ton naturel : « Ecoutez, *leur dit-il*, depuis » que je suis Curé, il n'y a point eu d'heure » fixe, & il n'y en aura jamais tant que je le » serai ; si cela ne vous plaît pas, j'en suis » fâché ».

Son indépendance fait qu'il donne tout l'essor à son ambition, à son avarice, &c. &c. &c. Les tems misérables ne lui font aucune impression. Il semble au contraire que plus il voit ses Paroissiens chargés d'impôts auxquels ils ne peuvent subvenir, plus augmente en lui l'ambition de faire un petit palais de son Presbytère. Il y fait faire beaucoup de frais & d'enjolivemens inutiles. Il fait contribuer & payer les Paroissiens, lorsqu'ils s'y attendent le moins, sans qu'ils puissent sçavoir l'emploi des deniers que l'on exige d'eux. Peu pénétré des sentimens du Roi Prophéte, qui ne vouloit point entrer dans son Palais qu'il n'eût bâti un Temple au Seigneur, il répond, aux Paroissiens qui lui font connoître les besoins pressans de rédifier une partie de l'Eglise qui tombe en décadence, « qu'est-ce que cela me fait? Cela ne me regarde pas, *leur dit-il* ». Il n'a pas plus de zéle pour leur instruction. Il ne préche point : il se fait quelquefois remplacer par des Moines fanatiques qui débitent mille rapsodies, même contre les Jansénistes, qui paroissent le satisfaire.

Voici quelques traits de son avarice. Il registre lui-même les bancs de mariage, parce que si on refuse de payer la taxe, bien plus forte que celle de ses prédécesseurs, point de publication. S'il arrive que son Clerc les registre & ne prenne pas la taxe, il lui en fait tenir compte. Il y a dans sa Paroisse une Confrérie qui va tous les ans en pélerinage à S. Adrien; il faut, pour faire le voyage, avoir la permission du Curé qui se fait payer trois livres pour l'acccorder. Donnons un trait de sa fierté. L'année dernière, 1759, le sieur Tavernier, de la Paroisse de S. Pierre le Portier, mourut subitement sur celle de S. Gervais. Le Curé de S. Pierre lui demanda de l'accompagner avec son Clergé, afin de rendre les derniers devoirs à son Paroissien. « Venez, si vous

» voulez, *lui répondit-il fièrement ;* mais je ne
» vous ferai aucun honneur ». Faisons voir
jusqu'où le porte son humeur fougueuse. Dans
le tems que son frère, qui a joué un si beau
rôle dans l'affaire du Curé de Saint Godard, lui servoit de Vicaire, ils se battirent
dans la Sacristie, en proférant des paroles que
l'on nous dispensera de rapporter. En entendant ce tapage, on crut d'abord qu'il y
avoit quelque dispute dans le Cimetière, mais
on s'apperçut bientôt qu'il venoit de la Sacristie : on y court & on trouve aux prises le
Curé & le Vicaire, qu'on eut bien de la peine à séparer. C'est une chose tout-à-fait indigne du Sacerdoce que de se battre & de jurer.
Cela ressent le soldat & les gens grossiers. Quel
exemple pour une Paroisse où il y a beaucoup
de populace adonnée à ces vices ! Qu'y a-t-il
de plus contraire à l'état d'un Pasteur, que de
commettre ces crimes ? « Jesus-Christ, *dit S.*
» *Jérôme*, qui a donné son dos aux coups de
» fouets.... condamne tout Pasteur qui frappe
» de la main ». Il faut donc qu'un Ministre du
Sauveur soit doux & patient à l'exemple de
son Maître.

Le Curé du Boisguillaume, lès-Rouen.

La Cure du Boisguillaume, une des Paroisses
des plus étendues des environs de Rouen, dont le
revenu, année commune, vaut sept à huit mille
livres, est actuellement gouvernée par le sieur
Mouquet, ci-devant Secrétaire de M. l'Archevêque. Son occupation étoit alors de passer trois
heures à sa toilette, de tenir la banque de l'Archevêché, de s'appliquer à l'augmentation des

Décimes & de faire parjurer les Ecclésiastiques, en leur faisant signer un Formulaire qui n'a été inventé, par les Jésuites, que pour écarter des places ceux qui, par leur vertu, leur science & leur mérite, auroient pu servir utilement l'Eglise ; la conclusion duquel (Formulaire) est conçue en ces termes : « Je le jure ainsi, » & je veux être privé de la grace de Dieu, » & des promesses de l'Evangile, si cela n'est » ainsi ». Un Curé de ce caractère ne peut guères être assidu à ses devoirs. Aussi le sieur Mouquet se décharge-t-il de la conduite de sa Paroisse pour le spirituel, sur son Vicaire, bon sujet à la vérité, mais un peu enfariné de Molinisme, & sur quelques Prêtres qui composent son Clergé. On lui disoit un jour, dans un tems rigoureux où la maladie & la mortalité désoloient sa Paroisse : « Que vos » Prêtres, Monsieur, ont de mal ! » Il répondit avec un air de mépris : « Ils sont » faits pour cela ». Il n'est pas plus exact sur l'instruction qu'il doit à ses Paroissiens, puisqu'il ne les prêche que deux à trois fois par an, ni sur la célébration de l'Office divin & les usages établis dans sa Paroisse. Le jour du S. Sacrement, ou Fête-Dieu dernière, 5 Juin 1760, la procession s'y fait, comme dans bien d'autres, avant la grand'Messe. Il lui a plû, sans en avertir ses Paroissiens, changer cet usage & dire la grand'Messe à neuf heures du matin, qui étoit l'heure de la procession : ensorte que les Paroissiens, dont le plus grand nombre est très-éloigné, espérant joindre la procession dans la campagne, arrivèrent à l'Eglise où ils trouvèrent la Messe dite. Les uns, après avoir fait une lieue de chemin, vinrent à toutes jambes à Rouen entendre des Messes de midi, d'autres n'y furent point. Le jour de S. Pierre suivant, qui étoit au Dimanche, le sieur Mouquet ne fit ni eau bénite, ni procession, ne dit point de grand'Messe & se contenta d'en dire une basse. Il est vrai que son Vicaire étoit allé en pélerinage à S. Adrien; mais il y a, comme nous l'avons dit, plusieurs Prêtres dans cette Paroisse, & outre cela des Chantres; ainsi il auroit pu dire une grand'Messe; mais il avoit grande compagnie chez lui. Ce qui arrive assez souvent & fait murmurer ses pauvres, qu'il contenteroit s'il leur distribuoit une partie de ses dépenses inutiles, & on ne leur entendroit pas dire en gémissant: » Notre Curé ne nous donne rien ». Celui qui avoit apporté le pain pour bénir, le remporta à l'issue des Vêpres; cela occasionna beaucoup de *dictums* & de plaintes contre le Curé. Nous nous contenterons de dire avec Isaïe: *Ceux de la campagne voyant la désolation du Pays, seront dans les cris; les Députés pour la paix pleureront amérement*. Les Anges de la paix, c'est le nom que donne l'Apôtre aux Ministres de Jesus-Christ, qu'ils sont rares ces Anges de la paix qui pleurent dans l'amertume de leur cœur la ruine des ames! Cet exact & charitable Pasteur joint aux talens que nous venons d'exposer, celui de dire la Messe avec tant de précipitation, qu'en sept à huit minutes, comme il le dit lui-même, l'affaire en est faite. Nous avons dit qu'une des occupations du sieur Mouquet, étant Secrétaire de M. l'Archevêque, étoit d'augmenter les Décimes. Comme il ne pensoit pas sans doute à avoir cette Cure, il la fit, dit-on, augmenter de cinquante pistoles. Depuis qu'il en est Curé, il s'est donné divers mouvemens pour faire retirer cette augmentation ; il n'a pu y réussir, & a été renvoyé avec un : « C'est votre ouvrage. » On assure que cette Cure est à lui, car.....

Mais laissons le sieur Mouquet & disons un mot des Jésuites qui ont sur cette Paroisse une maison de plaisance, appellée le Mont-Fortin, assez près du gibet, ou fourches patibulaires. Ces Peres ont aussi, à Gaillon, une Chapelle d'environ sept à huit cens livres de revenu. Ils proposerent, il y a quelques années, aux Chartreux de Gaillon, Patrons du Boisguillaume, de faire un échange. « Nous vous don- » nerons, *leur dirent-ils*, notre Chapelle, & » donnez-nous la Cure du Boisguillaume ». Les Chartreux donnèrent d'abord dans le piége ; mais un Marchand de Rouen en détourna le Procureur, son ami. « Ils sont, *dit le Procu-* » *reur*, des Passefins ; mais je me tirerai adroi- » tement de leurs pattes. Je leur dirai qu'il » faut que la Cour & Rome y consentent, & » que cela coûteroit trop ». Les Jésuites étant venus sçavoir la réponse, le Procureur leur objecta toutes ses difficultés. Comme il n'y a rien de difficile pour eux : « Nous nous chargeons » de tout, *lui dirent-ils*, donnez-nous seule- » ment votre consentement ». Enfin le Procureur n'y consentit point. Les bénis Pères comptoient desservir cette Cure en y mettant un Prêtre à gage ; mais tous leurs projets échouerent. Ils tombent d'excès en excès, de malheurs en malheurs, livrés à des ténèbres vengeresses qui leur cachent la main qui les tient enveloppés. Peu accoutumés à ne pas réussir dans toutes leurs entreprises, obligés néanmoins

moins d'abandonner celle-ci, que font-ils pour se venger des Chartreux ? Ils feignent de rechercher la compagnie des Curés de Boisguillaume. Ceux-ci, pour les bien recevoir, font des dépenses si excessives qu'on a vu chez ces Curés des tables de quatre-vingt couverts, tant pour les Jésuites que pour leurs Ecoliers de Joyeuse. Ces dépenses les accablent de dettes & les obligent de permuter ou de résigner. Ils consultent alors les bénis Pères qui fournissent un sujet qui leur est dévoué. Celui-ci, par reconnoissance, suit l'exemple de son prédécesseur; ainsi les Jésuites ont trouvé le moyen de nommer à la Cure & de garder leur Chapelle.

Le sieur de Baude, Marchand de bois, dont le fils est mort après avoir résigné au sieur Mouquet, disoit un jour, appuyé sur son bâton & frappant contre terre tout en colere : » Cette Cure me coûte plus de quinze mille » livres ». Il faut bien vendre de la petite buche & du petit fagot pour ratrapper cette somme. Le Curé qui avoit résigné au sieur de Baude est encore vivant. Il ne s'est réservé que dix-huit cens livres de pension ; mais il avoit vendu bien cher les meubles qu'il avoit cédés ; aussi y eut-il, dit-on, bien des pourparlers avant que de conclure le marché.

Le Curé de Sotteville, lès-Rouen.

Plusieurs Curés des environs de Rouen ne se contentent pas de la dîme qu'ils reçoivent de leurs Paroissiens. Ils exigent, comme dans la Ville, des honoraires pour les Baptêmes, Mariages, Enterremens, &c.

Le sieur le Monnier, Curé de Sotteville,

Q

jeune homme bien digne d'être Docteur de l'Université de ce Pays, (c'est celui aux ânes, comme Montmartre près de Paris) s'est rendu odieux dans ce Village par sa domination & par son avarice. Fier de porter sur ses épaules le *Signum visibile scientiæ invisibilis*, il n'y a rien qu'il n'entreprenne pour étendre son empire & satisfaire sa cupidité.

M. Grebauval, Prêtre de S. Maclou, ayant fait inhumer deux de ses parens dans l'Eglise de Sotteville, crut qu'il pouvoit, tant pour les rétributions que pour les cierges, régler ces inhumations sur la même forme qu'on les règle dans la Paroisse de son habitude; mais il fut doublement étonné, lorsqu'il vit que dans une Paroisse où la dîme a lieu, il lui fallût doubler & tripler même les prétendus droits. Le motif de cette exaction étoit la volonté du Docteur de Sotteville. « Chacun, *dit-il éloquemment*, fait comme il veut chez lui & moi chez moi ». Né dans le sein de l'indigence, il devroit être quelquefois humain. Mais que demander à un homme qui a foulé aux pieds les sentimens & le respect qu'il devoit à un pere infortuné, sur la mort duquel il devroit gémir le reste de ses jours? Nous n'entrerons point dans le détail des justes plaintes que ce pere a répandues dans le sein de nombre de personnes sur les mauvais procédés de son fils, étant même Prêtre. Disons que l'insatiable cupidité du sieur le Monnier a donné lieu tout récemment à un coup d'éclat qui a été terminé à son déshonneur par le ministère public. Il exigeoit des pauvres gens sept livres dix sols avec un luminaire pour l'inhumation d'un enfant; & il lui falloit soixante livres pour celle d'un adulte, sans quoi point d'enterrement. Quel scandale ! Les Paroissiens auroient dû se pourvoir en Justice réglée, comme firent les Habitans de Troyes, qui porterent leurs plaintes aux Juges, des véxations de leurs Curés, entr'autres du refus de sépulture que ces Pasteurs mercenaires n'accordoient qu'à un très-haut prix ; de sorte que ceux qui n'étoient pas assez riches en étoient privés.... La contestation fut terminée par une transaction favorable aux Habitans, passée de l'avis de l'Evêque, de l'Official & du Bailli.... laquelle fut homologuée aux grands jours de Troyes, le 12 Octobre 1409. Si les Paroissiens de Sotteville eussent pris cette voie, ils auroient obtenu un Arrêt qui les auroit mis à couvert pour toujours de toutes exactions, eux & leurs voisins.

Ce Curé est un mesquin personnage qui n'a de talens que pour amasser des richesses, tourmenter ses Paroissiens, afin de grossir le revenu de sa Cure & clabauder contre les Jansénistes, qu'il dit être hérétiques & contre lesquels il débite mille calomnies. Ce sont sans doute ces talens qui lui ont mérité d'être choisi par les Grands-Vicaires pour prêcher les Ordinans quand ils sont en retraite. Là il leur débite tant d'inepties que l'on a vu les Supérieurs du Séminaire se tenir la bouche pour ne point éclater de rire. Son air de Maître & de Pédagogue révolte les Auditeurs. Que ne pourroit-on pas dire du tems qu'il étoit Vicaire de Sainte-Croix des Pelletiers de Rouen ? Mais nous croyons en avoir dit assez pour le faire connoître.

Q ij

Le Curé de Canteleu.

Le sieur Aubry, Curé de Canteleu à la porte de Rouen, au lieu de marcher sur les traces de M. Perchel, dont il est parlé à l'art. du Curé de S. Pierre l'Honoré, qui étoit aimé de tous ses Paroissiens & estimé des gens de bien qui l'ont connu, prend une route toute opposée. Semblable aux Jésuites, il paroît n'être entré dans cette grande Paroisse que pour renverser, changer l'ordre qu'il a trouvé établi, & détruire tout le bien que son prédécesseur avoit fait. Une digne fille, Maitresse d'Ecole à Dieppedalle, Hameau de Canteleu, du tems de M. Perchel dont elle étoit estimée, a mérité par cela seul, toute l'attention du sieur Aubry, qui l'a tourmentée si extraordinairement qu'elle a été obligée de se retirer ailleurs. Peu jaloux de se faire aimer de ses Paroissiens, pourvû qu'ils se maintienne dans les bonnes graces du sieur Quillebeuf de Bétencourt qui lui a fait présent de cette Cure, & qui sans doute approuve ses changemens, il ne laisse échapper aucune occasion de lui donner des marques de reconnoissance. Le fils de Bétencourt ayant épousé une Mademoiselle Cahierre, le Curé le Dimanche suivant fit chanter après Vêpres, un *Te Deum* solemnel dans son Eglise, en signe de réjouissance de ce mariage. Comme l'origine du sieur de Bétencourt & de la Demoiselle Cahierre est connue de tout Rouen, quelques Critiques n'ont point approuvé le fracas qui a accompagné la cérémonie du mariage; mais tout le monde a trouvé que la cérémonie du *Te Deum* étoit aussi déplacée qu'extraordinaire, & qu'elle prouvoit le peu de discernement du Curé.

Le Curé de Bretteville.

Le sieur Fossard, Curé de Bretteville au Pays de Caux, frère du Chanoine & Archidiacre de ce nom, jaloux de la réputation que se sont acquis son père & ses trois frères au Parlement de Rouen, vient aussi, pour se faire un nom, de donner, en 1760, des marques de sa modération, de son désintéressement & de sa justice, en entreprenant de s'emparer de la partie d'une piéce de terre que les Curés de Varneville ont dîmée de tout tems. Pour y réussir, il se transporte sur cette piéce de terre lorsqu'on lioit le grain, & fait enlever sur son territoire les gerbes dépendantes de la dîme de Varneville. Le frère du Curé de Varneville s'oppose à cette entreprise & se met en devoir de prendre ce qui appartenoit à son frère. Aussitôt deux ou trois gens du Curé de Bretteville viennent fondre sur lui en présence de leur Maître, & lui arrachent le grain qu'il avoit entre les bras, tandis qu'on lui donne en même-tems un coup de bâton, comme de massue, sur la tête, qui lui découvre le crâne. Il tombe évanoui, & reçoit encore plusieurs coups sur les bras, & on lui meurtrit tout-à-fait un œil. Le blessé revenu en connoissance, ayant fait inutilement plusieurs efforts pour se relever, dit d'une voix languissante au Curé de Bretteville: « Eh bien, Monsieur, êtes-vous » content? vous voilà couvert de mon sang; » il y paroît sur vos bas & sur vos souliers ». Le malade a dit qu'effectivement il avoit vu le Curé effacer le sang de dessus ses souliers avec son bâton. Des Ouvriers voyant le frère de leur Curé par terre, accourent avec leurs faulx, & si celui de Bretteville ne se fût retiré, ils lui auroient fauché les jambes. Sur ces entrefaites, on apprend au Curé de Varneville que son frère est tombé sous les coups du Curé de Bretteville & de ses Dîmerons. Quoique beaucoup incommodé, il y va en bonnet de nuit & demande à parler au Curé. Le voyant venir avec son bâton, il lui dit : » Vous avez un bien mauvais bâton; ayez » pour agréable de ne me point approcher » que vous ne l'ayez mis bas ». Qui croiroit que le Curé de Bretteville eût assez de docilité pour le faire? Il s'approche ensuite du Curé de Varneville qui lui dit : » Est-ce ainsi que » l'on se fait rendre justice? N'y a-t-il point » d'autre voie »? Le Curé de Bretteville répond éloquemment : « Quand votre frère se-» roit tué, il seroit bien tué ». Quelle décision ! Bien des témoins ont rapporté ce fait. Le Curé de Varneville à cette réponse, se retire en disant : « Nous nous verrons en Justice » réglée ». On appella deux Chirurgiens. Le blessé a resté sur la place depuis deux heures jusqu'à six heures du soir. On auroit eu trois jours après une provision, si Madame de Bretteville, pour éluder ces sortes de frais & autres, ne fût venue à Varneville demander à accommoder & même faire des offres. Le Curé de Varneville, trop bon & trop crédule, écrit sur le champ à son Procureur au Bailliage de Rouen, où l'affaire s'instruisoit, pour arrêter les frais. Le prétendu accommodement n'ayant eu aucune réalité de la part du Curé de Bretteville, on a poursuivi, fait ajourner des témoins au nombre de quatorze. On vient d'accorder une provision de cent quarante livres, & sous quelques jours on en attend une seconde. Les uns disent que le Curé, qui est assigné de comparence personnelle, a frappé; les autres disent que non. Au reste, fait bien qui fait faire. Tel est le caractère du Curé Fossard, qui mérite bien que Justice lui donne acte de sa douceur & de son scrupule à n'exiger que ce qui lui appartient, comme elle l'a donné à son père & à ses freres de leur sincérité & de leur penchant à ne point calomnier.

Le Curé de Bacqueville.

Nous apprenons que le sieur le Maître, Curé de Bacqueville, Bourg au Pays de Caux, lequel, soit dit par parenthèse, est Docteur Carcassien, fait depuis long-tems un rôle intéressant dans ce Bourg. Sans la qualité des Acteurs, & l'extrême précaution que nous nous sommes prescrites, lors même que nous parlons des méchans les mieux connus, nous peindrions historiquement son inconduite. Nous allons donc retracer seulement quelques faits dont le Public est témoin. Ce digne Pasteur des ames a essuyé, il y a quelques années, un Procès au Parlement de Rouen, en matière civile, contre M. de Renéville, M^e des Comptes de ladite Ville. Il a prêté un Interrogatoire sur faits & articles; & par Arrêt difinitif, publié & affiché, il a été condamné à signer ses déclarations sur le plumitif, pour prévenir les effets de sa disposition à démen-

Q iv

tir un jour ce qu'il a dit ou fait l'autre. Il a été en outre condamné par le même Arrêt, en trois cens livres de dommages & intérêts envers une partie qu'il s'étoit incidemment attiré dans ce Procès. Depuis peu, ce même Curé a donné une preuve éclatante de son zèle & de sa prudence en matière de Religion. Un nommé S. Denis, Cavalier de Royal Roussillon, eut, il y a quelques mois, le malheur de se casser la cuisse. Le Régiment étoit alors à Bacqueville. Le Cavalier y resta à cause de son indisposition & fut confié à la garde d'un autre qui resta à cet effet avec lui. Son camarade ne s'occupoit guères que de son plaisir, & le malade ainsi délaissé n'avoit de ressource que dans les soins charitables de quelques femmes qui lui apportoient à manger. Le Curé piqué d'émulation, voulut le visiter à son tour ; jusques-là tout étoit dans l'ordre ; mais la suite fait bien voir que la conduite de ce zèlé Pasteur avoit d'autres motifs que la charité. Il trouva chez ce Cavalier différens Livres qu'on lui avoit procurés ; sçavoir, *le Tableau de l'amour conjugal*, un *Traité contre la Transubstantiation*, & le *Nouveau Testament du P. Quesnel*. Livres assez bien assortis. Il s'empara du dernier, sous prétexte de l'examiner & de l'acheter, s'il le trouvoit à son gré. Il prétendit ensuite se l'approprier, sous celui qu'il étoit hétérodoxe & qu'il ne devoit point rester entre les mains de simples fidèles. Il se l'est enfin conservé malgré les demandes réiterées qui lui en ont été faites ; & comme si l'argent qu'il valoit eût dû emprunter un caractère d'hétérodoxie, il a constamment refusé d'en payer la valeur. Pour justifier à son gré une telle conduite, ou au moins pour fermer la bouche au Public qui se permettoit d'en parler, le Dimanche 23 Novembre dernier (1760), il a déclamé au Prône avec autant d'indécence que d'amertume contre le Cavalier & les femmes charitables qui l'assistoient. Heureusement l'âge de celles-ci & l'état de celui-là écartoient toute ombre de soupçon.

Le Curé de Notre-Dame du Neufchâtel.

Le sieur Dubois, Curé de Notre-Dame du Neufchâtel en Bray, & Doyen du Doyenné de ce lieu, si zèlé en apparence pour le salut des ames, qu'il fait venir de Rouen sept Jésuites pour convertir ses Paroissiens & les autres Habitans de ladite Ville, auroit bien mieux fait de ne pas donner, peu de tems avant l'arrivée des Missionnaires, des preuves de son inhumanité & de son avarice. Après tout, c'est le caractère de ceux qui s'attachent aux Jésuites & qui suivent leur morale & leur doctrine.

Pendant le Carême de 1760, un Paysan venant conduire au Neufchâtel, une voiture chargée de bagages de Soldats d'un Régiment, ayant eu la cuisse cassée par la roue de sa charette, de sorte qu'elle ne tenoit plus qu'à une petite portion de chair; & cet accident lui étant arrivé très-proche de cette Ville, on met le pauvre malheureux sur un matelas, & quatre Soldats le transportent promptement à l'Hôpital de S. Thomas, fondé pour les Soldats malades. On s'adresse à la Prieure qui, fermant l'oreille à la voix de la nature & de l'humanité, lui en refuse l'entrée. Quelques principaux Officiers informés de ce refus, vont la trouver, & lui repréfentent que l'accident lui ayant arrivé au fervice du Roi, il étoit dans le cas de trouver place dans cet Hôpital. Des raifons auffi folides ne faifant aucun effet fur la Prieure infenfible, quelqu'un dit aux Officiers qu'il y avoit un autre Hôpital dans la Ville. On y fait tranfporter le malade qu'on ne veut y recevoir que du confentement de M. Dubois. Les Officiers fe retirent vers le Curé; mais quelle eft leur furprife de lui entendre dire que cet Hôpital n'étant fondé que pour les perfonnes originaires de la Ville, il ne peut confentir que ce Payfan, qui n'en eft point, y foit reçu! Après plufieurs raifons alléguées de part & d'autre, le Curé dit que fi quelqu'un vouloit fournir une fomme de foixante livres, on l'y laifferoit entrer. La condition acceptée, & la fomme payée fur le champ entre les mains du Curé par les Officiers qui écrivent en même-tems en Cour, la porte de l'Hôpital eft ouverte. Sur le rapport des Médecins & Chirurgiens, on fe détermine à couper la cuiffe de ce malheureux. L'opération s'en fait pendant la nuit. La douleur de l'opération, jointe à la grande foibleffe & à la quantité prodigieufe de fang que le bleffé avoit perdu pendant les allées & venues qu'il avoit fallu faire pour le faire entrer à l'Hôpital, ne lui donnèrent que trois heures de vie après l'opération, & il fut enterré à Notre-Dame. Sur la Lettre des Officiers, le Miniftre accorde auffi-tôt une fomme de cent cinquante livres qui, remife auffi entre les mains du Curé, n'a fervi, avec la fomme ci-deffus, qu'à payer les frais d'inhumation, fans qu'il en foit revenu une seule obole à la misérable veuve chargée de trois enfans.

Un tel spectacle n'étoit pas nouveau pour des Officiers qui se trouvent souvent dans des actions sanglantes, cependant il les touche jusqu'à voir la douleur peinte sur leur visage. Un Curé, dont le ministère ne doit inspirer que la douceur, la charité, la commisération, a des entrailles de fer & un cœur de bronze. Quel contraste ! Le Conseil, au milieu même des affaires de l'Etat, veut bien se distraire un moment pour soulager un misérable, conduite qu'on ne peut assez louer ; mais qui doit couvrir de honte, s'il en est susceptible, ce Curé peut-être plus immiséricordieux que les Jésuites ses Maîtres.

Pasteur inhumain, avare & mercenaire, dont l'intérêt seul est l'ame de toutes les démarches ; qui foulez aux pieds les préceptes de l'Evangile & les avis des Apôtres sur la charité due au prochain, pour suivre les principes barbares & cruels des Tambourins, des Lamy, &c. Jésuites, & pour satisfaire votre cupidité, écoutez Sénéque. « La nature, *dit ce Payen*, nous a tous fait frères..... Elle a mis en nous UN AMOUR MUTUEL les uns pour les autres.... Nos mains doivent toujours être prêtes à secourir nos frères ; & pour conserver en nous cette disposition, il faut toujours avoir dans le cœur & dans la bouche ce vers de Terence : JE SUIS HOMME, & par conséquent je prends part à tout ce qui regarde le bien public. En un mot, nous ne sommes au monde que pour travailler au bien commmun.... ».

Le Curé de S. Germain, au Doyenné du

Neufchâtel, homme très-attaché aux vérités si fort combattues de nos jours, est mort depuis quelque-tems. Les contestations qui agitent l'Eglise lui étoient parfaitement connues. Ses Manuscrits auroient seuls formé une ample Bibliothéque. Agé de plus de quatre-vingt ans, il n'avoit point quitté la plume. L'ennemi de tout bien, le sieur Dubois, s'est adroitement insinué dans l'esprit de ses Héritiers; il a entré dans la Bibliothéque du Curé sous la peau d'un agneau; il y a fait tout le ravage dont peut être capable le sanglier le plus farouche; il s'est emparé de tous les manuscrits, les a emportés chez lui, les a condamnés & jettés au feu. Juge inique & Bourreau, il a parfaitement rempli les fonctions attachées à ces deux odieuses qualités. Les reclamations des bons Ecclésiastiques ont été inutiles, & n'ont servi qu'à les faire regarder de mauvais œil par ce furieux animal. Dans une soirée il en a brûlé plus que n'en pourroit porter un Mulet. La joie peinte sur le visage, en faisant cette exécution, il disoit: « Voilà, *admirez la délicatesse de style*, voilà comme on devroit faire de tous les Livres des Jansénistes ». Si tous les Livres de ceux qu'il appelle Jansénistes, étoient ramassés, on ne doute point que le nombre ne surpassât celui de la fameuse Bibliothéque d'Alexandrie, composée de près de huit cens mille volumes. Cette précieuse collection a subsisté pendant un grand nombre de siècles, ouvrant ses trésors aux Sçavans & aux Curieux jusqu'aux VIIe siècle, qu'elle a été brûlée par les Sarrazins.

Jean, surnommé le Grammairien, fameux Sectateur d'Aristote, se trouva dans Alexandrie quand elle fut prife. Comme il étoit bien dans l'efprit d'Amri, Ebnol, As, Général d'Armée des Sarrafins qui eftimoit beaucoup fon fçavoir, il demanda à ce Général la Bibliothéque d'Alexandrie. Amri lui répondit que cela ne dépendoit pas de lui ; mais qu'il en écriroit au Caliphe, c'eft-à-dire, à l'Empereur des Sarrafins, pour avoir fes ordres, fans lefquels il n'ofoit en difpofer. Il écrivit effectivement à Omar, alors Caliphe, dont la réponfe fut ; que fi ces Livres contenoient la même doctrine que l'Alcoran, ils n'étoient d'aucun ufage, parce que l'Alcoran étoit fuffifant & contenoit toutes les vérités néceffaires ; mais que s'ils contenoient des chofes contraires à l'Alcoran, il ne falloit pas les fouffrir. Là-deffus, dit un fçavant Auteur, il lui ordonnoit fans autre examen de les brûler. On les donna aux bains publics, où ils fervirent pendant fix mois à les chauffer, au lieu de bois. Nous ne voulons pas faire voir plus clairement l'exacte conformité du fieur Dubois & de fes femblables, avec Omar, Caliphe d'Egypte.

Le fieur Dubois a fouffert, il en étoit même très-content, que les enfans fuffent inftruits par les Jéfuites Miffionnaires, pour la première Communion qu'ils ont faite à la Miffion, dont l'ouverture fe fit le 11 Maï, & la clôture le 25 Juin 1760. Ce Curé s'afficha même fort généreux, car étant venu examiner les enfans pour la première Communion, il donna pour premier prix aux filles une croix à pierre, montée en argent. En ayant trouvé nombre très-inftruites, felon lui, il les fit tirer au fort, dans un Livre avec une épingle à la plus belle lettre à qui auroit la croix. Cette scène, qui se passa dans l'Eglise le jour de l'Octave du S. Sacrement, réjouit beaucoup le Pasteur ainsi que les enfans. Nous ne finirions pas si nous rapportions les tracasseries qu'il a suscitées à son Clergé & aux Juges du Neufchâtel.

Le Curé de Braquetuit.

Les Livres du P. Berruyer ont porté leurs fruits empoisonnés par-tout : mais qui les a mieux goûtés que le sieur Héquet, Curé de Braquetuit, allié de ce béni Père ? Les Histoires de Samson avec Dalila, de David avec Bersabée, de Salomon avec la fille de Pharaon, des Vieillards de Babylone, &c. ont échauffé les idées du Pasteur. Il s'est efforcé de son mieux de renouveller la réalité de ces Histoires, travesties en Romans par le P. Berruyer. Que des Paroissiens sont malheureux d'avoir un tel guide !

Le Curé de Tourny.

Nous ne nous attendions pas en donnant un abrégé de la conduite du sieur le Sage, Vicaire de S. Lo, & en annonçant sa nomination à la Cure de Tourny près de Gaillon, qu'il nous donneroit sitôt occasion de parler de lui en qualité de Curé. Mais ce qui nous surprend encore plus, c'est le personnage du sieur Morlet, Curé de S. Lo. Cet humble Pasteur n'a pas manqué de faire compliment à son Vicaire sur son élévation, même en bonne compagnie devant laquelle il lui dit : « Vous voilà » Curé, mon cher Vicaire ; vous êtes Maître

« & vous devez agir en Maître ». Quelqu'un opposa au conseil pervers du Curé, des passages de l'Ecriture auxquels il ne répondit que par un profond silence. On lui cita sans doute ce que dit l'Apôtre : *Que chacun par humilité croie les autres au-dessus de soi..... Jesus-Christ..... s'est anéanti lui-même en prenant la forme de serviteur.* Le sieur le Sage ne s'est jamais conduit suivant ces principes ; car à peine étoit-il nommé Vicaire, qu'il écrivit à un quelqu'un : « Je suis Vicaire de S. Lo. Le Curé est » Janséniste ; mais je m'en moque : il est » fier ; mais j'en viendrai bien à bout. Je ne » me suis placé là qu'en attendant mieux ». Son mieux arrivé, tout disposé à en prendre possession & naturellement porté à suivre les derniers avis du sieur Morlet, il a donné des preuves non équivoques de son caractère. « Qu'on me retienne, *dit-il en écrivant au* » *Concierge du Château de Tourny*, quatre » lits pour tel jour, &c. &c. &c ». Arrivé avec ceux qui l'accompagnoient, le Concierge, instruit de son devoir qui lui prescrit de ne pas disposer du bien de son Maître sans ses ordres, ne lui a donné qu'une salle. Le sieur le Sage fut indigné d'une telle réception, qui l'obligea de se pourvoir ailleurs. Mais l'humilité curiale s'en est, dit-on, dédommagée, en parlant indiscrétement à quelques Paroissiens contre leur Seigneur, avec lequel il se vante d'être fort bien, quoique l'on ait mandé du Pays qu'on devoit faire entendre des témoins sur ses discours indiscrets. C'est aussi, dit-on, par des ordres secrets de sa part, que les Paroissiens se sont mis deux fois sous les armes à sa prise de possession, où, la joie peinte sur le vi-

Sage, il a fait voir la plus grande fierté. Les Héritiers de son Prédécesseur ayant été le trouver afin de s'arranger à l'amiable pour les réparations, en qualité de Maître, il leur a répondu laconiquement & d'un ton de mépris: *Nous verrons cela*, & leur a tourné le dos. Peu jaloux de sa parole suivant ce principe Normand: *Il vaut mieux se dédire que de se détruire*, il a défendu la coupe d'un bois qu'il avoit permise, lorsqu'on lui avoit demandé son agrément. Enfin, suivant une Lettre de Tourny, qui porte: « Nous avons perdu un » bon Pasteur qui s'est rendu pauvre pour sou- » lager les affligés & les indigens.... », vient ensuite l'idée qu'on s'est formée de son Successeur pendant le peu de jours qu'il y a été. « On a, dit-on, remarqué en lui bien de mau- » vaises qualités. Il paroît farci de mauvais prin- » cipes, fier, avare, ambitieux..... (nous » supprimons les épithétes odieuses qu'il s'est » déja acquises). On l'a préconisé comme un » des meilleurs Vicaires de Rouen, & le meil- » leur sujet que M. l'Archevêque pût donner. » On souhaite être trompé ; mais on croit » avoir un Loup..... ». Le sieur le Sage accoutumé à se moquer de ce que l'on peut dire de lui, pourvû qu'il parvienne à ses fins, croit avoir trouvé le moyen d'y réussir. « Je suis » fort content, *dit-il*, de cette Cure, elle est » d'un gros revenu & me donne une bonne » maison ». Mais que vont faire ceux qui se disposent à la Prêtrise ? Ç'auroit été une perte pour l'Eglise de Rouen, si les talens du sieur le Sage, connu tel qu'on l'a dépeint, eussent été bornés à la Paroisse de S. Lo. Aussi lui avoit-on permis de les étendre jusqu'au Séminaire

Archiépiscopal, où il est un des Confesseurs des Ordinans & un de leurs Prédicateurs, quand ils sont en retraite. Qui pourra remplacer un si digne sujet !

Le Curé d'Elbeuf sur Andelle.

Le sieur Pommereux, Curé d'Elbeuf, ayant lû, ou plutôt dévoré les Anecdotes, comme il s'exprima en les rendant à celui qui les lui avoit prêtées, dit qu'il étoit fort surpris de n'y point être, d'autant plus qu'il le méritoit aussi-bien que ceux qui y étoient. « En effet, ajoû-ta-t-il, un Page comme moi le mettre aussi-tôt Curé & le charger de la conduite des ames d'une grande Paroisse, y a-t-il du bon sens ? Un Bénéfice simple ne me convenoit-il pas mieux » ? Combien avec un mérite aussi inférieur ne feroient pas le même aveu ? Quel que soit le motif qui l'ait fait parler ainsi, qu'il médite ces belles paroles de S. Grégoire : « Que celui qui est pourvu de vertus & de ta-lens, accepte la conduite des ames, lors-qu'il y est forcé ; & que celui qui en est dépourvu, la refuse, quand même il y se-roit forcé ».

Il est arrivé en 1759, une histoire si singu-lière dans une Paroisse du Diocèse de Rouen, que nous croyons devoir l'inférer ici. Nous en taisons le nom, ainsi que celui du Curé qui y a donné lieu. Un Particulier qui tient une grosse Ferme, dont une bonne partie en bois, s'étant apperçu qu'on lui en voloit, se plaignit à son Curé, qui lui dit qu'il n'y avoit que telles & telles personnes coupables de ce vol, en désignant deux pauvres gens de journée de sa Paroisse. Le Fermier fort surpris, dit au Curé qu'on n'avoit jamais entendu parler mal d'eux. Le Curé réitéra qu'il étoit bien sûr de ce qu'il disoit, & qu'il n'y en avoit pas d'autres. Le Fermier ayant rencontré les deux prétendus voleurs, se plaignit de ce qu'on voloit son bois, mais qu'il y veilleroit, & que ceux qu'il y trouveroit le lui payeroit bien cher. Ceux-ci lui ayant conseillé de le faire, il leur dit ouvertement qu'une personne de probité l'avoit assuré qu'il n'y avoit qu'eux, & que c'étoit M. le Curé de qui il le tenoit. Ils lui répondirent que le Curé avoit eu tort de les charger de la sorte, puisqu'il n'y avoit que lui & son Valet qui voloit le bois, & qu'ils ne seroient pas long-tems sans l'en convaincre. Quelques jours après, les deux Particuliers s'étant cachés dans le bois pendant la nuit, virent arriver le Curé & le Valet, qui, avec une serpe, se mit à couper, & le Curé qui portoit ce qui étoit coupé hors le bois. L'un d'eux va chercher le Fermier qui se saisit du Curé, le lie de cordes & le fait conduire à sa maison, où il se jette à genoux devant le Fermier, le priant de ne pas le livrer au bras séculier, & qu'il lui payeroit ce qu'il voudroit. Après avoir servi toute la nuit de comédie à tous ceux qui se trouvèrent chez le Fermier, les menaces que l'on faisoit au Curé de le mettre entre les mains de la Justice, se réduisirent en un billet par lequel le Curé, pendant six années, remet au Fermier cent écus par an de la dîme qu'il lui paye.

Tout le monde sçait que la plûpart des Curés n'ont que du mépris pour leurs Vicaires; mais il n'y en a pas qui le portent si loin que ceux du Pays de Caux. Ces Pasteurs mercenaires, qui n'ont d'autres qualités que d'être pourvus de gros Bénéfices, croiroient se deshonorer, s'ils souffroient au dessert leurs Vicaires à table. Au surplus, ce n'est point une perte pour les Vicaires du côté de la piété, qui souffre toujours beaucoup dans cette seconde partie du repas ; car c'est alors qu'il s'en dit des plus belles. Quelle ressemblance entre ces Curés de nos jours & le bienheureux S. Martin, qui ne voulut point rester à la table de l'Empereur Maxime, sans le Prêtre qui étoit avec lui ! Ce mépris de la plûpart des Curés n'est pas moins condamnable que la complaisance & l'attache extraordinaire que ceux de Rouen ont à l'égard d'une espèce particulière d'Ecclésiastiques connus sous le nom de CLERCS. L'envie de jouir des biens de la terre est le premier mobile qui engage à prendre l'état Ecclésiastique ; mais qui la pousse plus loin que les Curés & les Clercs ? Si on les en croyoit, outre les exactions, monopoles & abus qu'ils exercent & qu'ils commettent, ils ne tarderoient pas à rétablir « les amendes que les Ecclésiastiques » levoient autrefois non-seulement sur les adul- » tères qui avoient été en commerce avec les » femmes des autres, mais sur ceux-mêmes » qui avoient habité avec leurs propres fem- » mes ; les exactions contre les héritiers de » ceux qui étoient morts intestats, & pren- » droient de l'argent des nouveaux mariés » pour leur donner congé de coucher avec » leurs femmes, la première, seconde & troi- » sième nuit de leurs nôces ». Exactions que les Parlemens ont eu tant de peine à détruire dans le seizième siécle.

Les Curés se servent des Clercs comme de troupes légères pour mettre leurs Paroissiens à contribution. Les Clercs, Receveurs perpétuels du casuel de l'Eglise, ont un soin scrupuleux d'avoir toujours, après le Curé, la meilleure part. On ne peut jamais les satisfaire à leur gré. Tout est à vendre chez eux, Sacremens, Prières, Cérémonies Saintes, &c. Pour parvenir à leurs fins, adulation, souplesse, patelinage, hypocrisie, pleurs, menaces & autres stratagêmes sont mis en usage. On auroit bien des choses à dire sur leur compte. Il faudroit plusieurs volumes aussi gros que l'*Inventaire général de l'Histoire des Larrons ;* mais on ne veut entreprendre besogne si longue. Il suffit de dire que c'est de l'habileté des Clercs, & sur-tout de ceux qu'on appelle Clercs des Sacremens, que dépend la fortune curiale. Aussi les Curés de Rouen ont-ils eu soin de se faire confirmer, par le fameux Arrêt de 1751, dans le choix de gens qui leur sont si utiles. Un Curé & un Clerc sont, selon eux, les seuls nécessaires dans une Paroisse ; les autres Prêtres, on n'en excepte pas même les Vicaires, ne sont faits que pour le divertissement de ces deux petits Prélats.

Le sieur Gaudion, Curé de S. Pierre l'Honoré, a un de ces hommes précieux qui lui est si cher, que malgré qu'il ait été vilipendé en Justice, & qu'on en ait porté de sérieuses plaintes à l'Archevêché, l'ame de ce Curé est si collée à celle de son Clerc, qu'il ne peut ni le quitter ni le congédier, pour arrêter les cris de ses Paroissiens justement offensés.

Le sieur Berthelot, Curé de S. Etienne des Tonnelliers, qui s'est acquis à juste titre le surnom de Pourceau d'Epicure, ne peut ignorer, puisqu'il étoit présent, que son Clerc, son homme si favori, a été déclaré fripon en pleine Sacristie. Il sçait que les Grands-Vicaires avoient ordonné qu'il seroit nommé quatre Curés pour examiner ses Mémoires. Il a vu ce fameux Clerc restituer en sa présence; il ne peut cependant se résoudre à perdre un sujet si utile à son avarice basse & sordide.

Le sieur le Marquier, Curé de S. Laurent, n'a jamais voulu souffrir un Ecclésiastique d'esprit, sage & vertueux, choisi par les Marguilliers pour la garde & la direction de leur Sacristie. Appuyé sur l'Arrêt de 1751 & aidé du Marguiller en charge, il a dépouillé ce Prêtre Sacriste des gratifications que toute la Compagnie lui avoit accordées à juste titre. Un honnête homme ne peut être bien accueilli de ce Curé. Il a cela de commun avec beaucoup de ses Confrères. Un vil esclave, nommé Dunal, dévoué à ses injustes volontés, lui convient mieux. Aussi a-t-il un homme particulier qui ne fait rien sans lui en donner avis, & qui, tête baissée, donne dans toutes les exactions qui lui sont commandées.

Le sieur le Monnier, Curé de S. Vigor, a un bienheureux Clerc dont il est l'esclave. En effet, il pousse la complaisance si loin qu'on le voit souvent en aube & en étolle au bas d'un Autel, où il attend que son homme ait mis à contribution & fait payer ceux qui se présentent pour recevoir le Sacrement de Mariage. Ensuite, conformément à ce qui se pratique au Chapitre de la Cathédrale à la réception d'un Chanoine & d'un Chapelain, il a la complaisance de demander si tout le monde est content. Alors, selon la réponse de son Clerc, il va remplir les fonctions de son ministère, sans penser au beau Canon de Londres, 1237 cap. 4. *Auditu horribile audivimus & relatu, quod quidam, scilicet miseri Sacerdotes; non aliter admittunt ad pœnitentiam confitentes, nisi prius ab ipsis in sinu avaritiæ suæ quidquam reponatur, sicque faciunt de aliis Sacramentis.* Comme du Mariage dont il est ici question.

Le sieur Parmentier, Clerc de S. Vincent, n'a pas moins de dextérité que ses Confrères; mais à cette qualité il en joint d'autres qui en font un homme remarquable. Connu de toute la Ville par son peu de capacité, & son zèle pour les Jésuites, il a poussé le fanatisme jusqu'à ne pas vouloir assister à l'inhumation de M. Varembault son Curé. « C'est, disoit-il, » un Appellant, & je ne puis en conscience » prier Dieu pour lui ». Quelles voies trop honteuses & trop longues à détailler ici, cet Ecclésiastique scrupuleux n'a-t-il point employées, mais inutilement, pour obtenir un Bénéfice & sur-tout une Cure ? Mérite-t-il d'être chargé de la conduite d'une Paroisse ? Quel respect & quelle foi n'inspireroit pas à des Paroissiens, pour l'Auguste Mystère de nos Autels, ce Prêtre qui, pour nourrir sa piété aux Saluts du S. Sacrement, lisoit, il n'y a pas long-tems, un Roman ?

Anecdotes de quelques Ecclésiastiques de la Ville & Diocèse de Rouen.

LEs bornes que nous nous sommes prescrites ne nous permettent pas de faire connoître tous les Ecclésiastiques de la Ville & du Diocèse, qui, semblables à ceux dont on a parlé, donnent des preuves d'ignorance, d'inconduite & d'irréligion. Nous nous bornerons donc aux faits éclatans arrivés à quelques-uns d'entr'eux.

Le sieur le Gendre.

De quel œil regarder le sieur le Gendre, Vicaire de Sainte Marie la petite? C'est un Damoiseau, doué d'une profonde ignorance qui lui fait damner sans miséricorde tous les Jansénistes, & préconiser les Jésuites, jusqu'à en faire autant de Saints. Il se flatte d'avoir une Cure à force de clabauder. Il veut, à l'imitation de son Curé, (M. Pion) devenir grand Directeur; &, à l'exemple du sieur Ruellon, donner la préférence aux Demoiselles, auprès desquelles il s'efforce de faire briller ses talens. Prenant autant qu'il le peut l'air patelin de son Curé, il s'insinue dans les maisons & engage les Dames à venir à confesse à lui. Il fait même employer la violence pour se procurer des pénitentes. Ayant dit entr'autres, à une Demoiselle qu'il voyoit souvent : « Il faut, Mademoiselle, venir à confesse à moi, vous serez contente ». Et celle-ci lui ayant répon-

du : « J'en ferois bien fâchée ». Le Vicaire brûlant de zèle pour la revue des péchés féminins, eut recours à la mère qui, même avec menaces, preſſa ſa fille d'y aller. Quelle eſtime peut-on avoir pour ce Vicaire, dont le père étant venu demeurer chez lui dans l'eſpérance de vivre tranquille, a été obligé de ſe retirer ailleurs, après avoir eu de vives altercations avec ſon fils, que la préſence du pere incommodoit pour diriger une Demoiſelle, dont la réputation, ſi on en croit les voiſins, n'eſt pas en bonne odeur, avec laquelle il eſt néanmoins tous les jours & de chez laquelle on le voit ſortir à des heures indues? S. Jérôme, qui ne veut pas que les Eccléſiaſtiques, ſous prétexte de diriger les filles, les fréquentent familièrement, dit : « O l'ex-
» cellent Maître qui ne veut pas être entendu
» de ſes frères...... qui ſue & qui ſe peine
» pour inſtruire une femmelette » !

Le ſieur Cordier.

Le ſieur Cordier, Vicaire du ſieur Tiſſot, eſt un Eccléſiaſtique curieux de ſa perſonne, grand Bulliſte & bien goûté du jeune & joli ſexe féminin. Auſſi la préférence lui eſt-elle donnée au Confeſſionnal, & en reçoit-il nombre chez lui, mais d'élite, pour leur apprendre ſans doute à déclamer contre les Janſéniſtes; car il y en a qui ne balancent point à les damner. On pourroit comparer la plûpart de ces jeunes filles, quoique bien parées, à un limaçon avec ſa coque. Le plus comique, c'eſt de voir les premiers jours de l'année, les voiſins de ce Vicaire ſe mettre ſur leurs portes ou à leurs fenêtres,

nêtres, d'autres aller exprès dans le quartier, pour voir aller & venir chez lui toutes celles qui lui font visite. Les voisins se disent les uns aux autres : « Voyez, voyez toutes les Poulettes de notre Vicaire.... ». Il est bien triste & bien digne de larmes qu'une des grandes Paroisses de la Ville soit confiée à un tel homme qui agit toujours en Maître, puisque le Curé est plusieurs fois dans l'année des deux ou trois mois absent!

Le sieur de la Voipière.

Le sieur de la Voipière, Vicaire depuis longtems de S. Vincent de Rouen, se rend recommandable par un extérieur de simplicité fort composé & par son zèle à tracasser au Tribunal de la pénitence ceux en qui il découvre des taches de Jansénisme. Quelle fureur ne montre-t-il pas contre le Livre de l'*Instruction de la Pénitence*....! On le lui a vu arracher d'entre les mains des fidèles, en disant tout transporté de colère : *C'est un mauvais Livre*. Sa charité envers le prochain ne s'étend que sur ses amis. Si quelqu'un a le malheur de lui déplaire, il lui porte une haine cachée & ne pardonne jamais ; méprisant, comme les Jésuites, ce précepte de J. C. : *Aimez vos ennemis*,... & sans s'embarrasser de ces paroles de l'Evangile : *Si vous n'aimez que ceux qui vous aiment, quelle récompense en aurez-vous ?* O l'excellent Directeur !

Le sieur Dubusc.

Que dire du sieur Dubusc, Prêtre habitué de S. Jean, qui dit en parlant de la Bulle :

« *C'est ma Reine & ma Princesse* »! On sçait toutes les manœuvres secretes & les trames sourdes qu'il a employées pour avoir le Vicariat de cette Paroisse. Personne n'ignore qu'il pousse le fanatisme jusqu'à défendre a ses parens d'assister à la Messe d'un Janseniste ; ensorte que lorsqu'on sonne une Messe a S. Jean, la Servante va s'informer quel Prêtre se dispose à la dire, & sur sa réponse, il est délibéré si l'on y ira ou non. Il a montré son humilité, dans l'achat qu'il a fait des différens ornemens magnifiques pour les Féries & les Fêtes, & de tout ce qui lui est nécessaire à l'Autel. Il a prouvé qu'il ne reconnoît en lui que foiblesse & misère, en déclarant publiquement que depuis qu'il est entré dans les Ordres Sacrés, il n'a commis aucun péché. Faut-il s'en étonner après cela, si son zèle pour le salut des ames ne connoît point de bornes ? Bien différent de ces Directeurs mercénaires qui vendent aux pécheurs le bienfait de la réconciliation, il donne de l'argent pour le leur conférer. Ceux qui méritent une attention particulière de sa part, sont ces femmes qui corrompent les filles ; il les va chercher jusques dans le fond des cachots. En 1758, il en trouva une de ce genre dans la Conciergerie du Palais, qui, dans le mois d'Octobre audit an, fut condamnée à avoir le fouet par les carrefours de la Ville, coëffée d'un chapeau de paille, & montée sur un âne, la tête tournée vers la queue. Il la voyoit dans la prison avant ce jugement pour lui représenter sans doute l'énormité de son crime, l'exhorter à en demander pardon à Dieu, & à souffrir, pour l'expier, l'ignominie qu'elle méritoit. Mais ses exhortations ne furent point assez fortes pour la réfoudre de s'y foumettre fans être ivre. (Vice qu'on difoit lui être très-ordinaire). Cela n'empêcha pas le Directeur, fi fcrupuleux en apparence, qu'il a été tenté bien des fois de refufer la Communion à feu M. Irrebert, Prêtre Appellant, comme il eft dit F. des N. E. du 2 Juillet 1760, de donner la communion à cette femme le lendemain de fa fortie de prifon & de l'exécution de l'Arrêt, fuivant en cela la morale du Jéfuite Pichon, fon Maître. Tout le monde en murmura hautement. Mais le P. Montenar, Vicaire des Chartreux, a fait en converfation, fon Apologie fur cet article.

Le fieur Yeuri.

La conduite du fieur Yeuri, Prêtre habitué & jadis Confeffeur à S. Laurent, mérite bien que nous donnions un petit effai de fon caractère. Lorfqu'il confeffoit, il avoit nombre de Demoifelles pour pénitentes, & aimoit à voir en particulier plufieurs d'entr'elles qui étoient fort de fon goût. Celles-ci uniquement occupées de complaire à leur Directeur, ne gardoient pas même toute la décence convenable devant fes voifins qui en parloient beaucoup. On le voyoit, comme on le voit encore aujourd'hui, journellement roder dans les maifons, non-feulement pour y entretenir, mais pour y femer la divifion parmi les familles. Cet Eccléfiaftique étant venu demeurer dans la rue Beauvoifine chez une Dame qui avoit deux filles, prit autant de plaifir avec l'une, que de dégoût pour l'autre, qui, de jour en jour, lui devenoit plus incommode. La divifion fe mit dans le bercail, & le fieur Yeuri réfolut de faire

R ij

sortir celle qui lui déplaisoit. Il gagna, pour y réussir, la mère, & se chargea de présenter lui-même une Requête, sans doute de sa façon, à M. de Pontcarré, alors Premier-Président, dans laquelle la mère reclamoit l'autorité de ce Magistrat pour mettre sa fille hors de chez elle : sur le refus que faisoit M. de Pontcarré d'y répondre, il l'appuya de toute son éloquence. La Demoiselle qu'on vouloit chasser, sçût bientôt d'où partoit le coup. Dix bouches ne lui auroient pas suffi pour prodiguer toutes les louanges qu'elle faisoit du Présentateur de la Requête. Bientôt tout le quartier en retentit. Des Molinistes saisirent cette occasion pour décrier les Jansénistes, en mettant sur leur compte tout l'odieux de cette affaire, parce qu'il leur plut de le faire passer pour tel ; lui même n'en étoit pas fâché pour se donner un certain nom, ce qui fit qu'on lui retira les pouvoirs de confesser, dont il a été très-mécontent. Mais laissons ce Prêtre, & voyons ce que dit S. Jérôme aux Ecclésiastiques trop familierement liés avec les femmes & les filles sous le prétexte de la Direction. « Croyez-vous, leur dit-il, » pouvoir dormir en sureté proche d'un ser- » pent plein de venin ? Pourquoi vous trou- » ver seul avec une Vierge & donner lieu de » croire que vous faites du mal.....? Ce » qui est bon & légitime ne craint pas la lu- » mière ».

Le sieur Sacquépée.

Le sieur Sacquépée, Ecclésiastique de Rouen, où il a fait toutes ses études chez les Jésuites, auxquels il donna, en 1751 étant en Théologie, des marques de son attachement, par le mépris qu'il fit éclater pour M. de Paris, après la mort de sa mère qui avoit beaucoup de vénération pour ce Diacre, est actuellement Directeur des Religieuses Hospitalières de S. Thomas du Neufchâtel, où il s'est fait connoître par un acte peut-être sans exemple.

Vers la fin des jours gras de 1760, on trouva proche du Neufchâtel, sur le chemin d'Aumalle, la nommée Jeanneton, Vivandière dans le Régiment des Grenadiers Royaux, en garnison dans cette Ville, laquelle étant ivre, dit-on, & ayant été maltraitée par des Soldats, avoit passé la nuit dans ce chemin. Le matin, quelqu'un l'ayant apperçue dans cet état, courut avertir quelques Soldats, qui vont la chercher avec un bac. Cette femme étant Vivandière & veuve de Soldat, on la présente à la porte de l'Hôpital de S. Thomas, fondé pour les Soldats; mais la Prieure refuse de la recevoir, quelques sollicitations qu'on lui fasse; & la femme seroit morte dans la rue, si le nommé Joseph Carrouge, Concierge dudit Hôpital, ne l'eût fait entrer dans son appartement. En attendant que l'on eût épuisé tous les moyens pour déterminer la Prieure, on se retire vers le sieur Sacquêpée, Directeur de ce Prieuré, afin qu'il vînt voir si cette femme dans son état critique ne seroit pas capable de quelques secours spirituels. Le grave Directeur déclare tout net qu'il n'y ira point, & que si elle meurt, il ne l'enterrera pas. Cette femme étant morte quelques momens après, on va le lui dire. Ferme dans ses décisions, & ayant persisté dans le refus de l'enterrer, le Concierge fait un trou dans sa cour & la met dedans. Tous les Habitans de la Ville inſtruits de ce fait, ont témoigné beaucoup d'indignation contre le ſieur Sacquêpée, de n'avoir pas voulu ſe rendre auprès de cette femme. Les vapeurs du vin devoient, ſelon eux, avoir été diſſipées par les maltraitemens qu'elle avoit reçus & par la ſituation où elle avoit été pendant la nuit. Mais ils ne ſçavent pas, comme Sacquêpée inſtruit à l'école des Jéſuites, que Gobat lui a appris « qu'il eſt permis de ſe priver » de la raiſon par le vin.... ». Eſcobar, que « l'ivrognerie excuſe généralement de tout pé- » ché.... ». Donc on peut commettre tous les crimes imaginables, & néanmoins aller en Paradis tout droit, ſi on a le bonheur de mourir dans ſon ivreſſe. Par conſéquent ſes démarches auroient été inutiles. Auſſi les Jéſuites, qui, comme on l'a dit, ont fait une Miſſion dans cette Ville, ſont-ils ſi convaincus qu'il poſſéde parfaitement leurs Caſuiſtes, que, conſultés ſur les Directeurs de la Ville en état de conduire ſûrement dans la voie du ſalut, ils n'ont déſigné que le ſieur Sacquêpée. A l'égard du refus de ſépulture, les motifs en ſont ſi ſenſibles & ſi faciles à pénétrer qu'il eſt inutile de les mettre au jour.

Que ce Directeur eſt éloigné de la généroſité & des ſentimens du feu ſieur Adrien Bridou, Prêtre habitué en la Paroiſſe de S. Jacques de cette ville, qui a donné une maiſon qui lui appartenoit pour ſervir à perpétuité de logement au Vicaire de cette Paroiſſe, avec ſa bibliothéque qui devoit être, comme elle l'eſt encore actuellement, publique pour tous les Eccléſiaſtiques de la Ville! Voici au ſujet de cette bibliothéque une Anecdote aſſez curieuſe. M. d'Aubigné, Archevêque de Rouen, faiſant ſa viſite àu Neufchâtel, y ayant trouvé une grande quantité de livres contraires, selon lui, à la saine doctrine, les fit embaler & emporter sans que personne osât réclamer. Mais le sieur Fouquaire, Procureur au Bailliage de ladite Ville, Marguillier en charge de ladite Paroisse, ayant appris à son retour de la campagne l'enlevement qui avoit été fait dans cette Bibliothéque, fut trouver l'Archevêque, & après plusieurs représentations auxquelles le Prélat ne faisoit d'autre réponse, sinon que c'étoit de mauvais livres qu'il étoit dangereux de laisser dans la Ville; le Marguillier lui dit qu'il alloit le traduire en haro par un Huissier qu'il avoit amené avec lui. L'Archevêque, surpris de cette menace, dit qu'il s'en moquoit, & qu'on ne traduisoit point en haro un homme en dignité tel que lui. Le Prélat ayant affaire à une personne qui sçavoit son métier & qui ne se démontoit point, fut obligé de rendre tout ce qu'il avoit enlevé.

Le sieur Sacquêpée n'est pas seul à illustrer son nom & sa famille, il a le bonheur, & même l'honneur, d'avoir dans le Collège des Avocats de Rouen, un frère, un autre lui-même, qui s'est acquis un grand comble de gloire dans le mépris qu'il a fait des Anecdotes. Il n'a pas écrit, quoique lui seul dise, c'est là où je brille; mais il a crié bien haut. Cependant il a eu le malheur de n'être entendu que des ignorans & des idiots. On doit néanmoins rendre justice à sa pénétration. Est-il consulté? Il décide à quoi on doit s'en tenir sur les affaires les plus épineuses, sans faire lecture des pièces. Des médisans répandent dans le public, qu'il ne donne jamais son avis par écrit. Mais qu'importe? On

R iv

se fait un nom par différentes voies. Quel dommage qu'un homme si rare ne soit point fêté !

Le sieur Lot, Chapelain de l'Hôpital Général.

En 1757, les Chapelains de l'Hôpital général ayant à leur tête le sieur Lot, présentèrent à M. le Premier-Président, une Requête tendante à l'augmentation d'un quatrième Chapelain, parce que, disoient-ils, le nombre des pauvres augmentant de jour en jour, les besoins spirituels augmentoient également. Il est cependant certain que pour lors, suivant les Registres, le nombre des pauvres étoit le même & sans augmentation. M. le Premier-Président promit d'en parler à l'Administration; mais soit que le Magistrat eût d'autres affaires, soit qu'il ne jugeât pas à propos d'en parler, la Requête resta dans les ténèbres. En Février 1758, le sieur Lot & ses Confrères présentèrent une nouvelle Requête. Ils y exposoient derechef que le nombre des pauvres augmentant, ils ne pouvoient suffire aux besoins spirituels, & en conséquence demandoient qu'outre un Chapelain d'augmentation, on leur permît de prendre les Jésuites du Noviciat pour les aider à la Pâque & au Jubilé qui devoit suivre immédiatement. M. le Premier-Président ayant fait lecture de la Requête en présence de M. le Procureur-Général & de tous les Administrateurs, il fut délibéré qu'on donneroit auxdits Chapelains, deux, trois, quatre Prêtres pour aider dans le tems de Pâques & le Jubilé ; que l'Administration pourvoiroit aux honoraires, qu'on demanderoit aux Grands-Vicaires des sujets à cet effet, & que pour ce qui regardoit un quatrième Chapelain, on en conféreroit avec M. l'Archevêque (de Tavanne) qui devoit venir à Pâques. Après cette délibération, on fit entrer les Chapelains & on leur lut ce que la compagnie venoit d'arrêter. Le sieur Lot, portant la parole pour lui & pour ses confrères, dit « qu'ils ne demandoient pas d'aide, mais un » quatrième Chapelain ; que s'il ne falloit » que des aides, les Jésuites du Noviciat n'a- » voient été fondés que pour faire au besoin » les fonctions spirituelles de l'Hôpital ». La religion & la piété du Magistrat furent surprises d'une telle insolence. « Je sçais mieux » que vous, *répondit-il*, quelle est la fonda- » tion des Jésuites du Noviciat ; les Ancêtres » de Madame de Miromesnil en sont les pre- » miers fondateurs ; on peut les forcer aux fonc- » tions spirituelles, mais ils ne peuvent venir » sans la permission & le consentement de l'Ad- » ministration. On vous déclare qu'on ne veut » aucuns Réguliers ; l'Administration vous ac- » corde du secours par des Prêtres séculiers, » aux honoraires desquels elle pourvoira ; » voyez combien il vous en faut ». Ce n'est » pas ce que nous demandons, *reprit encore le* » *sieur Lot*, nous demandons un quatrième » Chapelain, & si nous voulons des aides, » nous avons les Jésuites ». On vous a déja » dit, *reprit avec vivacité le Premier-Président*, » qu'on ne veut aucuns Réguliers. Vous avez » trop de mal, il faut vous soulager. Com- » bien vous faut-il de Prêtres pour la Pâque » & pour le Jubilé ? Je n'ai rien à dire, *dit* » *Lot*. Comment vous n'avez rien à dire ? Il » faut décider. Parlez ou retirez-vous. Mon-

» seigneur, *reprit humblement Lot*, nous n'a-
» vons de compte a rendre qu'à Monseigneur
» l'Archevêque notre Supérieur ». Je vous ferai
voir, *reprit le Premier Président*, que vous dé-
pendez de l'Administration. Le Procureur Général reprit la parole & dit au sieur Lot : « M.
» vous manquez de respect à la Compagnie,
» & vous mériteriez que je donnasse mon Re-
» quisitoire ». Le sieur Lot voulut répliquer ;
mais le Premier Président coupa la parole, en
lui disant : « Retirez-vous, l'Administration va
» délibérer de nouveau sur vos impertinentes
» réponses ». Le *Trinum* Capellanat se retira
honteusement, & on délibéra qu'il seroit fait
à M. l'Archevêque des représentations a ce sujet.
Le Prélat mourut quelque tems après. On pour-
vut à quatre Prêtres pour servir d'aides à la
Pâque & au Jubilé. Les Jésuites n'y sont venus
& n'y viennent encore que furtivement, parce
que les Religieuses de la maison leur en facili-
tent l'entrée & leur procurent des confessions
tant qu'ils veulent. Quoiqu'on se soit décidé à
ne plus vouloir de Jésuites depuis la Mission,
dont il est parlé dans les Anecdotes, où ils dé-
bitoient leurs pitoyables Conférences, que l'on
fit cesser, & dans lesquelles on enseignoit qu'il
étoit permis de voler ; cependant le sieur Lot,
qui ne jure que par eux, ne prend point d'autres
Prédicateurs. L'Aministrateur perpétuel, Elie le
Fêvre, qui fait sa cour aux Jésuites (eh ! à qui
ne la fait-il pas ?) est d'accord avec Lot qui lui
fait la sienne. Cet Administrateur, homme à
tout faire, prend tout, dit-il, sur son compte ;
cependant, quoiqu'il ait bien pris à cœur la cause
des Chapelains, ils n'ont pû encore obtenir le
quatriéme, qui seroit une nouvelle charge pour

les Pauvres, & un surcroît d'occasion de paresse pour les trois autres.

Le sieur Lot n'est pas toujours grossier & impoli. Il est, au contraire, très-complaisant & même très-charitable, sur-tout envers certaines Dévotes dont il s'est acquis la pleine & entiere confiance, en conséquence il se fait un devoir, tant il a d'affection pour elles, de les secourir dans leurs besoins tels qu'ils soient. Une de ses belles qualités est d'imiter de son mieux la conduite de la femme de S. Paul le simple, dont parle M. Baillet au 18 Déc. « Paul étant à la » campagne, rentra chez lui plutôt qu'on ne » l'attendoit ; il surprit sa femme, plus belle » que vertueuse, en parfaite union avec un » ami, à qui notre Saint dit d'un ton ironique » & plein d'indignation : Cela ne va pas mal, » courage.... Je t'abandonne la femme.... » Il sortit sur le champ, & s'en alla dans le » désert ». Il est bien fâcheux que les témoins d'une telle action, ayent ignoré le trait de notre Saint, ils en auroient régalé l'aide Missionnaire des Jésuites. (Bonnes épices pour la sauce-Robert).

Un Ordinant, parent du sieur Lot, ayant perdu quatre louis dans le Séminaire, vers la fin du quartier de S. Mathieu dernier, ne manqua pas de s'en plaindre, & même de soupçonner quelques-uns de ses Confreres, sans aucune apparence de preuve. Le sieur Lot, fort sensible à cette perte, prend le parti non de découvrir, mais de faire un coupable. En conséquence il vient au Séminaire, bien résolu de faire un coup de main. Il s'adresse à un Ordinant, qu'on avoit, ainsi que quelques autres, soupçonné du vol, & lui dit qu'il n'y avoit point à reculer, qu'étant

R vj

soupçonné d'avoir pris les quatre louis à son parent, il falloit lui en donner des assurances. L'Ordinant, tout étourdi, proteste de son innocence. « Peut-être êtes-vous innocent, peut-être êtes-vous coupable; mais sur le seul soupçon vous serez arrêté, dit le sieur Lot, qui ajouta : Je viens à bout de tout ce que j'entreprens. Vous n'ignorez pas que quand on est entre les mains de la Justice, & surtout des Ecclésiastiques, on ne s'en tire pas comme l'on veut. Croyez-moi, tirez-vous de ce pas. Je n'y vois qu'un moyen, c'est de me faire un billet entre quatre yeux, & soyez assuré que personne n'en sçaura rien, je vous le jure, étant incapable de perdre qui que ce soit ». L'Ordinant intimidé, & n'étant plus capable de réflexion, fait son billet que le sieur Lot lui dicte lui-même, l'assurant encore en le quittant, qu'il n'en feroit jamais un mauvais usage. Le lendemain, le sieur Lot, non content du billet extorqué, écrit à l'Ordinant, & lui marque qu'ayant appris qu'il étoit mal avec sa famille, il vouloit d'autres assurances que son billet. L'Ordinant, qui n'étoit pas à se repentir d'en avoir fait un, ne lui fit aucune réponse. La tête bouleversée, il se retire. Un jeune Ordinant de ses amis lui écrit le lendemain qu'il a eu tort de se retirer; que M. le Supérieur avoit tonné en présence de tous les Ordinans, contre ceux qui avoient formé des soupçons sur une personne entiérement innocente; que les quatre louis avoient été remis entre les mains d'un Confesseur qui étoit chargé de dire que celui qu'on avoit accusé de ce vol étoit très-innocent; ainsi qu'il eût à revenir au plutôt, pour réparer son étourderie, d'avoir sorti.

On va voir l'Abbé Rose, qui ordonne à l'Ordinant de rentrer au Séminaire. Il y rentre & eſt nommé par le Supérieur pour chanter à la Proceſſion qui ſe fait depuis le Séminaire juſqu'à l'Archevêché le jour de l'Ordination. Le ſieur Lot, en homme de bonne-foi, remet entre les mains des Supérieurs, au moment de l'Ordination, pour ne pas manquer ſon coup, le billet qu'il avoit extorqué. Auſſi-tôt on dit à l'Ordinant, de ſe retirer. Voilà certes un affront complet de la part de Lot : au reſte, perſonne n'en a été ſurpris, tant le public eſt prévenu ſur ſon ſçavoir faire. Ceux qui connoiſſent cet Ordinant, diſent qu'il eſt incapable d'une telle action. Une des raiſons qui l'en ont fait ſoupçonner, eſt qu'il avoit été en retard de quelques jours pour le payement de ſon dernier mois, & qu'il le paya directement quelques jours après que le vol avoit été fait ; mais il demeure conſtant par une atteſtation du Receveur de M. le Préſident de Courvaudon, que ce Receveur a fourni audit Ordinant tout ce qui lui étoit néceſſaire.

Quant à nous, ne pouvons-nous pas dire que ce n'eſt pas là le premier eſſai du ſieur Lot ? Il y a environ trois ans qu'un nommé Guérin, homme caduc & infirme, lui vendit des livres, mais à crédit. Le ſieur Lot entortilla tellement ſon marché, qu'il eſpéroit n'en rien payer ; car le vendeur ayant livré ſa marchandiſe, en demanda le montant, & l'acheteur refuſa d'y ſatisfaire. Guérin auſſi-tôt publie que M. Lot eſt un fripon, &c. Mais Lot a appris des benis Peres à être humble en pareille occaſion, & à faire la ſourde oreille. Enfin Guérin porta ſes plaintes à M. Suas, Chanoine, qui connoiſſant la mauvaiſe foi de Lot, l'obligea de payer.

Au reste, la mauvaise foi est le caractère de la Société dont il se fait gloire d'être élève. » Je dois, *dit il*, tout ce que je sçais aux Jésui- » tes. Ce sont eux qui dans leurs missions, » m'ont formé pour la chaire, &c ». Il a grand soin de faire main-basse sur les bons livres qu'il appelle Jansénistes, & qui selon lui, sont remplis d'hérésies. Quand il trouve des dupes, il leur arrache ces livres & les vend a son profit. Quand il ne peut les emporter, il en déchire l'Ordinaire de la Messe, & biffe du Nouveau Testament les versets qu'il dit être hérétiques, quoique J. C. lui-même menace de la damnation éternelle ceux qui oseront commettre cet attentat. Les Nouvelles Ecclésiastiques sont, dit-il, des Libelles infâmes, &c, qu'on ne peut lire sans commettre un péché mortel. Cependant une Dame de ses amies disoit dernierement : Monsieur Lot a une collection complette des Nouvelles Ecclésiastiques. Il veut la vendre cent cinquante livres. En faisant cette vente il absout de l'excommunication. Ce dévot personnage est si zélé pour les Solipses, qu'il a inspiré aux Religieuses, ou Sœurs de l'Hôpital Général, de prier tous les jours Dieu qu'il veuille bien humilier & punir leurs ennemis, notamment en Portugal. En conséquence ces Benoîtes Filles chantent tous les jours à cette intention le *Salve Regina*, & marmotent force *Ave Maria*. Mais il y a tout lieu d'espérer que cette prière demeurera sans efficacité. Enfin le sieur Lot vient d'être nommé Curé. Qu'il desservira bien sa Paroisse ! Les Femmes ne mourront point sans confession. On peut voir ce qui est dit de lui dans les Anecdotes. Ses mauvaises qualités sont connues de toute la Ville, & si nous avions à décrire celles d'un méchant homme, nous ne pourrions faire un meilleur choix. Il y a environ quinze ans qu'un tel sujet est Chapelain de l'Hôpital. Du vivant de M. de Tavannes, le sieur Terrisse & autres n'ont jamais pû réussir auprès du Prélat à lui faire donner un Bénéfice ; mais à l'avénement de M. de la Rochefoucault, ils ont été plus heureux. C'est le premier à qui M. l'Archevêque a donné une Cure dans le Diocèse. Rapportons quelques circonstances de la nomination du sieur Lot à la Cure de Bouclon, & de la réputation qu'il s'y est acquise dès sa premiere entrée. M. de la Mésangère, nominateur à cette Cure, est mort dans le même tems que son Curé. Il a laissé en bas âge un fils dont le Roi a la Gardenoble ; en conséquence, c'est à Sa Majesté a nommer à la Cure. Madame de la Mésangère, qui s'est attirée l'estime & l'approbation de tout le Pays par sa piété, s'est empressée, quoiqu'accablée de chagrin de la mort de son mari & de celle d'un bon Curé, d'écrire à M. de Jarente, chargé de la feuille des Bénéfices, pour le prier de lui donner un bon Pasteur, en lui marquant en même-tems qu'il ne pouvoit faire un meilleur choix que du Vicaire de la Paroisse, à qui son mari l'auroit donnée s'il eût vécu. M. de Jarente ayant fait réponse qu'il pensoit que le Roi en remettroit la nomination à l'Archevêque de Rouen, cette Dame écrit la même chose au Prélat. Les Grands Vicaires toujours actifs à placer les mauvais sujets, ont tant sollicité l'Archevêque, qu'il y a placé le sieur Lot. On dit qu'il étoit nommé quand le Prélat reçut la lettre de Madame de la Mésangère. Quoiqu'il en soit, on mande du Pays que le nouveau Curé, qui a passé quelques jours sur les lieux, est déja détesté parmi les gens de distinction où il a annoncé les Jésuites, qui y sont souverainement méprisés, comme des saints; qu'on a eu déja de vives altercations avec lui; qu'on l'appelle le valet de pied des Jésuites, &c; qu'on le regarde comme un homme fier & arrogant. Plusieurs de ceux qui l'ont vû sont si mal prévenus en sa faveur, qu'ils ont résolu dès le moment de n'avoir aucune société avec lui. M. de la Rochefoucault, informé sans doute, des circonstances qui ont accompagné l'entrée du sieur Lot dans sa Cure, a, dit-on, écrit à la Dame qu'il le contiendroit. Qu'il est triste pour un si bon Prélat d'être ainsi trompé & d'être obligé, loin de recevoir des applaudissemens sur le choix d'un bon Pasteur, de mander qu'il contiendra celui qu'il vient de nommer!

Le sieur Richard.

Ne pourroit-on pas dire que le sieur Richard est un de ces monstres que l'enfer a vomis pour la perte des ames? Sans religion, sans mœurs, sans science, cet Ecclésiastique, quoique bien connu du sieur Abbé Rose, est employé dans le sacré ministère. Par-tout où il passe, il porte le flambeau de la discorde. Vicaire dans le pays de Caux, il ne donne point de relâche à son Curé, qu'il ne le voie expirer sous les coups de sa langue empoisonnée. Dans une autre Paroisse, le fils du Seigneur devient l'objet de sa haine & de son ressentiment; il faut, pour prévenir quelque coup malheureux, qu'une lettre de cachet l'enlève; la révocation de cette lettre n'est accordée qu'aux conditions qu'il n'approchera pas de cette Paroisse plus près que de deux lieues. Chaſſé d'une autre Paroiſſe pour ſes ivrogneries & ſa vie diſſolue, il ſe réfugie à Rouen ; il n'y eſt pas plutôt, que le Clergé de S. Lo eſt obligé de le chaſſer, pour n'être pas la victime de ſes noires calomnies. On le donne pour Vicaire à un Curé du Roumois, qui prévenu en ſa faveur, comptoit en faire ſon ſucceſſeur : Richard impatient, va à Paris à l'inſçu de ſon Curé, aſſure que le Curé eſt mort, & demande ſon Bénéfice. On penſe que le Curé, bien vivant après la mort ſuppoſée, n'a pas gardé long-tems un tel Vicaire. Chaſſé de là, il eſt envoyé pour deſſervir la Paroiſſe du Landin. Ce Bénéfice eſt donné à un Curé de Caën, à condition de céder l'un des deux Bénéfices au ſieur Lamirault, ancien Prêtre de S. Maclou de Rouen. Pendant l'année d'option, Richard a recours à ſes ſtratagêmes ordinaires pour ſupplanter celui-ci ; il le peint au Curé nommé avec les couleurs les plus noires ; malgré ſes calomnies, le Bénéfice eſt réſigné au ſieur Lamirault. En attendant les lettres de Rome, le Réſignataire vient pour deſſervir. Il trouve les Paroiſſiens ameutés contre lui. Il fait l'eau-bénite le Samedi-Saint, le lendemain l'Office eſt célébré avec toute la décence poſſible, & dès le ſoir, une Requête eſt dreſſée au Bourgachard, & ſignée de ſeize Particuliers, les plus mauvais ſujets de la Paroiſſe, pour repréſenter à M. l'Archevêque que le nouveau Deſſervant ne ſçait point faire l'Office, & ſupplier ſa Grandeur que l'ancien leur ſoit rendu ; il n'eſt pas difficile de deviner par qui ils ſont conduits. Enfin cet Oracle eſt aujourd'hui Vicaire à la Meilleraie. Il s'y fera bientôt connoître.

Les abus qui regnent dans les Communautés de l'un & de l'autre sexe, sont en grand nombre. Nous avons sur ce sujet des Mémoires amples & circonstanciés. Notre dessein étoit d'en donner un précis. Notre ouvrage auroit été trop étendu. Nous avons été contraints de nous borner à l'Hôtel-Dieu.

Bien éloignés de vouloir répandre le moindre nuage sur la conduite des Religieuses, qui se distinguent assidûment par leur zèle, leur piété, leur concorde, & leur empressement à servir les malades, nous nous faisons un devoir de rendre un prompt & sincère hommage à ces vertus brillantes & solides. Le mal faisant de funestes progrès dans les Communautés, il ne faut pas s'étonner si dans celle dont nous parlons on y voit une Sœur Vincent, dont la conduite scandaleuse avec le P. Féry, Minime, a donné lieu à notre juste critique. Cette fille, depuis plus de vingt ans, est le fléau de sa Communauté. Dès son noviciat, quoique bien masquée, on s'apperçut de son mauvais caractère; mais les Religieuses, naturellement compatissantes, frappées d'ailleurs d'un accident fâcheux arrivé dans sa famille, crurent pouvoir l'admettre avec elles. A peine fut-elle Professe que son masque tomba. Elle n'a cessé depuis de se montrer au naturel, & loin de rentrer en elle-même par le bon exemple de ses Sœurs, elle a été de pis en pis. Plusieurs Religieuses, ainsi trompées, ont cru appercevoir dans certaines Novices, ce qui avoit été réel dans la Sœur Vincent, & craignant de tomber dans le même cas, elles ont renvoyé de bons sujets. Premiere époque du mal que la Dame Vincent a causé dans cette maison. Une bonne Religieuse lui ayant fait quelques reproches bien mérités, que fait la Sœur Vincent pour s'en venger? Elle l'accuse de calomnies noires, auſquelles elle donne une ſi belle apparence de vérité, que pluſieurs Religieuſes y ajoutent foi. Cela fait beaucoup de bruit, l'innocente victime tombe malade, elle meurt, & ſon innocence eſt reconnue. Dans cet Hôpital, pour ſa nouvelle bâtiſſe & ſa prodigieuſe grandeur, il faudroit au moins ſoixante Religieuſes; ce qui fait que les Adminiſtrateurs ſages & prévoyans ont augmenté les places; mais on ne peut venir à bout de les remplir, parce que la Sœur Vincent ſuſcite tant de tracaſſeries aux Novices, qu'elle en a forcé pluſieurs de ſortir, quoique bons ſujets. Si on ne veut pas lui répondre lorſqu'elle fait paroître ſon humeur fiere & colérique, elle cache écuelles, baſſins, &c, & fait des reproches aux Novices de ce qu'elles n'ont point de ſoin, que telles choſes ſont perdues. On les retrouve quelque-tems après, & des malades dépoſent les avoir vûes cacher par Madame Vincent. Quoique les Religieuſes connoiſſent ſon ſçavoir faire, elles en ſont encore la dupe, & ſe contentent de dire : *C'eſt notre Sœur, il faut la ſupporter, gémir en ſecret & ne pas décrier notre Maiſon.* Elle a pour amie la Sœur Deshaies, aſſez bien aſſortie à ſon caractère.

La Sœur Vincent veut faire le bel eſprit. Les livres à ſyſtême & d'impiété, les Romans les plus obſcènes ſont pour elle des livres précieux. C'eſt là, ſans doute, où elle a puiſé les diſcours laſcifs qu'elle a débités à des perſonnes qui en ont rougi & ceſſé de la voir. *On fait,* dit-elle, *des vœux à 20 ans que l'on voudroit retenir à vingt-cinq..... On n'eſt point obligé de garder des* vœux faits fans les connoître, & dans un âge où..... Cette Religieuse ne connoît de Règles que celles de son caprice. Elle veut maîtriser par-tout, &, pour avoir la paix, on lui cède; parce qu'étant contredite, elle accable les Contredisantes de mille invectives. Elle puise encore, apparemment, dans ces livres, la charité qu'elle a pour de certains malades. Si un homme lui plaît, il est servi au parfait, & quoique bien rétabli, elle le fait rester. Sa charité s'étend même jusqu'aux Soldats. En voici un exemple entre plusieurs que nous pourrions donner. Un Soldat du Régiment des Gardes Lorraines étant bien rétabli, elle le garda encore près de deux mois, au grand scandale de ceux qui le voyoient aller la nuit avec cette Religieuse. Enfin le Commissaire des Guerres fut obligé de venir à l'Hôtel-Dieu pour le faire sortir, & lui dit ces douces paroles: *B.... de fainéant fors d'ici, &c, &c, &c.*

La Sœur Vincent est la seule qui ait eu beaucoup de complaisance pour le P. Féry, Minime. Nous avons dit, page 68 des Anecdotes, qu'il faisoit gras les jours d'abstinence ... qu'il passoit les nuits avec des filles..... Des raisons nous ont obligé alors de tirer le rideau sur la vie de ce moderne Sardanapale; mais d'autres nous forcent à le faire connoître. Les Supérieurs & les Confreres de cette espèce de Turlupin, loin de le faire rentrer dans sa Règle, le vantent partout & se font un honneur de posséder un tel homme, qui devroit être renfermé pour faire pénitence, ou banni pour le moins de toute société, sur-tout des Communautés de Filles. Il a profité de la facilité qu'on lui a donnée d'y entrer pour en séduire plusieurs. Nous en con-

noissons deux. Parmi les témoins qui publient ses CRIMES, il y a une Religieuse, qui touchée de repentir de l'avoir connu, a fait à des amis un aveu sincère des désordres auxquels il se livre. Selon la doctrine des SS. Peres, les Vierges Religieuses sont la plus pure portion du troupeau de Jesus-Christ. Un impie tel que le P. Féry a l'audace d'y entrer pour y donner la connoissance d'un crime dont les Payens même rougiroient. Les raisons dont il se sert pour persuader qu'il n'y a pas de mal, sont de dire que l'on n'est point obligé de garder des vœux de Régles faites par caprice & fantaisie, &c, &c, &c. Pour inspirer la volupté, il dit ce qu'il peut de plus séduisant, sans craindre que la peinture réelle qu'il en fait fasse rougir la pudeur ; en un mot, il met tout en usage pour satisfaire des plaisirs relatifs aux desirs de son cœur corrompu. Foulant aux pieds les loix divines & humaines, il imite Onan qui fut puni de Dieu & frappé de mort pour avoir fait une action détestable d'impureté. M. Duguet, l'une des plus grandes lumières de l'Eglise de France, dit : « Dieu punit Onan dans sa colere. Il ne put
» souffrir.... un tel renversement de ses loix....
» Il ne différa pas.... un châtiment nécessaire....
» quoique terrible sur Onan. Il voulut intimider
» tous les hommes,... La juste punition d'un
» crime de cette espèce s'étend à tous les autres
» qui ont le même principe.... ». Si ce Moine lisoit l'Ancien Testament, il y verroit dans bien des endroits les châtimens terribles que Dieu a exercés contre des milliers d'hommes coupables du péché d'impureté.

Les Religieuses de l'Hôtel-Dieu étant transférées au lieu de Santé, le P. Féry ne trouva que la Sœur Vincent digne de sa bienvaillance. En peu de tems ils lièrent amitié. Le Moine lui faisoit de fréquentes visites dans sa chambre, sur-tout le soir & assez avant dans la nuit, sous prétexte de lui apprendre le méchanisme pour la conduite des eaux. Plus de cent ouvriers qui étoient encore dans cette maison après la translation des Religieuses, les voyoient souvent entrer dans des lieux sombres, ou en sortir. Leur conduite devint suspecte, & ils s'attirerent quantité d'espions qui, sans être payés, s'acquittoient fort exactement de leur emploi. On doit présumer ce que pouvoient dire tant de gens de travail & de toutes espèces. La plûpart très-grossiers & de la lie du peuple, ils s'autorisoient de cette conduite pour blasphêmer contre la Religion. Les chansons les plus infâmes furent composées à ce sujet & chantées à plein gosier jusques dans les cabarets. La Supérieure avertie de ce qui se passoit par des personnes de piété, dit en pleurant : *Que voulez-vous que je fasse de ma Sœur Vincent ? C'est une fille qui me fait mourir de chagrin.* Elle est cependant réprimandée ; mais la Religieuse hors de sa Règle s'en moque, ainsi que le Moine. Voyant que leur conduite éclate, ils prennent plus de précaution ; mais en vain. Des Ouvriers plus fins qu'eux, ne sont point la dupe de leurs recherches ni de leur curiosité. Suivant la décision du P. Féry, la Sœur Vincent est capable d'avoir la conduite des eaux, & elle en est la seule chargée. Dans la crainte qu'elle ne fût pas assez expérimentée, il a fait ce qu'il a pû pour rester dans cette maison ; mais des Administrateurs, peut-être trop clairvoyans, s'en sont débarrassés le plutôt qu'ils ont pû. La Sœur

Vincent a pleuré amérement sur la sortie de ce Moine, qui, de son côté, en a marqué la plus vive douleur. Plusieurs des canaux ont déja manqué; leur entretien coute extrêmement; & on a tout lieu de craindre que toute la machine ne s'écroule dans peu, comme il est arrivé vers la Ville de Lyon, où il avoit fait faire une dépense de plus de sept cens mille livres.

Pour ce qui est de la Conductrice des eaux, elle a grand soin de faire payer la curiosité de toutes les personnes, même de qualité, & étrangères, qui en veulent voir le méchanisme; mais souvent elles éprouvent, sur-tout les Dames, son humeur capricieuse : car lorsqu'elle ne veut pas le montrer, & que l'on persiste à le demander, elle dit avec fierté: *Mon garçon ne veut pas.* Sur le rapport de bien des gens, un tel procédé prive l'Hôpital de beaucoup d'aumônes; & dans ce qu'elle en reçoit, MM. les Administrateurs devroient, dit-on, lui donner un surveillant. On a été surpris, par exemple, que le P***, qui ne pouvoit recevoir d'argent de sa famille, en dépensât tant au jeu. On sçait bien qu'il étoit ami de cette Sœur, & peut-être trop; qu'elle le recevoit dans sa chambre, & que, quoique la porte en fût exactement fermée sur eux, quelques Confreres de ce Religieux n'ont pas laissé de satisfaire leur curiosité.

Il nous semble entendre dire tacitement à la Sœur Vincent, on dit bien du mal de moi; mais on ne dit pas tout. Nous lui donnons acte de ce qu'elle dit vrai en cette occasion, & nous lui conseillons d'imiter M. Terrisse dans son silence. L'avis le plus essentiel que nous ayons à lui donner, est 1°, de jetter au feu certains livres qui entretiennent ses mauvais desirs; qu'elle les remplace par celui de *l'Image d'une Religieuse parfaite & imparfaite*, imprimé chez Desprez, & autres bons livres. 2°. Qu'elle ait de la haine pour son corps, en le regardant comme un corps de péché & de corruption où résident toutes les passions; qu'elle le réduise, comme dit S. Paul, en servitude. Enfin, qu'elle pratique l'humilité; qu'elle ait plus de charité pour ses Sœurs, &c, &c; qu'elle répare ses fautes par une pénitence proportionnée à ses péchés, qui doivent lui retracer l'image d'une Religieuse très-imparfaite. Si par une vie contraire elle se dépouille du viel homme, elle pratique les avis que nous lui donnons, & s'acquitte exactement de ses devoirs envers Dieu & le prochain, en mettant toute sa confiance dans les mérites de Jesus-Christ, elle doit espérer d'être du nombre de ceux dont parle ce Divin Sauveur en disant : *Il y aura plus de joie au Ciel pour un seul pécheur qui fait pénitence, que pour quatre-vingt dix-neuf Justes qui n'ont pas besoin de pénitence.*

Le P. Féry, qui, comme on l'a vû dans les Anecdotes, a occasionné des dépenses très-considérables pour l'exécution de son projet, nous donne lieu de parler des fastueux enjolivemens faits dans le logement des Religieux, dont le P. Gilbert, Procureur & ami du P. Marye, a été l'ame. Le P. Marye, simple Religieux, auroit, dit-on, été un bon sujet; mais c'est un malheur pour cette maison qu'il en soit Prieur. Pour se loger lui & ses Religieux, il a fait faire quantité de dépenses superflues. Le bon homme tantôt s'en réjouit, tantôt gémit, en disant:

disant : *J'avois amassé beaucoup d'argent, mais les dépenses de notre nouvelle maison m'ont ruiné.* Les salles, les appartemens, les chambres, &c, tout est du nouveau goût, & ce qui a augmenté la dépense, c'est que ce Prieur a détruit quantité de choses neuves & très-solides qui n'étoient point au goût de son Confrere, Ingénieur moderne, lequel a fait accommoder sa chambre d'un goût très-mondain. Comme tout cela se faisoit des louis d'or du bon homme, rien ne coûtoit à son ami. Aussi n'a-t-il rien épargné pour son Bienfaiteur, qui, à sa persuasion, s'est fait faire des appartemens si mondains, qu'un Prêtre de l'Oratoire lui faisant un jour visite, en fut si saisi d'indignation, qu'il lui dit : *Mon Pere, voilà un appartement de réprouvé.* Ce Prieur s'est fait faire un lit en soie, un balcon sur lequel sont gravés ses chiffres & ses armes. Les chambres de ses Religieux ont aussi des petits balcons, où l'on voit de ces Chanoines imiter au parfait le petit-Maître. Les salles, les appartemens, les chambres, tout ressent le plus grand faste ; mais ce qui est le plus scandaleux, c'est de voir les salles des Religieux remplies de tables, couvertes de cornets, de dez & de trictracs épars çà & là, autour desquelles ces Chanoines assemblés ont souvent entr'eux de vives altercations, & sur lesquelles on entend sonner l'argent comme chez un Banquier. Cet attirail de jeu a fait demander à des Etrangers qui sont venus voir cet Hôpital, si c'étoit là un café public ou une Académie de jeu. Quelle a dû être leur surprise lorsqu'on leur a répondu : *Non Ce sont les salles des Religieux.* Le jardin est très-bien assorti au goût de la maison. Tous les parterres sont ornés de Cupidons & de nudités qu'un honnête Payen auroit honte d'avoir dans son jardin. Les Religieux de S. Lo font à peu près de même. Il est vrai qu'ils en sont redevables d'une partie à la générosité du sieur Ruellon, qui y a fait placer plusieurs de ces statues. Qu'on ne s'étonne pas de la conduite du P. Marye, il s'embarrasse peu du bon ordre. Il y a dans cet Hôpital une nouvelle Prieure, à la nomination de laquelle tout le monde a applaudi. (Elle est en effet bien capable de remplir cette place). Mais le bon homme qui n'aime que les variations, s'oppose de toutes ses forces à la Prieure, qui veut conserver certains bons & anciens usages de sa Communauté. Ce Prieur desireroit cependant assez d'avoir de bons Religieux, il en a même actuellement de fort bons; mais auxquels il ne donne pas tant de confiance qu'il en avoit donné à son ami Gilbert, qui, avec le P. Féry, étoient un très-grand scandale dans cet Hôpital, non-seulement pour les ouvriers, mais pour les allans & venans. On a vû le caractère du P. Féry, disons deux mots du P. Gilbert. Ce Religieux, fier de l'autorité que lui donnoit son Prieur, faisoit paroître, lorsqu'on n'exécutoit pas ses ordres, ou que l'on n'agissoit pas à son gré, sa colere, son mépris & son indignation, en prononçant souvent les discours les plus indécens, accompagnés de B. & de F. qui sont ses mots favoris. Il n'en est pas de même lorsqu'il paroît de jolies Dames: il se métamorphose sur le champ; il devient poli & enjoué; on l'a même vû placer un bouquet sur le sein d'une Demoiselle, en tenant des discours assaisonnés au tems & aux circonstances. Les plaintes amères qui en furent portées au Prieur, ne l'ont point empêché de lui donner une très-bonne Cure, où il y a beaucoup de Protestans. Voilà un Pasteur bien capable de les ramener au giron de l'Eglise & de les édifier!

Nous allions mettre fin à ces Anecdotes; mais il nous vient toujours du nouveau, & nous ne pouvons nous dispenser de dire encore quelque chose de MM. Terrisse & Tissot, Curé de S. Eloi, deux amis de convenance. Quant à ce Grand-Vicaire, nous supprimons en entier un mémoire bien circonstancié sur son inconduite journalière. Etant trop long pour l'insérer ici, nous le mettons, avec bien d'autres, en réserve pour la sauce-Robert ; mais nous croyons qu'il est essentiel de rapporter ce qui suit. Il est d'usage au Parlement que MM. de la Chambre des Vacations donnent un repas à leur Président. C'est de celui de l'an passé dont il est question. Plusieurs de MM. furent chargés d'y inviter M. l'Archevêque, le Premier Président, &c. Ils crurent devoir y admettre M. Terrisse pour accompagner le Prélat; des Magistrats l'ayant appris, en furent très-mécontens, (on en murmura aussi dans la Ville) & dirent assez haut : « Quoi ! on admet avec nous un
» Terrisse, qui nous a suscité tant de tracas-
» series ! Auroit-il la témérité de prendre place
» avec nous dans notre repas ? Il conviendroit
» beaucoup mieux qu'il fût en Tournelle sur
» la sellette, ou avec la Perchey, malheureu-
» se victime de ses vengeances, qui languit
» dans nos prisons ». Quelqu'un ayant fait des reproches à ceux qui l'avoient invité, on répondit : « On n'y a pas réfléchi, car l'affront
» qu'il a fait au Premier Président, & à plu-

» heurs de nos Confrères au repas du Chapitre ;
» (l'histoire s'en trouve page 104 des Anec-
» dotes) auroit été suffisant pour l'exclure ».
Enfin, l'heure du repas arrive. Les Convives
s'assemblent dans la premiere des Enquêtes,
tandis que l'on préparoit le festin dans la seconde. Le Premier Président a une porte de
communication dans le Palais ; on le voit venir
de chez lui avec l'Archevêque & M. Terrisse,
qui loin d'être chargé de confusion, avoit la
joie peinte sur le visage. Le Premier Président
au contraire, avoit un air froid & mécontent,
ce qui fit dire à quelqu'un : C'est qu'*il n'a pas
encore digéré l'affront que lui a fait ce Grand-
Vicaire*. Le lendemain du repas, parut dans la
Ville un petit Ecrit que nous allons transcrire
en entier.

Songe de M. Terrisse à l'occasion du repas donné le jour de la S. Martin 1760, par MM. de la Chambre des Vacations, auquel cet Abbé fut invité, ou Extrait de sa vie.

» A peine le sommeil avoit-il répandu sur
» moi ses douces & désirables faveurs, au
» sortir d'un délicieux & splendide souper,
» qu'il me sembla être transporté dans un
» vaste & ancien Palais. Une Reine, jadis
» très-puissante & très-révérée, l'habitoit.
» Grand nombre de personnes venoient lui
» rendre hommage & imploroient son secours
» contre les violences, les injustices & les
» usurpations ; mais parmi cette foule de
» monde, la plûpart étoit masquée & cher-

» choit à en imposer à la Reine & à ses Minis-
» tres. J'étois aussi masqué ; mais mon masque
» tomba. Je fus reconnu, & aussi-tôt cette
» Reine, c'étoit Thémis, saisie d'indignation,
» m'adressa ces terribles paroles : *Quoi ! ne*
» *m'a-tu pas assez outragée depuis six lustres ?*
» *Il n'y a presque point de Prêtres du très-Haut,*
» *fidèles à leurs devoirs, à qui tu n'aies déclaré*
» *la guerre ; tandis que les méchans ont trouvé*
» *en toi un puissant protecteur. Ami d'une cer-*
» *taine Société, comme elle tu t'es fait un front*
» *de Prostituée ; tu ne rougis d'aucuns désor-*
» *dres. Ne te souviens-tu pas de l'affront que*
» *tu as fait au premier & intégre Magistrat de*
» *ce Palais auguste, lorsque tu le rendis té-*
» *moin de ta gourmandise & de celle de tes*
» *Confrères ? Crois-tu que j'aie oublié la noir-*
» *ceur qui t'a fait surprendre ces ordres rigou-*
» *reux que tu as mis en usage contre un bon*
» *Pasteur, dont tu resserres toujours les liens,*
» *& fait enlever plusieurs de mes Ministres ? Les*
» *preuves s'en trouvent consignées dans mes*
» *archives. Fabricateur de faux témoins ! n'as-*
» *tu pas craint que les vengeurs du crime avec*
» *lesquels tu étois hier assis à table, ne te fissent*
» *subir le supplice réservé aux méchans ? Ne*
» *les as-tu point entendu, ces sages Magistrats,*
» *s'entredire : Nous tenons M. Terrisse, qui*
» *empêche que nous ne le fassions asseoir sur la*
» *selette & que nous ne le jugions.... ? Crains*
» *que l'activité ne soit rendue à mes loix contre*
» *toi.* Ces derniers mots prononcés d'une voix
» de tonnerre, m'éveillerent : ils ne m'épou-
» vanterent cependant pas. En dormant com-
» me en veillant, Terrisse est toujours le
» même ».

S iij

A l'égard du Curé de S. Eloi, par la même raison que ci-deſſus, nous allons ſeulement donner un ſimple extrait des Mémoires qui viennent de nous être remis. Nous n'entrerons point dans le détail des aventures que ce Curé a eues à Groiſſet chez Madame de Saint-Saulieu, qui, ayant franchi les bornes de la pudeur, a quitté le Pays. Qu'il étoit beau d'y voir ce Paſteur pendant le jour, embraſſer tendrement les Demoiſelles, chanter les chanſons les plus gaillardes, danſer & folâtrer avec plus de graces & d'enjouement que les plus chers favoris de Vénus! Notre Curé ne prêtant qu'à uſure, étoit à ſon tour délicieuſement embraſſé en préſence même des Domeſtiques & des Bateliers. En conſéquence parut une piéce de plus de deux cens vers, ayant pour titre: *Lettre des Bateliers de Groiſſet, à M. l'Archevêque*. Cette piéce ne tarda pas à parvenir à ce Curé; car ſitôt qu'elle fut faite, un Prêtre de ſa Paroiſſe, M. Igou, l'envoya à un ami pour la lui adreſſer par la poſte; ce qui fut exécuté. Le Curé étant pour lors à S. Victor avec ſon ami, & l'adreſſe portant en diligence, on la lui envoya par un exprès. Le Porteur voyant le Curé conſterné, demanda s'il y avoit réponſe; & il répondit modeſtement, non. Ce Curé a acheté depuis peu un jardin au Fauxbourg Cauchoiſe, pour y paſſer la plus grande partie de l'année avec ſa bienaimée. Il va, dit-il, y faire bâtir une jolie maiſon; mais ce qu'il ne dit pas, & que l'on aſſure très-vrai, c'eſt qu'après ſa mort le jardin, aux termes du contrat, ſera un des appanages de Mademoiſelle Seliſne. Nous ne dirons plus rien, nous réſervant de parler plus amplement dans la ſauce-Robert.

Que les portraits ébauchés dans cet Ouvrage font dignes de larmes ! Il n'eſt pas croyable, dira quelqu'un, qu'une multitude de Prêtres séduiſe le peuple, & que ces Prêtres marchent eux-mêmes dans la voie de l'iniquité. Croiroit-on, ſi on ne le voyoit dans l'Ecriture, que de tous les Prophetes conſultés par Achab, Michée fut le ſeul qui ne voulut pas ſéduire ce Prince : que du tems de Jérémie, Dieu, qui vouloit tirer vengeance des crimes de Jéruſalem, permit que tous les Prêtres & les Prophetes trompaſſent le Roi Sédécias & tout le peuple ? Si la juſtice de Dieu éclate viſiblement ſur les hommes pervers, ce n'eſt pas Dieu qui les trompe. Quand il ſemble les tromper, il ne fait que les abandonner à leurs paſſions qui les trompent & les aveuglent ; c'eſt donc à eux-mêmes que les hommes doivent imputer les fautes qu'ils commettent, lorſque Dieu permet qu'ils ſoient trompés en punition de leurs péchés.

Tout le monde eſt frappé de l'état d'humiliation où ſe trouva le Sauveur du monde, lorſqu'il fût condamné comme un impoſteur & un blaſphémateur, par le Souverain Pontife, par les Princes des Prêtres & par les Sénateurs des Juifs. Combien peu de perſonnes font attention que le même Jeſus-Chriſt eſt condamné de nouveau par une multitude de Prêtres de la Loi nouvelle, *qui ont reçu*, dit S. Jean Chriſoſtôme, *une puiſſance que Dieu n'a pas voulu donner aux Anges ni aux Archanges ?* Combien un Prêtre doit-il être ſaint pour offrir le ſacrifice de Jeſus-Chriſt en la perſonne de Jeſus-Chriſt, puiſqu'il n'y a rien de plus grand, de plus ſaint, de plus auguſte dans l'Egliſe, que le Sacerdoce

& le Sacrifice de Jesus-Christ ? Que dire d'un chacun de ces Prêtres, quand on voit leur conduite, leur maintien dans nos Temples, l'immodestie avec laquelle ils disent la sainte Messe & assistent aux divins Offices ! *Nos cérémonies & nos mystères*, dit encore S. Jean Chrisostome, *ne sont point des jeux de Théâtre...... La Table Eucharistique est pour les Aigles & non pas pour les Corbeaux, ni pour les Chouettes.... Ce sont les Aigles que Jesus-Christ invite à approcher de son Corps, c'est-à-dire, les ames sublimes..... qui n'ont rien de commun avec la terre.*

Presque tous les Autels sont souillés par des parjures. La plûpart des Prêtres y montent, après avoir souscrit avec serment un Formulaire, qui est la source d'un déluge d'iniquités qui couvrent la face de l'Eglise de Rouen. L'irréligion gagne par-tout ; les maux sont certains & à leur comble. Que de Témoins déposent avec nous & disent : Que remarque-t-on ? Dans les Ecclésiastiques, troubles, divisions, luxe, faste, mépris pour leurs devoirs, une insatiable avidité pour les Bénéfices, une vie oisive, voluptueuse & efféminée, incapacité, dégoût pour l'instruction ; enfin à les considérer, il semble voir des impies qui ne considérent la Religion qu'autant qu'elle sert à leurs desseins & à leurs intérêts. Dans les Communautés, langueur, dépérissement, goût dépravé, oisiveté, infraction des Règles, &c, &c, &c, & dans la plûpart des membres, ni raison, ni pudeur, ni probité, ni foi, ni Religion. Dans les Séminaires, Pharisaïsme, dévoûment aveugle pour les dogmes & la morale des Jésuites, livres & cahiers, sources inépuisables de corruption, principes monstrueux, détestables maximes, masque de Religion dans les Supérieurs, qui font boire à leurs Élèves, trompés & séduits, le poison le plus mortel comme le lait le plus salutaire. Dans les tribunaux de la Pénitence, Pichonisme, sacrilèges. C'est bien manquer de foi, d'amour pour l'Eglise, & de charité pour son prochain, de voir les loups tuer & égorger les brebis, même les agneaux, sans néanmoins crier au Loup.

L'Apôtre dit que nous avons été entés sur l'olivier franc. Cet arbre mystique est l'Eglise. Portons nos vûes sur ce grand objet. Quels fleuves de bénédiction ! Que de fruits de justice & de sainteté ! Durant plusieurs siécles, on admiroit la beauté de cet arbre, la fécondité de ses rameaux, la multitude de ses rejettons, l'éclat de ses fruits ; mais il n'y avoit ni Jésuites, ni Grands-Vicaires. La destruction des premiers, la conversion des seconds, feront la paix & la joie de l'Eglise. Amen.

F I N.

www.ingramcontent.com/pod-product-compliance
Lightning Source LLC
Chambersburg PA
CBHW050628170426
43200CB00008B/933